◆ 与阿部兼也教授（左一）、鲁迅在仙台事迹调查者及研究鲁迅的组织者渡边襄先生（右一）在鲁迅塑像前合影（1993年，日本北海道东北大学校园）

◆ 与中国社会科学院原副院长，有"百科全书式学者"之称的著名学者于光远先生欢谈（1984年，沈阳）

◆ 在上海虹桥公园鲁迅墓前（1996年）

◆ 参观鲁迅故居中鲁迅的卧室兼工作室（1996年，上海）

◆ 与日本现代中国研究的代表性学者、鲁迅研究家竹内实品茶（1993年，竹内实家）

平生不羨黃金屋燈下牕前長
自足購得清河一卷書古人與
我語衷曲
八一年偶作八三年書應
定安同志之囑　唐弢

◆ 著名学者唐弢先生书赠作者的条幅。原诗：平生不羡黄金屋，灯下窗前常自足。购得清河一卷书，古人与我话衷曲。

9

鲁迅学导论

彭定安文集

彭定安/著

东北大学出版社

·沈 阳·

ⓒ 彭定安　2021

图书在版编目（CIP）数据

彭定安文集. 9，鲁迅学导论 / 彭定安著. — 沈阳 ：
东北大学出版社，2021.8
ISBN 978-7-5517-2351-0

Ⅰ. ①彭… Ⅱ. ①彭… Ⅲ. ①社会科学—文集②鲁迅
（1881-1936）—人物研究—文集③鲁迅（1881-1936）—
思想研究—文集 Ⅳ. ①C53②K825.6-53③I210.96-53

中国版本图书馆CIP数据核字（2021）第124920号

出 版 者：东北大学出版社
地址：沈阳市和平区文化路三号巷11号
邮编：110819
电话：024-83680267（社务部）　83687331（营销部）
传真：024-83683655（总编室）　83680180（营销部）
网址：http://www.neupress.com
E-mail:neuph@neupress.com
印 刷 者：辽宁一诺广告印务有限公司
发 行 者：东北大学出版社
幅面尺寸：170 mm × 240 mm
插　　页：4
印　　张：17.5
字　　数：296千字
出版时间：2021年8月第1版
印刷时间：2021年8月第1次印刷
责任编辑：牛连功
责任校对：王　旭
封面设计：潘正一
责任出版：唐敏志

ISBN 978-7-5517-2351-0　　　　　　　　　　定价：78.00元

自从 1981 年我在辽宁社会科学院内部期刊《鲁迅学刊》发表《一个倡议：建立鲁迅学》之后，即获得鲁迅研究界的赞同。以后，我发表了关于 20 世纪 90 年代鲁迅研究的视域转换与提升的评介，又发表了论文《鲁迅学：中国现代文化文本的理论构造》；继之又先后发表了关于 21 世纪鲁迅研究发展态势的预想，以及有关鲁迅学内涵的文章。及至 20 世纪末，乃撰写了《鲁迅学导论》一书。这是第一本全面、系统论述鲁迅学的著述，它试图梳理、归纳、提炼自 20 世纪初至 90 年代中外鲁迅研究的丰富成果，并论述鲁迅学发展的历史脉络即各个时期的特点与主要论题、论旨，提炼一个系列性理论命题和范畴。这是一本首次全面论述鲁迅学的论著。"首次"，有它的开创之"工"与"功"，但自然也有其"薄"与"浅"。这需要鲁迅学界和学术界予以品评和批评指正。

截至目前，这部导论仍然保持着其"唯一"性。现在纳入我的多卷本文集再版，我期望会有继起的更好的有关鲁迅学的论著问世。

本书 2001 年 5 月由中国社会科学出版社出版。书中涉及的时间，如"现在""今年"等，都是指当时而言的。

彭定安

2021 年 6 月

序

　　《鲁迅学导论》终于脱稿并将问世，我感到分外的轻松和欣慰。近20年来的愿望终于实现了。自从1981年我提出建立鲁迅学的建议以后，便时常思考这方面的问题，也撰写过有关鲁迅学的文章，有的是关于某一时期鲁迅研究进展状况和问题的概述，有的是理论方面的探讨；还曾经几次列出撰写《鲁迅学概论》的计划和提纲，打算动笔，但都由于种种原因而搁浅了。然而这个撰写鲁迅学论著的心愿，却成为一个"学术夙愿"和"文化情结"，纠结于心头，不能消解。直到去年才真正静下心来，全力撰写，直至完成。难忘1999年夏季，在几十年未有的酷暑中艰难写作的情景和一段段艰苦"推进"的艰辛。长夜静思，清晨临窗，梦中灵感，遐思偶得，全身心投入，计日程功，辛苦中也有欣慰与甜蜜。这样，总算完成了一件多年的心愿。

一

　　当然，我并不把这件工作只看作个人的事情，这更是鲁迅研究本身以至中国现代文学、中国现代文化研究的需要，也是一个"学术的既成事实"等待"物质实现"的需要。鲁迅研究经过几近一个世纪的发展、建设，需要并且已经由"研究"而提升、结晶、概括化、理论化，成为一种理论构造，成为一门学科了。这已经是一个既成事实，不管承认与否，都是存在的；但是，既成的事实，却需要科学的梳理和提炼，使之成为学科的形态来"自我实现"。鲁迅学的学科著作的撰写，就是这种"实现"。大凡一个新学科的形成，都需要经过资料层次、理论层次、结构层次这样既延续发展，又同时存在的三个层面、三个界域。鲁迅研究在几十年的发展中，已经经历了并且存在着这样三个层面、界域。它们等待和呼唤人们去做一件现成的工作，完成一件水到渠成的学术事业——撰写一部鲁迅学的专著。这正是完成一件重要的工作和学术事业。

鲁迅研究同鲁迅学的研究领域和学术内涵是一致的、相同的，但是，鲁迅研究在内容上更丰富、更多样、更实际、更具体、更微观；而鲁迅学则是在鲁迅研究的实际的、具体的、实证的基础上，在大量的鲁迅研究材料的基础上，进行概括、上升、提炼、结晶，有了规律性、理论性的总结，更宏观、更精练、更集中、更抽象，也更具归纳性、概括性、理论性。鲁迅研究的成果，是鲁迅学的学术、文化源泉，是它立足的根本、发展的基地；鲁迅学是在鲁迅研究的肥土沃壤中生长的学术乔木与花朵。鲁迅学使鲁迅研究已有的素材更优化、更规范，构成形而上的、理论形态的学术成果。这种理论性的学术成果，使鲁迅研究在经过提炼、升华、结晶、抽象化、概括化、理论化之后，成为鲁迅学。这对于推动鲁迅研究、指导鲁迅研究、总结鲁迅研究成果，对于广大读者解读和接受鲁迅，对于从中学到大专院校的鲁迅教学和现代文学课程的讲授，都是很有必要的。

有关作家的研究有很多，是否都需要和可以形成一个学科呢？这是由作家本身的条件，即他的业绩的社会、历史、文化价值和贡献的大小，他的思想、作品的内涵和蕴藏的深厚程度来决定的。并不是所有的研究，特别是人物、作家研究，都应该和可以成为一门学科，不能说"某某研究=某某学"。只有关于鲁迅这样伟大作家的研究，才能成为一门独立的学科。

鲁迅学还有它的更广泛、深刻而重大的意义。由于鲁迅在中国现代文学、现代文化史上的地位，由于鲁迅作为"中国现代作家第一人"、"中国现代文学之父"和中国现代文化大师而存在，他是中国现代无可争议、无可替代甚至无可比肩的伟大作家、文化大师、人格典范。因此对于他的研究，就不仅关乎他自己，而且涉及中国现代文学、现代文化，涉及中国文化现代性的创获历程和现代化进程，也从一个特定的角度涉及中国现代人民革命、中国现代社会的发展进程。鲁迅参与了中国近代史和现代史上的重大历史关节与事件，并且走在前列，身处斗争漩涡中，这些在他的作品中也有重要的、深刻的、独到的反映。这样，鲁迅学就由"鲁迅"这一具体的、个人的领域，进入中国社会、革命、思想、文化的广泛的领域。就这一点而言，没有其他任何中国现代作家能够与鲁迅媲美；也没有对其他任何一位中国现代作家的研究，能够形成这样的规模、这样的深度，具有这样的意义。这些，更表明了鲁迅学的意义与价值。

这是我对于鲁迅学的一些基本认识。基于上述认识，我勉力写了这本《鲁迅学导论》，作为鲁迅学建设和发展的引玉之砖。

二

在长达几十年的时间里，在全国范围内以至世界主要国家中，众多鲁迅研究者热情地、认真地从事研究工作，有更多的人阅读和接受鲁迅。这充分反映了鲁迅的力量、价值和魅力。这也是鲁迅学存在、发展的原因和意义。20世纪90年代以来，新版《鲁迅全集》的出版和一再重印，鲁迅作品各种性质的单编（如小说、散文、杂文全编）、各种性质的选集、各种按不同主题与专题的汇编（如鲁迅书话、鲁迅学术随笔之类）等，纷纷由从南到北的众多出版社出版，不论连续出版还是重复出版，都有销路。这种情况，不是反映了读者的需要吗？不是反映了读书界对鲁迅广泛的、新的接受吗？这种情况是绝不会发生在一个被人贬斥"只有三流水平"而又"已经过时"的作家身上的。这一点不是很值得人们细细思考吗？还有一点，也很重要：许多人阅读、接受鲁迅，是侧重于从文学到思想、从艺术到精神、从作品到人格的"接受途径-路线"的，是怀着学习、崇敬和爱戴的心情的，不是一般的阅读和接受，也不仅仅是文学阅读和欣赏。

三

如果从20世纪50年代开始发表鲁迅研究的文章算起，到现在，我对于鲁迅的研究，已经四十多年了；如果从20世纪70年代末出版第一部鲁迅研究的著作算起，那么到2000年，也已经二十多年了。学习和研究鲁迅，对于我来说，不仅是一种研究课题的选择，而且是一种人生选择、文化方向的选择。很难忘记，在历经多次苦难的生活中，鲁迅对我的心灵、精神的支撑作用，尤其难忘鲁迅精神、鲁迅人格的浸渍、滋润与导引。即使是苦痛无诉时，一声"寄意寒星荃不察，我以我血荐轩辕"的吟诵，以至"躲进小楼成一统，管他冬夏与春秋"的慨叹，也是对我精神上的提升、心灵上的安抚、情绪上的鼓舞。因此，我研究鲁迅，是几十年来人生道路的选择。研究的论著，质量高低和观点正误姑且不论，它确是我几十年风雨坎坷经历的见证，是几十年来我对社会生活、民族命运、人类生存的种种境况的亲身体验和思索的思想、情感的结晶。《鲁迅学导论》虽是一本理论性的著述，但也不免潜存着这种性质。记得1990年在德国访学时，一位德国教授、鲁迅著作的德译者、汉学家对我说："某某先生（他指的是一位美籍华人教授、鲁迅研究家）说你很保守。"后来，1993年我访学日本，在同著名汉学家、鲁迅研究家竹内实先生晤谈时，对他说起那次"德国谈话"，我说："不知'保守'之说何所指？"竹内实先生略一沉思说："大概是指你带着崇敬研究鲁迅吧。"他停一停，又说："其实，以崇敬的心情研究鲁迅，也并不错。"我感谢竹内实先生的解释，特别是他的理解的态度。而且，我觉得对于中国鲁迅研究者比较普遍存在的这种"鲁迅研究心情"，日本学者是比较能够接受和理解的。日本学者的鲁迅研究也有这种情况存在，虽然同中国学者的心情不完全相同。这在他们的许多鲁迅研究著作中表现出来了。我在日本访学期间从接触到的许多位日本鲁迅研究家的身上，也深切地感受到这一点。对于没有中国这一代知识分子的那种艰难痛苦经历的人们来说，对于没有经历过现代中国内忧外患的人们来说，对于未曾感受到在这种社会、人生境况中鲁迅的意义和作用的人们来说，包括那些距离这一切比较遥远的现在的年轻人来说，确实难以充分理解这种带有崇敬心情和自身情怀的鲁迅研究和鲁迅研究中的这种"文化情结"——其实，从社会、历史、文化的发展来看，就是这种"研究情怀和情结"本身，也是可以解读和研究的。

四

最近几年，曾先后读到几篇"鲁迅研究'圈外'"学者涉及鲁迅的文章，很是感动，也受到启迪，引发许多感想。他们不是从专门的"鲁迅研究视角"来谈鲁迅，也不是把鲁迅只作为作家来谈，而是从一种广泛的、民族的、历史的、社会的和文化的视角来谈鲁迅。同时，他们又都是以当前的现实为背景，联系到现实的、社会的和个人的状况来谈的。因此，颇有见地和启发意义。

朱学勤教授在《想起了鲁迅、胡适与钱穆》一文（收入《作品》，1996年第1期）中，首先动情地写道："80年代结束，所有搅动起来的东西开始沉淀下来。这时逐渐对鲁迅发生回归，发生亲近。"他还特别指出："此时回归，可以说是出自切肤之痛，痛彻心肺之后的理解。"他接着谈到鲁迅的文风，指出：他原先以为这是"个性所然"，后来才明白不是，而是"那样的现实环境逼出了那样的文风"，是"那样的时代需要那样的文风"。然后，朱先生深刻地指出：

> 如果没有产生鲁迅及其文风，黑暗的年代除了黑暗，还将更为虚假。他正是以那样的文风忠实反映了那个时代的黑暗。反过来，现在读林语堂，读梁实秋，你还能想象就在如此隽永轻淡的文字边上，发生过三·一八血案，有过"民国以来最黑暗的一天"？当然，在那样的心境中，鲁迅也消耗了自己。他是做不出也留不下钱钟书那样的学问了。

接下来，朱先生更进一步地深沉而痛切地写下了这样坦诚而真挚的自责与反思：

> 我怀念鲁迅，有对我自己的厌恶，常有一种苟活幸存的耻辱。日常生活降落的尘埃，每天都在有效地覆盖着这些耻辱，越积越厚，足以使你遗忘它们的存在。只有读到鲁迅，才会想到文字的基本功能是挽救一个民族的记忆，才能多少医治一点自己的耻辱遗忘症，才迫使自己贴着地面步行，不敢在云端舞蹈。

朱先生由此而进入对于鲁迅思想、鲁迅性格、鲁迅精神的论述。他写道：

> 在鲁迅的精神世界里，通常是文人用以吟花品月的地方，他填上的是几乎老农一般的固执。他是被这块土地咬住不放，还是他咬住这块土地不放，已经无关紧要。要紧的是，他出自中国文人，却可能是唯一一个没有被中国的文人传统腐蚀的人。这是一件平淡的事，却应该值得惊奇。

朱先生作为中国思想史的专家，把鲁迅和鲁迅精神放在"历史的具体环境和语境"中来考察和论述，方显出鲁迅的突出个性和真意义、真价值，而且也说明了鲁迅、鲁迅精神在今天的现实中的意义和价值。使我深受感动的是，朱先生贯注于学理论证和深刻见地中的那份真挚的感情和坦诚的精神。

还有一篇文章，是李书磊教授的《读鲁心史》（收入《杂览主义》，中央编译出版社，1996）。文章写到对鲁迅的一个基本认识与评价：鲁迅是"真正的诗人"，他具有"一种人所不及的大心力和大情怀"。然后，论及对鲁迅前后期杂文的独到见解。他说：

> 过去我最喜欢的是《热风》和《坟》，喜欢那种对于中国文化猛烈而庄严的批判乃至宣判；而对于后来那些卷入具体人事的笔战文章却略有微词，认为它们不免有些琐碎和不值得。这次阅读印象则恰恰反过来，觉得那些笔战才更有人气和烟火气，才更真实因而也更深刻，反是早期那些面对整个文化作战的文章相比之下稍嫌浮泛了。一个大抱负者如鲁迅能不惜一身卷入身边的人事之中，在最日常、最细微的事件中为自己的信念而斗争，不嫌弃敌人的渺小，这才真正称得上是得道之人，这里面我甚至觉得有几分禅机。唯其如此，鲁迅的全部作品才成为一部活的大书。

在这段简明扼要的评议中，用对比的方式，以"现实"为坐标，又从鲁迅的"大心力和大情怀"同"身边的人事"、"最日常、最细微的事件"的关系以及同后者斗争的意义与价值立论，充分肯定了鲁迅后期杂文的价值，这实际上也是对鲁迅的一种总体肯定，是在全面的意义上论证了鲁迅的意义与价值。最后，李先生从思想方法、认识论的角度作结，写道：

一个伟大的人最与常人相近似的地方往往也正是他与常人相区别的地方，只是相似往往被常人误认为相同：所以对鲁迅的论战文章，人们至今还保持着挥之不去的偏见。

最近，我又读到钟敬文老先生新近发表的一篇文章《不废胸头一像高》（载《中华读书报》2000年4月5日）。钟老先生作为中国民间文学、民俗学的元老和老一代著名学者，从他的学术视角论定鲁迅："鲁迅既是优秀的短篇小说家，又是卓越的文学史家——包括小说史和汉文学史；既是有成就的文献学者，又是可以信赖的翻译家；既是杰出的民间文艺家，又是木刻艺术的鉴赏者和提倡者……"然后，他对鲁迅作出了如此评价：

在如此多样的贡献之上，是大量战斗杂感文（一般称为杂文）的作者，成为无与伦比的社会、文化批评家。他这方面的著作，尖锐地揭露了社会的丑恶、民族的脓疮，使正气升腾，道义矗立。

鲁迅，决不是什么一般的作家、学者，他是一位刚毅的战士，是中华民族的脊梁和精魂！

鲁迅，是中国历史上少有的文化魁杰，也是世界上不多见的文化英雄！

文章最后就总体上如何认识鲁迅、对待鲁迅，这样写道：

对于评论像鲁迅这样的文化巨人特别是文化斗士，首先——或主要应该看到他那不可企及的地方，看到他对当时乃至于未来的巨大作用——使凶残、顽劣者畏惧，使懦弱、受苦的人振奋。我是说要着眼于他的大处、要处！至于其他一些次要的事情，有着这样那样的缺点、失误，那就应该看得轻淡些，——自然可以也应该作出恰如其分的评论，以为后人的鉴戒。但不要轻重无别，乃至于轻重倒置。

所有以上几位学者的论述，不仅是客观的、公正的、实事求是的，而且更重要也更有意义的是，他们在认识论、方法论上，在知人论世的态度上，为人们提供了科学的精神，提供了认识问题、讨论问题的正确方式、方法。我认为，有几点可以提出来：（一）把鲁迅放在他所处的时代环境、文化语境中来考察、认识和评论，而不应该把他从"时代-

环境-语境"中抽象出来，或者把他放到今天的"时代-环境-语境"中来要求他、评论他。（二）对鲁迅的作品，也要持同样的态度、应用同样的方法，不要把艺术之花拔离它所生长的土壤来鉴赏、来评论、来要求。（三）鲁迅的成就是多方面的，贡献也是多方面的，他是一位"多元文化构造"的文化巨人，但不是世界上并不存在的"完人"，因此，需要充分认识他在与弥天黑暗的殊死斗争中，所需要和形成的性格及文风，以及由此产生和带来的缺点、弱点、失误。正因如此，对于鲁迅的认识、评论，就要"着眼于他的大处、要处"，而不要"轻重无别，乃至于轻重倒置"。（四）只有如此，才能既不无视他的"大处、要处"，又不忽略他的"环境所逼出和带来的缺点、弱点、失误"和一般的、个人的、个性的、"纯"主观原因的缺点、弱点、失误。（五）秉持这种观点与态度，即使对于争议较多、评价不一的鲁迅后期杂文，以及其他一些问题、"公案"，也可以持有一种比较客观的、实事求是的观念。

我以为，这些方面对于鲁迅学建立和发展都是具有指导意义的。以上这些对于鲁迅的总体评价，对于鲁迅成就、贡献的评价，对于鲁迅个性特征的评价，以及对这一切所具有的民族性意义与价值，都是鲁迅学立论的基础和核心；而其知人论世的方法论意义，也是鲁迅学研究的指导。

五

《鲁迅学导论》作为我的第十本鲁迅研究专著，应是我前二十多年以至四十多年研究工作的一个总结性著作。回首过去几十年的时光，回顾走过来的路程，心情颇为复杂，有无从说起又欲说还休之慨。"老矣真惭愧，回首望云中。"时光易逝，岁月抛掷，值此年过古稀之际，需要做一个结束。逝者已矣，来者若何？如仍有著述，应该具有新的觉醒和新的面貌。

彭定安

2000年春，沈阳

目录

第一章 绪 论

鲁迅研究，从20世纪最初十年的末期开始萌生，到20—30年代滥觞和初步发展，经40年代的高峰发展，又经历以后的递进、挫折、复苏、开拓、发展，迄今已近一个世纪。在这一长期发展过程中，鲁迅研究方面的论著，从未间断过发表与出版。它们作为"鲁迅公众阅读-接受"的反映与指导，一直是中国对鲁迅的"民族接受-大众接受"的理论反映与指导，同时也是"世界性鲁迅阅读"的反映。它的发展，反映了和伴随着中国人民革命、社会进步和现代化事业发展的过程，也反映了和伴随着中国文化从传统向现代的转换、文化的现代性增长和现代文化的发展过程。因此，鲁迅研究不同于一般的文学研究、文化研究与审美研究，不是一种离现实生活有一定距离甚至距离较远的"纯"学术-文化现象，而是一种同民族命运、社会发展、文化变革、大众觉醒、国民性改造等"民族命运母题"紧密相关联的，具有重大民族意义、历史、时代含义和文化价值的研究。这项研究，对于推动中国人民的觉醒和国民性改造，参与民族解放斗争事业，对于中国文化从传统向现代转换，以及中国文学艺术和文化现代化的发展，都具有重要的意义。这是鲁迅学为其他同类学科所没有的、崇高的学术、文化品性。因此，鲁迅学的发展，便不能不同中国现代社会变革、文化现代性进展、人民精神世界的变化与重塑相联系，既受其深刻影响，又反映它的发展变化于其中。然而，鲁迅学作为一门研究伟大作家、文化大师的学科，作为以探索文学创作的思想与艺术成就、探索其审美素质与诗学构成，以及研究一位文化大师的学科，也必然具有深厚的文化内涵。这样，鲁迅学就自然成为研究"时代-社会-民族命运-人民觉醒"的社会、政治内涵，同研究"思想-艺术-审美"的文化内涵的结合与交融。这就使鲁迅学成为一种既有理论价值又有实践价值，既有时代、社会意义又有审美文化意义的学科。

一、鲁迅学的发展与概貌

鲁迅研究，涉及对鲁迅的各种文本，包括从文学创作到学术论著，从小说到杂文、诗歌，从符号文本到人格文本，从他本人的书信、日记到他人的回忆录等各种不同的文本；关乎所有这些鲁迅文本的解读、诠释、接受；关乎到这一切所构成的理论体系；关涉国外的解读、诠释、接受；关涉对"鲁迅研究"的研究、对"国外鲁迅研究"的研究；还关系到鲁迅传记的研究；如此等等。总之，鲁迅学的研究范畴是很广泛的，内涵是很丰富的，主题是多样的。它是"鲁迅所有文本"之研究，也是"'鲁迅研究'之研究"，是两者之结合。

在长期的历史发展过程中，一方面，鲁迅研究的众多论著，自然地形成、升华和结晶成概括性的、抽象的、理性的理论-美学-哲学形态的学术-文化成果；它为鲁迅学的创建提供了资料与理论的素材，而且这些"素材"自身也会"自然而然"地形成（"结晶"）鲁迅学的学术"颗粒"和学术"因子"。另一方面，也自然地出现了专门从事"鲁迅研究之研究"性质的，属于学科建设的理论论著，它们属于自觉的、专业的鲁迅学学科建设的范畴。这样两个方面的汇合，使鲁迅研究更加提炼、升华为一门新兴的学科——鲁迅学。它在直接的属性上，大体上可以归属于中国现代文学学科，因为鲁迅首先是一位伟大的中国现代作家。这种"归属"，虽然在学科分类上可以纳入如此序列：文学 → 中国文学 → 中国现代文学 → 鲁迅学，并因此可以"按序排次"地把鲁迅学定位为"四级学科"，然而，这里不存在学术等级的划分——实际上，各个学科之间并无等级差别，而只是学术领域基本属性的不同。从学术品性和品位上来说，鲁迅学又是一门跨学科的、综合性的"大"学科。它关涉的亲缘学科很多，比如：中国现代文学史、文化史、哲学、美学、文艺学、艺术心理学、社会学、历史学、语言学、科学等。从鲁迅学的建设与发展来说，它既将以上诸学科"聚焦"于"鲁迅研究"之上，又获得和吸收以上诸学科的研究成果和思想-理论支援。这是鲁迅学的特点，也是它的优点。这既表现了鲁迅研究的视界与理论容量之广大丰富，又体现出鲁迅文本自身的学术-文化含量之广泛深邃。

鲁迅作为杰出的现代学者与翻译家，在这两个文化领域里，都起到了开风气之先、开辟道路、承前启后、引导发展、培养后进的作用，并作出了很大贡献。在学术方面，他的关于中国小说史和中国文学史的著作，他在古书古籍方面的整理考订工作，都是开风气之先的，是具有独创性的。他的翻译文学，他在中国现代翻译文学方面的贡献，他在比较文学方面的实践与理论和开创性工作，也都是无人企及的。鲁迅研究在这几个方面的学术-文化成果，既有对鲁迅本人在这些方面的创造、著述的评价与论述，又有从中提炼出来的一般性的关于学术研究和翻译文学的经验、理论及规律。这是鲁迅学自身的内涵，也是重要的学术文化成果。

　　鲁迅不仅是伟大的文学家、思想家、革命家，而且是民族英雄、人民精神导师和人格典范的文化大师。这绝不是一个偶然的、孤立的现象。他的诞生和成长，他的思想、创作事业、行为的内涵和特点，都是同中国的历史、社会、文化紧密相连的，同中国近代和现代的历史特别是中国人民争自由求解放的斗争历史、人民革命发展的历史紧密相连、不可分割的。他是这一切的"产儿"，是这一切哺育了他。同时，鲁迅也不是孤立的、独自成长的，他和他同时代的人一同生长、发展、成长，同他们一起吸取历史、民族、文化的哺育，一同谛听人民痛苦的呻吟、斗争的喊叫和苦难心灵的声音，并从中获取创作的灵感、思想的营养和生活的源泉。他们彼此影响、互相推动，互助或者互相斗争。鲁迅一面接受他们的影响，一面又突破和超越他们。因此，研究鲁迅同他的时代、同中国历史-文化的关系，研究鲁迅同他的同时代人的关系，便成为鲁迅研究的一个重要的内容。而这一研究内容，使鲁迅研究的触角延伸到他的许多同时代人中的文化大师、文化名人、作家、艺术家和其他有影响的历史人物的研究领域之中，同这些研究相交叉、相融会；又吸收研究这些人物的学术-文化成果，来充实和发展自身的研究。这使得鲁迅研究的内涵更为广阔丰富。由此，它也就进入中国现代文化史的研究领域，既吸收这一研究领域的有益成果，又成为这一研究领域的重要组成部分。

　　每个学科的建立，都需要经历三个阶段的发展，同时，又具有三个层次的结构，这就是资料层次、理论层次和结构层次。鲁迅学经过这三个层次的发展，到20世纪80年代，可以说已经具备了成型的条件，经过 80—90 年代的大发展，进入了更为成熟的阶段，并在三个层次方面均有长足的进展。同时，在长期的发展过程中，资料层次、理论层次和结构层次，均分别又相联系地有了可观的发展建设。鲁迅学的"三层次结构"可以说是相当丰厚的。它是一门发展得颇为充分的学科。

由于鲁迅学具有上述跨学科、综合性的特点，鲁迅研究的队伍从来不是"单一的"，即不仅"容纳"和"吸引"了文学研究者和鲁迅研究者，而且吸纳了众多学科的研究者并"诱发"了许多研究者运用多种学科所进行的研究。这一状况，不仅大大丰富了鲁迅学的学术–文化内涵，而且大大提高了它的学术品位和品味。

这样，鲁迅学作为鲁迅研究的结晶，有着广泛的学术–文化资源。它既有研究开展中对于鲁迅文本的解读–诠释，又有对于这种解读–诠释的解读–诠释；并且，这两种互相生发、彼此辉映的解读–诠释，还构成一个完整的体系，其中包含各个分部、分类的内容，又构成整体的发生综合效应的内容。"对鲁迅文本的解读–诠释"不是一种简单的、单纯的、划一的解读，而是既有从社会–历史层面运用这种文学–审美理论进行的解读–诠释，又有在语言、形式主义、结构主义、心理分析、原型理论等所涉及的层面和领域的种种读解；既有运用中国传统文学理论的评论、研究，又有运用外国文学理论的评论、研究；既有大综合的研究，又有比较研究和比较文学–比较文化研究；如此等等。所有这些研究成果，汇集、融合、结晶而成为鲁迅学丰富多彩、复杂深邃的理论体系。

这一理论体系有主干、有核心、有分支、有外围，有在广度上着力者，有在深度上求成者：它们形成一种理论构造，一种反映文化大师鲁迅的百科全书式知识体系的理论构造。

由于鲁迅的上述特点，鲁迅学也一直是通过普及的渠道——教科书、报刊、影视文本，以及日常的宣传教育工作等形式，将研究的成果输入大众的"鲁迅阅读和接受"活动之中，并进入民族性的思想教育，特别是爱国主义、民族精神、人格典范等的教育领域之中。鲁迅精神，通过他自身的文化文本，同时借助鲁迅学普及到公众之中，培养了一代又一代作家、艺术家、文人学者、青年学生以至广大群众。这也是鲁迅学的一种突出的学术–文化品格。这是一种其他同类学科和同类研究所不具备，或虽然具有一定内容，但远远不如鲁迅学之突出、鲜明、丰厚的地方。

二、鲁迅学的核心、特质与学术地位

鲁迅学作为鲁迅研究的总结、提炼和结晶，具有丰富深厚的学术–文化内涵；作为一门学科，它具有自己的特殊素质、核心与内涵；作为研究中国20世纪一位伟大作家、思想家和文化大师的学科，在中国学术文化空间中占有重要地位，具有特殊的意义。

（一）鲁迅学的学术–文化特质

鲁迅学以鲁迅的全部文本为研究对象。这是一个思想文化的巨系统。它包含：鲁迅的以创获文化现代性为职志，为民族解放、人民幸福而奋斗终身的社会实践；以改造国民性为核心与特征的思想体系；作为新的艺术形态反映中国思想革命的镜子的小说创作；以社会批判与文化批判为特征，反映了中国现代社会和中国人现代灵魂的杂文；中国现代文学的艺术典范与奇葩的散文诗；开风气之先的中国小说研究；代表民族的世界性接受与"另一种创作"的文学翻译。面对这样的对象，为了更好地把握它、研究它，在方法论上就需要根据对象的特征，来决定研究的方法与结构层次。鲁迅的本质与特征是：以伟大作家的身姿，以具有高度思想、艺术成就和独特审美素质，以小说与杂文创作为主要艺术形态和活动方式，而表现为伟大的思想家、革命家和文化大师。因此，鲁迅学以研究鲁迅独特的思想体系为基础，以杂文、小说、散文、散文诗、古体诗为整体文学文本，进行综合的、整体的研究，而以杂文研究为核心、重点和特点；同时，紧紧把握鲁迅以独特方式来实现形象思维与逻辑思维结合的艺术思维和创作心理，对他的文学创作、文学理论批评、文化倡导和学术研究，进行全面的、综合的、整体的、立体的，具有不同性质、不同分工而又彼此渗透的大综合研究。由于鲁迅又是伟大的社会斗士、文化大师、精神导师，因此，以他为焦点，"聚焦"于他，来展开对中国近现代社会变迁、文学革命与文化运动的研究，展开世界性的比较文化研究，也都是十分重要的。

（二）鲁迅学：中国现代文学史、文化史的基础、核心部分

鲁迅是中国"现代文学之父"，是中国现代作家第一人。他是五四运动的健儿和当时思想文化领空灿烂群星中的亮星之一，他坚持了五四精神，历经从文学革命到革命文学的曲折过程，一直高举革命文学的旗帜，走在队伍的前列和斗争的前线，领导着文学与文化新军前行。他的小说创作，是其他任何一位中国现代作家所难以比拟的；他的杂文更是独创的文体，没有任何一位中国作家的同类文字可与之比肩。他毕生为创获中国现代文学和现代文化的现代性而奋斗。他毕生的事业与活动，同中国现代文学和现代文化的创造，同中国文化从传统向现代转换，都密不可分。他的文学创作与文化业绩，是中国现代文学、文化最重要、最宝贵和最高成就的部分。中国现代文学、文化，可以设想没有其他任何一位作家，但是，却不可设想没有鲁迅。如果没有了鲁迅和他所创造的文学与文化业绩，中国现代文学和现代文化便将失去它最重要的部分、最重要的代表和成就最高的成果，并将失去它的思想、文化光彩，降低它的整体水平和它在亚洲、东方和世界上的地位。只有鲁迅，是中国现代作家中，不仅可以"打出中国去"，而且可以同世界文学、文化大师比肩的文学、文化大师。

因此，鲁迅学便成为中国现代文学史与中国现代文化史的基础部分。事实上，已有的中国文学史著作，便是以鲁迅为其基础部分的。

鲁迅学作为在理论上对于文化大师鲁迅的解读-诠释系统，和"对于'对鲁迅的解读-诠释'的总结与结晶"，必然包含鲁迅作为文化大师，对于中国文化的创获现代性，对于中国文化实现从传统向现代转换，以至建设现代文化的贡献；包含他为了中国的独立解放、繁荣富强、实现现代化，在文化战线所进行的所有斗争、在文化领域所做的全部工作，以及他一生所进行的无尽的斗争与无私的奉献；还包含中国文化在一边转换、一边建设的过程中，作为深层控力的"文化"和"表现为文化形态的经济"的"文化"，在社会变革中所发生的作用，以及鲁迅作为文化旗手，在这一过程中所作出的伟大贡献；如此等等。鲁迅学重要的根本的任务之一，就是在理论上反映与总结这一切，使它以一种理论形态存在。这样，鲁迅学就成为中国现代文化的理论构造，成为这种构造的决定性的、基础的、核心的部分。事实上，每个民族、每个国

家，在一个特定的历史时期，总是会产生它的文化的代表人物，集中反映这个历史时期的文化精神、文化气质和文化走向。"五四"以来中国文化的转折与文化革命，以及中国现代文化的产生、发展与建设，也同样需要并且产生了一批这样的文化代表人物，鲁迅便是其中杰出的一位。由于他的活动与创造的领域广阔而深入，他与历史潮流、社会演变结合紧密；也由于他的实践与战斗、创造与工作都深入社会实际，泛化于社会层面，深入到民众之间，并且在塑造人的灵魂、改造中国国民性上发挥了巨大而恒久的作用，他的思想与文化精神已经进入小传统层面。由于这一切原因，鲁迅自然成为民族的文化代表、民族的思考人与代言人。因此，研究他的全部思想、创作与事业，研究他的全部文本的鲁迅学，便自然成为中国文化理论构造之内涵，也是中国现代文化重要的、核心的组成部分。

（三）鲁迅学：中国"现代国学"的核心内涵之一

鲁迅学的主体部分，就是研究鲁迅如何探寻拯救国家民族、实现社会现代化，探寻如何创获中国文学-文化现代性，建设中国现代文化，以及他在这些方面所作出的论述与结论；研究鲁迅如何为了这个根本宗旨，而从事文学、文化创造，从事广泛持久的斗争和创业，以至奉献终生；研究鲁迅如何进行他的小说、散文、散文诗特别是杂文创作，这些"鲁迅文化文本"又如何反映了中国现代社会的状况，反映了"现代中国人的魂灵"；研究鲁迅如何以他的全部努力和活动、创造和事业，推动和实现中国文化从传统向现代转换。鲁迅的创作，特别是杂文创作，以"社会批评"与"文明批评"为宗旨和特征，涉及现代的历史、社会、时代、政治、经济、思想、文化等极为广泛的方面；关涉哲学、历史、文化、科学、教育、美学、文学、艺术等众多学科；涉及中国的传统文化，包含儒道释诸家，以及对它们的继承、批判与改革；涉及外国文学、文化思潮流派，以及对它们的认识、理解、过滤、选择、吸取、接受、改造；涉及中外文化的结合，以及中国文化"取今复古，别立新宗"的发展历程；如此等等。因此，阅读鲁迅，就是阅读现代中国历史、社会、文化；理解鲁迅，就是理解现代中国社会、文化。而且，他的百科全书式的创作与著述，又使我们广泛地接触到各门知识与学科、各类现实社会与文化，接触到各类精神现象。所有这些，涉及中国文化的基本内涵和主体方面，涉及它们演变的轨迹与今后的走向，涉及中国文化从传统向现代转换及转型后的建设，以及由此而及的中国整体现代化事业的实现。这一切，都是关于中国的学问和学术。因此，鲁迅学，就成为一门中国学——中国学的重要组成部分；就成为一门中国国学——中国国学的现代版，是中国现代国学的核心部分之一。鲁迅学与其他研究中国现代社会和学术文化的学科一起，与中国现代哲学、史学、文学、艺术等一起，构成中国国学的现代版。

三、鲁迅学的发展前景

从接受学的视角看，"文本"自身具有它固定的"含义"，但这一"含义"却不是封闭的、故步自封的、自足的独立存在物。一方面，它自身的"含义"中就有由于语言的特征和作家自己有意或无意为之的种种原因而具有众多的"未定点"（"空白"），又具有空筐结构的特征，因此，"含义"具有可变性、模糊性、生成性，给予读者以想象的空间。另一方面，接受者的解读和诠释，又不是"一张白纸任涂抹"的，而是一个主观的、主动的、积极参与的、具有创造性和可变性的阅读主体，他们在阅读之前既有已经形成的"期待视野"与"接受屏幕"，在阅读之时，又会进行一种主动的、创造性的"读者的工作"，从而在"含义"的基础上创获"意义"。在这个意义上，正如英加登所说，艺术作品的创作，创作者只完成了一半，另一半则要由接受者来完成。我们还可以说，越是伟大作家的作品，其内涵越丰富，其内容越多元多样多极，其可予读者想象的空间越大，其可供发掘的蕴藏也越大。由各类文本构成的鲁迅文学–文化文本，正是这样一种高品位的文本。它的"含义"所可发掘的"意义"蕴藏，是极多极丰富的。

在公众接受上，又有共时性的水平接受和历时性的垂直接受这样相区别又相联系的两个过程、两个方面。每个时代、每个历史时期，不同的受众，都从不同时代的"前知识结构"和期待视野出发，去接受阅读文本的"含义"，而创获属于文本又属于其时代的"意义"。时代嬗替之后，下一个时代和历史时期，又有不同的时代精神和"阅读需要"，从而在文本"含义"的基础上再形成、创获其新的"意义"。但这种不断变迁演化的共时性水平接受，又在一定程度上受到前一代接受和创获的

"意义"的影响和牵制。这就是垂直接受的作用和"束缚"。这样，在两者的交叉坐标上，形成各个时代的现实–实际接受，创获各自的"意义"。对鲁迅的接受，正是这样一代又一代、一个历史时期又一个历史时期地发展下来的。这就构成了鲁迅学的一圈又一圈、相环套又相区别的"学术年轮"，形成了鲁迅学的发展史。"学术年轮"的每一圈，都不是后者否定前者、抛弃前者、泯灭前者，而是以它为历史–文化前提，以它的原有解读、诠释体系和学术成就为起点、为前导、为基点、为依凭而向前发展。其中自然有批判、有否认、有对立，但更有吸取、接受、继承。当然，更为重要的是有发展、有前进、有提高，这是每一个学科发展的规律，也是鲁迅学的发展规律。而且，由于鲁迅的文化大师的地位、特点和鲁迅文化文本的多元多义性，这种时代更替、历史嬗变的平行接受与水平接受交叉影响的发展、提高，以及由"含义"到"意义"的创造，更为鲜明、突出，文化内涵更丰富，更具有全民族阅读、接受的价值。

同样由于上述原因，鲁迅学的发展和它所能产生的文化–学术效应，也是全民族性的，是关涉民族文化发展全方位课题的。鲁迅学所涉及的研究领域，如文学、艺术、翻译、学术、政治、历史、科学、语言、哲学、美学、教育等，以及民族复兴、国民性改造、文化转型、现代文化建设等，都不仅是研究鲁迅、聚焦鲁迅，而且是研究、关涉所有这些领域的一般性发展和整体性问题，这样就由"鲁迅""辐射"到这些领域和它们所构成的民族文化整体。这是鲁迅学的学科意义与价值之外的，属于全民族的、文化总体的意义和价值。

鲁迅学已经形成，并仍在发展。它将在21世纪的新的现实、新的社会、新的文化语境中，得到更大规模（学术规模）的发展，将建设成为一门渊博丰厚、多元综合的学科，既有理论的素质，又有实践驱动力。它将在21世纪中国实现现代化的过程中，以及中国文化从传统向现代彻底转换的过程中，发挥它的巨大的文化动力、文化启迪、文化支援的崇高作用。作为一门学科，鲁迅学不仅应该有其自在的、客观存在的形态，而且应该有其自为的、形成文本的形态，将隐在的形态显现出来。这是将散在的、分别的、个案的存在，加以集中、整合、提炼，使之形成一种有形的、符号化、整体化的文本形态。

本书在回顾历史、展示现实并展望未来的基础上，全面探讨鲁迅学的发展轨迹与现状，列举鲁迅学的主体内涵、构造状况和结构形态，也粗略地概述研究成果与不足，并探讨今后发展的趋势：试图和期望以此作为鲁迅学学科发展的一个引导。故以《鲁迅学导论》名之。

鲁迅学不是一门关于"过去"的学问，不是一门过时的学问，不是一门离开现实生活、离开现实文学运动发展、离开文学争论展开和现实文学创作的学问；而是一门关乎"现在"的学问，一门"现实"的学问，一门紧紧联系着现实的文学运动、文学争论、文学创作的学问。这不是谁使用主观的努力制造出来的，也不是如有些人好心或有意，甚或是进行讽刺和攻击所说的那样是鲁迅研究者、"鲁迅吹捧者"们连篇累牍地发表论著所造成的。如果这样说，倒真是抬高了研究鲁迅的人们。他们不仅没有这么做，而且他们也没有这个力量。一个并没有真实的价值，特别是不具备思想、审美、学术、文化价值的作家的作品，只会被历史的、文学的、文化的浪潮所冲击而去，不留痕迹；而不可能被人为地吹捧，被不符合实际地进行所谓研究，硬赖着不走，或勉强地具有现实的生命力。或者，有少数没有能力、寻找不到谋生出路的人，强拉住鲁迅，从事所谓研究，以混口饭吃。但是，却决不会有那么多的人，尤其有真正的学者、教授和作家、艺术家研究鲁迅，并且是一代接一代，不曾断裂，延续了近一个世纪。这一巨大的、长久的事实，是不能抹杀的。而且，还有为数众多的国外研究者——其中包含世界主要国家的著名学者，也参与了这项事业。其实，应该说，那些不绝如缕，一代代接续传承的批判、攻击、否定、打倒鲁迅的人们，倒是以他们的实际行动，在从反面来承认鲁迅上起了一定的作用，作出了不可抹杀的贡献。因为，他们之中有的以批判、咒骂和否定鲁迅为自己的终身事业，坚持不懈，锲而不舍；有的人则是接过他们前辈的衣钵，或老调重弹，或添置新调，来继续攻击和否定鲁迅。这倒是说明，在他们眼里，鲁迅确实是一个巨大的存在，一个不可抹去的历史身影，一块"挡道"的巨石，一座堵住他们去路的大山。而这样，却恰恰证明鲁迅是否定不了的，是打不倒的。他的存在，他始终为中国公众所接受，为中国文化发展、前进的导师，并不是他自己的要求，也不是他自己所能求到的；当然，也不是鲁迅研究者们所能做到的。一切都是鲁迅自身的条件和价值所决定的，是中国社会、文化发展的需要所决定的。

第二章　鲁迅世界的诞生及其构造

一、作家的"四个世界"

每个作家都"拥有"四个世界。第一是客观世界（世界Ⅰ）。这是客观存在，是自然、社会、环境（区域）、家族、家庭、亲人、朋友、人群所组成的一个庞大的世界。作家就诞生、成长于这个客观世界之中，接受它的恩惠、养育、刺激和从生到死"一辈子"的牵连，他身心的一切，都离不开、跳不出这个客观世界。丹纳在《艺术哲学》中所说的作家、作品的三个决定性因素，即种族、环境和时代，都包含于这个"客观世界"之中。

第二是作家自身的主观世界（世界Ⅱ）。这是作家作为一个社会的人的自在的与自为的生命世界和生活世界。这个世界包含他从幼年到少年、青年、中年、晚年的全部生活、经历、遭际，幸福与痛苦、欢乐与忧伤、得意与失意；包含他全部的理性世界与情感世界，他全部的物质生活与心理生活。特别要提出的是，包含对于一位作家来说十分重要的，他所接受的一切外界刺激和他对这一切"来自客观世界的冲击波"的反映、反应、反射和反馈，他的心灵的感受、心理的承接与回应，和由此引发、滋生的心理汁液及由此升华、提炼、结晶，并经过心灵的"酶化"之后，形成的创作心理。这个主观的心灵的世界，物质的区域很小，但心理的界域无边，既宽广又深邃。正是这个心灵世界，运用客观世界的素材，创造文学艺术作品。

第三，作家作品所创造的艺术世界（世界Ⅲ）。这是作家创造出来的世界，是"第二自然"。它是主观——作家主体——的产物，但既被创造出来之后，就成为一个客观存在，一个自在自为的世界，甚至不再受到创造者——作家——的支配了。这是一个艺术的世界，它的基本素质是艺术的、审美的、文化的。衡量它的素质的高低优劣和社会功用的利弊，主要应从艺术、审美的角度和尺度上去运作。

第四，接受的世界（世界Ⅳ）。这是公众对于文学艺术作品的接受的世界。这个世界是由作家、作品、读者（受众）所共同组成，而以读者（受众）为主体的。它既受制于作品（世界Ⅲ），又受制于读者（受众），主要是受制于后者。后者不是纯粹被动地接受，而是主动地、创造性地、生成性地接受。在接受过程中，他根据作家所提供的对象（作品——世界Ⅲ）的条件，来进行罗兰·巴尔特所说的"读者的工作"，完成一件作品的"意义"实现和全部创作过程。

这"四个世界"是各自独立存在，但又相互联系、彼此渗透和循环影响的。它们有机互动、不可分割，"首尾相连"、不可切断；只可取某一世界为立足点，来观察、分析其他三个世界，并考察它们之间的关系。

我们对于鲁迅的研究，就是把他纳入这样一个"四个世界"组成的有机联合体中，来观察、剖析和论述的，即不是封闭式地、孤立地、自立自为地来研究鲁迅。鲁迅学，当然是立足于、"聚焦"于鲁迅的；但必须也必然涉及这"四个世界"的全部——全部领域、内涵和主题。它要探究鲁迅自身（世界Ⅱ）和他同另外三个世界（世界Ⅰ、Ⅲ、Ⅳ）的关系：他作为接受者，受惠和受制于后者的诸多方面；他作为施予者，所给予后者的诸多方面。

二、"鲁迅世界"的诞生

鲁迅于1881年出生于江南名城古邑绍兴。上距鸦片战争后中国被炮舰轰开大门，从此开始了民族沦亡的历史的1842年不到40年；距太平天国革命、整个江南（包括绍兴在内）接受农民革命血与火的洗礼，只有二十年左右。下距戊戌变法则不足十年。他是在这样一个巨变遽变的时代，出生在一个巨变遽变的地区。这就是他生长的时代、生长的地区。它的一切都刺激鲁迅，并被他内化为自己的内在、主观世界。在此时期，受到时代大潮的冲击，经受社会发展变迁的影响，他的台门大家族正在败落，满眼是凄凉苦楚，所见是破落户子弟悲惨沦落的故事和情景。他自己的家庭，也在他的少年时代，经受了祖父因考场案下狱，家里因每年"通关节"以营救候斩的祖父一命，而钱财大伤，日渐贫困没落；在此途中，父亲又失意落魄，酗酒吸鸦片，脾性暴躁，家庭不幸。作为长孙长子的鲁迅，受到格外沉重的创伤。被海明威称为"作家最好的训练"的"不幸的童年"，鲁迅是充分地具备了的。他的这种不幸，带着中国19世纪末季，江南富庶开放地区的社会特征和文化特色；也带着一个官宦书香之家在时代冲击、社会变迁中，骤然没落沉沦的特色。

这个时期的世界状态与潮流，是资本主义发展到帝国主义阶段，西方的物质文明与社会福利已经发展到很高的水平；然而，贫富分化严重，社会问题丛生，劳动人民生活困苦，并起而反抗、斗争。国际矛盾、民族矛盾、阶级矛盾尖锐化。在这种时代、社会、经济背景下，人类文化思潮也发生巨大、深刻的变化。原有的理想、思想、理性之光，显得黯然失色；而新起的思潮，强烈冲击着西方以至整个人类的传统思想与文化。鲁迅的成长时期，正是对西方整个思想、文化界产生了震憾性的影响的哲学家尼采闪射他的批判旧文明与旧传统的思想光芒，高喊"上帝死亡了"的时代。生产力高度发达，物质文明高度发展和社会的憔悴、公众的贫穷、精神的矛盾，共同存在。世界正在酝酿巨大的动荡与变化。这股物质的与思想的强大浪潮，猛烈地从西方吹到东方，"西风东渐"，也震撼了中国，动摇了中国的传统根基。这一切，从西方到中国，到中国江南、到绍兴，也冲击到鲁迅的切近的世界，进入他的"小宇宙"。

这一切，都是鲁迅童年、少年时代所面对的外部世界（世界Ⅰ）。他自身的主观世界（世界Ⅱ），便是在这个外部世界的冲击、刺激、压制之下形成的；而且，世界Ⅰ不断在他的主观世界（世界Ⅱ）的反映、反应、反馈之下，又加他自己心灵的"酶化"，再内化为他自己的世界、自己的心理。他在这样的外部世界的巨变遽变中，开始了他的朦胧的然而是确定的"人生觉醒"，开始"睁开眼睛看世界"，并把这个"世界"内化为自己的内心世界，开始了作为一个作家的创作心理的"滥觞"之旅。"有谁从小康人家而坠入困顿的么，我以为在这途路中，大概可以看见世人的真面目。"①这日后的深深的人生慨叹，所吟咏的就是这往昔的生活和他的痛切感受。这成为他心灵中牢固的情结之一。他的世界（世界Ⅱ）——"鲁迅世界"，就这么开始诞生了，就这么形成、这么构成了。

正是在这样的情况和条件下，在童年和少年时代，他走进了家宅的后园——百草园；走进了书籍，特别是图画书的世界；也走进了农村天地，走进了野孩子群；他还走进了民间艺术的世界，结识了其中的人与鬼混合的人物，如活无常与女吊等，并走进了他们的"生活"与心灵。这是"世界Ⅰ"这个大世界中的小世界——这些，是形成鲁迅内部世界（世界Ⅱ）的直接环境和素质渊源。

中国俗话所说"三岁看到老一半"，是有道理的，得到了许多事实的证明。鲁迅也是如此。三岁，以至童年时代的许多事情，尤其是家庭的、亲人的事情，特别是家庭变故，给他的影响是很大、很悠久的。这成为他以后文化、心理结构和性格的核心与基础，不少心理情结从这时种下，以后长期发生作用。鲁迅曾说自己"其实是破落户子弟"，这是很深刻、很说明他的"个性渊源"的话。当然，"破落户子弟"并不都一样，他们对"破落"事实的反应是各不相同的，因此思想性格也相异。鲁迅同周作人就出生于同一个破落家庭，但思想性格和一生行事大相径庭，便是显例明证。

借用斯宾格勒在《西方的没落》中所说的"大宇宙"与"小宇宙"关系的说法，那么，我们可以说，鲁迅的"小宇宙"，就是在上述的"大宇宙"（世界与中国）以及这个"大宇宙"之下、之中的"中宇宙"（绍兴和家庭）的双重影响和"养育"下形成的。丹纳所说的决定作家作品的三要素中，种族、环境和时代三者，在这里也是都"完满地"具备了。

鲁迅世界就是这样由外在到内在和由内在到外在（外在⇆内在）相结合、相渗透地形成的。

鲁迅世界的这种形成过程、特点、构成因素与结构特征，以及作为作家、思想家鲁迅的如黑格尔所说"这一个"的思想-创作心理的内涵与特征，等等，都是鲁迅研究的主要对象，它构成了鲁迅学的基础部

① 《鲁迅全集·〈呐喊·自序〉》。

分。它的研究成果，不仅"属于它自己"，而且对于鲁迅学的其他研究领域具有"辐射"和"支撑"的作用。鲁迅学在这方面的研究成果是比较丰富的，有许多有分量、有见解、有学术文化内涵的论著问世。不过，已有的成果，在材料-事实方面虽然已经足够充分，也许除了零星的材料或者个别的重大事实之外，不可能再发掘出更多的有价值的材料来；但是，它对鲁迅"这一个"的"作家的世界"的形成过程、产生特点、内涵特征的挖掘，特别是诠释，却是不够的，尤其是运用多元、多视觉和确实适合用于分析、诠释鲁迅的理论，来进行诠释方面，仍然是大有可为的。对"鲁迅世界"突出和杰出的独特性、独创性的研究和诠释，也是很重要、有待进一步发掘的研究领域。所有这些方面，在20世纪90年代以来，已经开始有了新的发掘、新的研究、新的诠释和新的成果。今后，在这些方面，仍然会继续前进、发展和提高。这是鲁迅学发展建设的基础的和重要的方面。预计，这一领域的研究，将会随着中国的现代化和文化的现代性发展，随着中国社会的现代性和国际性的发展，随着中国现代文学-美学理论建设的发展，而得到更进一步的发展。

三、"鲁迅世界"的构成因素

鲁迅学首先要解读-诠释鲁迅世界。因此，我们在探讨鲁迅学的诸多研究领域之前，先要探究鲁迅世界是如何构成的，即哪些方面、哪些领域构成了"鲁迅世界"，这些领域、"方面"各有哪些重要内涵，它们是如何形成了一种结合体和构造体系的。

下面，分别来探讨这些问题。

（一）现实的生活世界（生平）

鲁迅世界包含：（1）外在世界（世界Ⅰ）对他的作用、影响和留下的种种心理刻痕、留下的种种记忆，即"大宇宙"对"小宇宙"的作用与刻痕（大宇宙→小宇宙）；（2）内在世界（世界Ⅱ），即他的内心-心理-精神构成，他的心理状态（包含创作心理）、精神气质、性格、价值观、情趣等，即他整个的理性世界和情感世界，以及他的内在世界对外在世界的一切所作出的反映、反应、反馈与吸取、接受和内化（内在世界→外在世界，"小宇宙"→"大宇宙"）；（3）鲁迅所创造的第二自然、第三世界（世界Ⅲ），即他的所有各种形态的作品，即"鲁迅文本"。这三个方面，组成了一个完整的鲁迅世界。

这三个因素是彼此沟通、互相影响、共生共长的；但却以"鲁迅的内在世界"为主体、为核心、为基础，是聚焦于鲁迅独自拥有的这个自我的内在世界的——现实生活世界的种族、环境、时代对于鲁迅世界的影响、作用、刺激和留刻痕于其中。这个外部世界包括当时的中国的现实，当时的邻国日本及整个世界，特别是欧美发达国家的现实，以及这些外国的现实同中国的关系。这是一个非常广阔、复杂的世界。当然，不是这一切都进入鲁迅世界，而是在两个方面与鲁迅世界有关，深深地影响了鲁迅世界。一是，这个外部世界深深地影响了鲁迅的家族、家庭的生存状态和荣辱浮沉的变迁，而这一切又决定了鲁迅的生存状态、个人命运和思想情感的发展；二是，这些外部世界的情状，有一部分，由于鲁迅直接和间接的接受，受到它们的冲击、刺激和影响，因而引起鲁迅的反映、反应和反馈，从而内化于鲁迅的内心，影响和铸就了他的心灵，而成为他的"内宇宙""小宇宙"的内涵。

（二）内在的心理世界——创作心理

每个人都在自己不同于他人的生活经历中，形成自己的独特的心理世界。而每一个作家，又会在同样的基础上，在一般心理状态的基础之上，形成自己独特的创作心理。正是这个创作心理，决定了一个作家的艺术世界的审美特质和表现形态。

每一个作家，都会在自己生活经历的基础之上，特别是丹纳所指出的种族、环境和时代三个要素的作用下，历经"三个觉醒"，即人生觉醒、艺术觉醒和性觉醒。这"三个觉醒"有两大特点。一是它们大都在少年时代和青年时代形成，受到童稚时代和少年时代的生活经历和感受的很大的、可以说是决定性的影响；二是这"三个觉醒"在以后的不同人生发展阶段中，还会经历一次或几次的再觉醒。这"三个觉醒"对于一个作家的一般心理和创作心理的形成，具有重要的、决定性的作用。鲁迅的独特之处，就在于他的文化心理构造和创作心理构造的独特。作家的创作心理具有三个过程和三个层面，它们的发展序列和结构层次如下所述。

（1）发展序列：

一般心理→创造心理→文学创作心理

（2）结构层次：

| 文学创作心理 |
| 创造心理 |
| 一般心理 |

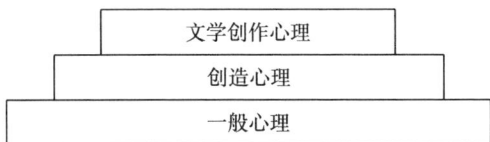

图2-1　作家创作心理的结构层次

创作心理的内构造，包含内觉、内视力、内心语言与内心世界、内在基础等基本领域与内涵。它的构成是以"个人经历"（生活世界）为核心与基础，接受环境（种族/社会/时代）和文化，特别是民族记忆——集体无意识——的影响，而形成各个重要方面和组成因素，包括世界观、美感经验、生活感受三个方面，以及由它们形成的包括在"创作个性"中的诸多方面，如审美心理、艺术思维、创作心理、审美选择等。如图2-2所示。

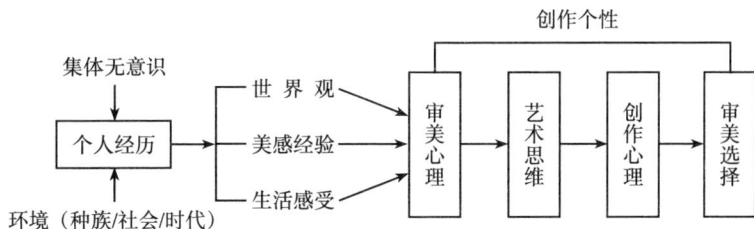

图2-2　创作心理内构造结构示意图

鲁迅的内在的心理世界，以及他的创作心理，以他的少年时代经历为核心和基础，留下了许多情结，留下了鲁迅后来所说的许多"不能忘的记忆"；以后，又有南京求学时期和日本留学时期的生活，留下了深深刻痕，敷以文化的汁液和熏陶，而在日本留学时期成型。

鲁迅的心理世界中，留下了对于人生灾难、命运无常、人情冷暖、世态炎凉的深深的记忆、刺激和刻痕，他是在这种心理创伤的基础上，形成他的情感记忆、感情世界和"自我"的。寂寞、孤独、冥想、悲剧意识，在他的心灵中，因而也就在他的创作心理中，留下了许多深深的印痕，形成了情结，成为他日后创作的心理动力、强"激起"因素，并因而成为他创作的一种艺术-审美素质的"基因"。大自然的熏陶、民间艺术的培育、生活刺激所引发的他的想象力和喜好与富于冥想的心理，又给他的创作心理敷以浓浓的艺术-审美色彩；并且，这些都具有民族文化的特征、民族记忆和集体无意识的内涵，以及中华文化——吴越区域文化——的蕴含。其后，南京求学时期所学得的自然科学知识、新文化、新世界观，和日本留学时期所学的广泛的科学、文化知识，西学和西方新思潮的知识，以及以东欧被压迫民族文学为主的文学知识，使他的创作心理得以在原有基础上发展、成长、丰富、深化，直到成型。

由于鲁迅出生和成长于一个世界、中国都处于世纪之交的社会动荡、思潮遽变、艺术革新的时代，又处于江南富庶水乡、文化名都之地，家族、家庭历经遽变，"由小康而坠入困顿"的不幸之中，生活凄苦、备受煎熬，既有祖父入狱、父亲抑郁以亡的伤痛，又遭自身不幸婚姻的折磨。心灵创伤重，心理印痕深。而且，鲁迅自少及长，爱读书、爱艺术、好思索，心性锐敏、吸收力强，博闻强识、知识广博，文化素养深厚，因此他的内在心理世界是广袤、繁复、深邃的，富于情结、冥思、玄想，情绪记忆和形象记忆甚强。而这一切，都是培育创作心理之花的心理沃土和艺术的阳光雨露。"蚌病成珠"，它成全了鲁迅。

（三）"第二自然"的表现世界——艺术表现世界及其他

鲁迅作为中国现代作家第一人，他所创造的"第二自然"便是他的艺术的表现世界，是他的小说、散文、散文诗和杂文等。这是他所创造的"第二自然"中首要的形态，是最关键、最具个人特色的部分。

鲁迅的艺术的表现世界就是他的文学文本，这是鲁迅文本的主要部分。他的小说文本，又有《呐喊》与《彷徨》之别，还有《呐喊》、《彷徨》与《故事新编》之别。他的散文，在"五四"散文中居于十分独特的地位。他的小说和散文，都在中国现代文学创作成就中居于顶尖地位。他的散文诗《野草》是鲁迅文学文本中，也是"五四"以来文学百花园中最艳丽的花，至今未有出其右者。他的杂文文本，更是他的独创，是中国文学长河中独有的创获与成就，至今仍未有企及者，而且是世界文学中仅有的艺术之花。这是鲁迅代表中国奉献给世界文坛与文学史的艺术奇葩，它在它的成熟的形式上已成典范，在同一文学形态的创作上，不会再有人超过他，而只会在形态演变之后越过他。他的古体诗，在古典的艺术形态中，蕴含着现代思想观念、现代意识和意象，是中国古体诗的新花。鲁迅所有文学文本，即鲁迅的艺术表现世界，是中国现代文学文本的范本，是最具现代性——现代意识、现代心理、现代意象、现代表现手法——的范本。

其次就是他的翻译作品、翻译文学所构筑的"第二自然"的表现世界。在这个"借他人酒杯，浇自己块垒"的世界里，反映着鲁迅的文学观、艺术观、审美体系，社会、政治、文化观体系，以及他对外国文学思潮的理解、认识、选择；还有他关于翻译学的理论，他的比较文学实践和比较文学理论。他在翻译中，对所选择的作家及对其作品的评价、分析与接受，也反映在这个表现世界之中。

鲁迅对他所翻译的每一部作品，都写有或详或略的序、跋、题记、介绍等辅助性的文章，这既是他对所译作品的总体介绍，又是他的文学理论著述。此外，他更翻译了普列汉诺夫、托洛茨基、厨川白村等人的文学理论、美学著作。这里，也表现了他的文学理论观念和美学观点，表现了他在理论中所体现出来的"艺术的表现世界"。

鲁迅的学术论著，是他的另一个重要的表现世界。这里蕴含着他的历史、文化、文学、艺术、教育、学术、政治等方面的观念体系及所持理论，以及这一切的综合表现。这也是一个博大精深的世界。

在这个学术的表现世界中，还包含他的未完成的、拟议中的学术著作所表现的观念——理论世界，还有他所收集、整理、校勘的各类古典古籍。这是又一个在学术领域中的广博深邃的表现世界。

鲁迅还写有数量不在少数的文学理论批评文章，以序、跋形式出现的文评，以及书信中所表现的文艺理论批评观念，再加散见、杂见的文艺理论批评观点。这又构成了一个文艺理论批评的表现世界。

所有以上几种形态的属于鲁迅所创造的"第二自然"，他所创造的表现的世界，是相互区别又相互联系的，是统一的；它们构成了一个"鲁迅的表现世界"——"鲁迅文学-文化文本"的总体世界。这是"鲁迅世界"的最重要、最广袤深邃的部分。它是鲁迅学所解读-诠释的主要对象。

（四）活动：生活的自在／自为世界（生活、工作、事业）

鲁迅的自在／自为世界，就是鲁迅的活动世界和这些活动所形成的世界。这个"活动的世界"是鲁迅其他各种世界形成的根源，既通过"活动"这个中介，将外在世界内化为鲁迅自身的世界；又是鲁迅的内在世界外射于外在世界的中介。一个人"成为什么样的人，这由他们的活动来决定，而活动则是由活动方式和活动的组织形式的发展所达到的水平所制约的"①。这说明，什么样的活动，铸造什么样的人；什么样的人，就会有什么样的活动。活动造就人，是人把活动的"所得"（感觉、刺激、知觉、印象、感受、感应、接受等）内化为自己的文化-心理结构，自己的心灵和个性。这就是"活动转化为静止的属性"②。人的行动客观上永远是实现着他对对象世界，对周围的人，对社会，对自己的种种关系的某种总和。③这一主体、客体的行动着、实践着的"活动的辩证关系"，可以用一种首尾衔接的循球圈图来示意：

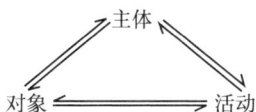

图2-3 "人的实践"与"客观世界"辩证关系示意图

鲁迅的活动即鲁迅的生活，鲁迅的生活即鲁迅的活动。"但什么是人的生活？这是彼此交织着的活动的总和，更确切地说，就是彼此交替的活动的系统。"④鲁迅的生活，就是他的所有活动的总和，他的彼此交替着的"活动的系统"。这形成了他的一个特殊的世界。这个世界，既由他的"活动的总和与系统"所造就，它形成之后，又反作用于它活动于其中的世界。因此，鲁迅的活动，既铸就了他的世界，又影响了他面对的世界。作为研究的对象，它就具有彼此沟通、渗透、互促互动的两个广阔领域和两个构成部分。

我们把这个动态的、有人的主体作用在其中起到很重要作用的世界，划分为彼此渗透结合的部分，这就是生活、工作、事业。生活就是他的生平经历、他的日常生活和全部生活的总和；工作就是他曾经就业的部门与职务，如绍兴师范学堂的学监，教育部佥事，北大、女师大讲师，厦门大学教授，以及他的写作生涯、亲友交往、社会交际，等等；事业，则是从他的生活和工作中特别分出以标示它的特殊价值与意义

① 阿·尼·列昂捷夫.活动　意识　个性 [M].李沂，冀刚，徐世京，等译.上海：上海译文出版社，1980：4.
② 同①：88.
③ 同①：149.
④ 同①：51.

的、非日常生活、创作生涯与职业化工作性质的事业性活动，如他参与创办京师图书馆、参与《新青年》杂志编务活动、支持扶植青年文学社团、提倡新兴木刻运动、编辑多种文学刊物等。

这三大范畴的活动，在性质上又可以分为自在的生活与自为的生活两类。前者很少或没有自觉的、有为的、有目的的成分，只是一种自然而然的、日常的、家庭的、私人化的生活；后者则是自觉的、有计划的、有目的的、有所为的、有所追求的、社会的、公众的生活。当然，两者不是截然划分的，而是存在一定的彼此渗透性；但基本的内容和性质是不同的。

这个"活动：生活的自在/自为世界"，在某种意义上可以说囊括了鲁迅的整个世界；但我们在这里从"活动"的角度来考察，就不妨把它单独分列出来，作为一个特殊的、具有独特意义的世界来研究，以便从"活动-实践"的视角来剖析活动如何以"中介"的力量铸造鲁迅成为"这样一个人"——具有这种个性的作家、文化大师；外部世界如何通过鲁迅的活动，进入并内化为鲁迅的内在世界；鲁迅的内在世界——个性，又如何经由活动去影响、改变世界。

这便构成鲁迅世界的一个特殊的、动态的、由外到内，又由内到外的组成部分。

（五）客体的接受世界

这个接受世界（世界Ⅲ），是鲁迅世界延伸和开辟的世界。鲁迅的作品、事业、工作等，即上述"鲁迅世界"的四大组成部分，特别是鲁迅的"'第二自然'的表现世界"，一经问世，投入社会，就成为一个客观事物，一个客体，一个被接受的世界。这个世界的诞生，是以"鲁迅的表现世界"为依据的，是立足于其上的；但接受主体，即广大受众、社会实体，又不是完全被动的、受动的，它也有主体性、主观性；而它的主体性、主观性，又是受制于历史、民族、社会、时代、文化的。这就成为一个"主体-客体"/"文本-受众"的两相结构的整体世界。这个世界的主要内涵，是受众的"期待视野"和"接受屏幕"的性质及其形成，是他们对鲁迅"文本"的解读、诠释、接受，和两者的视界融合，以及广泛的社会、文化效应。

这是一个两相构造的广袤、博大、深邃的世界。同处于一个"鲁迅文本之被接受"的统一构造中的两个世界，不是分离和分立的，而是紧密结为一体的。不能单独地，离开一个世界，孤立地研究另一个世界；而必须在两相结构中看待其中的一个世界，也就是在两者的关系中来看待其中的一方。

两个世界中的任何一方，都是开放的、动态的，具有历史性、发展性的世界。而这种历史和发展、开放与动态，又都是一方离不开另一方。因此，这个两相构造的世界，才成为鲁迅世界的一个组成部分。

接受世界的主体内容是对鲁迅文本的解读、诠释、接受。这个接受世界的内涵，由共时性水平接受和历时性垂直接受构成。这两种接受皆决定于历史、时代、社会、文化的变异和现时状况。每个时代的接受，都是在水平接受和垂直接受的交叉坐标上形成的。历时性垂直接受，影响和在一定程度上决定共时性水平接受；但共时性水平接受，"最终"接受什么和如何接受，皆取决于当时的时代、社会、文化条件：它既有对被接受文本的选择性，又有对垂直接受"传递"而来的内涵的选择性。它具有"最终决定权"。

对鲁迅的接受史，就是这样发展过来的。鲁迅学反映了鲁迅的被接受的历史发展。

鲁迅的接受世界，虽然是受众、社会、历史对鲁迅的接受，但它的基础、它的"意义"创获的来源是鲁迅文本——鲁迅世界，所以它也是鲁迅世界的构成部分。

（六）客体表述世界（鲁迅研究）和对表述世界的研究（鲁迅研究之研究）

对鲁迅的接受，有一般性的社会-公众接受和研究性接受——理论的、批评的、艺术的、学术的、审美的、专业的接受。后者反映前者，又高出于前者；前者是后者的源泉，又接受后者的指导。它们彼此渗透、互相影响。研究的、接受的学术、思想、文化成果，许多都"转化"为普及性的、公众接受的指导和"接受屏幕"。

鲁迅研究将公众的接受心态、接受内涵、反映与反应，以及在思想与行动上的接受，都吸纳为研究的内涵与成果，又将其概括化、抽象化、条理化、理论化，并以论著的形态，使之凝聚、提高、升华、结晶，而成为研究的成果。这就是一种接受性的客体的表述世界。它成为鲁迅本体世界的延伸、扩展和影响效应。因此，在这个表述的世界里，鲁迅世界被揭示、发掘、解读和诠释，它与鲁迅世界互为表里、互相生发，而又融为一体，故其亦为鲁迅世界之构成因素。

对于鲁迅研究的表述世界，也有研究的必要。这种"研究之研究"，既是对"研究"的直接解读、诠释、总结、提升、结晶，又是对鲁迅本体世界的间接的和直接的解读与诠释。它的表述世界，是对鲁迅研究的表述，也是对鲁迅本文的表述。这种"研究之研究"，同"研究"的表述一起，进入鲁迅世界的构成之中，成为它的一个部件。它的重要性在于，它深入地、理论化地揭示、开掘、解读和诠释鲁迅世界。

四、鲁迅世界的构造

前节所述鲁迅世界的六个构成因素，共同构成了"鲁迅文本–鲁迅世界"的整体。它们处于一种有序的构造之中。鲁迅世界是以"现实的生活世界（生平）"与"生活的自在/自为世界（生活、工作、事业）"为基础来构造的。鲁迅之成为"鲁迅"，成为"这样的人"——"'这一个'作家"，是由种族、环境、时代和他个人的"自在/自为"的生活所决定的。他是家族之子、时代之子、民族之子、中国文化之子。这一切铸造了他，造就了他，"成全"了他。这不仅有这一切的好的方面，像土壤、阳光和雨露一样培育了他；也还有不好的、不幸的、痛苦的一面，像洪水波涛、风霜雨雪一样锤炼了他、考验了他，同时也是成全了他。就像一粒沙石，进入了蚌壳，使蚌致病，它却又成了"珍珠"。但重要的，不是这反面的、消极的一切的存在，而是这一切进入鲁迅的心灵之后，这颗伟大而独特的心灵，如何分泌了心理的汁液，酿造了艺术的琼浆，养育了思想的清泉。

鲁迅世界，以他的"'第二自然'——表现的世界"，尤其是艺术的表现世界为核心。其他构成鲁迅世界的诸多"世界"，都是围绕着它来成为鲁迅世界的结构成分的。对于鲁迅文本–鲁迅世界的研究，主要的、关键的、具有独特意义之处，就在于对这个艺术表现世界的解读、诠释。围绕着它，对鲁迅世界的"外部世界"进行探讨，解读、诠释它与鲁迅世界的关系；也是围绕着它，对于鲁迅世界的"内部世界"进行挖掘、揭示、解读和诠释。

鲁迅的内在的心理世界——创作心理世界，是构成鲁迅世界的最深层次。这是一个浩瀚、深邃、具有极大独特性的内心世界。它是由鲁迅世界构成因素的第一、二、三这三个部分造就和酿造成的。鲁迅之为"鲁迅"，主要的根据来源于此。而它则通过表现的世界，以符号为载体，以艺术的美艳素质，在文学的形态中体现。

接受的世界，是"鲁迅世界"以主体形态向客观世界表现，以及它如何被接受，被接受之后又产生了何种社会的、艺术的、思想的、文化的效应。当然，还包括这个接受世界自身发展的途径和规律。接受世界是鲁迅世界各种效应的反映、集中和表达。它反过来又成为对鲁迅的阐发、开掘、延伸和拓展。它从"外部世界"再进入鲁迅世界内部。它们"内""外"结合，构成鲁迅世界的整体。

客体的表述世界和对这一表述世界的探究，是"鲁迅世界"的补充。它把对鲁迅世界的探究客体化了，把它展示开来、揭示出来，并加以细致、周全、多方面的阐发。因此是对鲁迅世界的"展开"，使它从隐蔽到彰显，从"含义"到"意义"，从"意象"到"形象"，从"相对封闭"到"整体开放"，从"半成品"到"被接受的成品"。

鲁迅世界就是由这样几个因素、几个部分组成的。它们形成了一个有序的、相区别又相联系的、相对封闭又整体开放的构造。这一构造，是现实的、实际的、客体性的、相对稳定的，又是想象的、认知的、理论的、主体性的、动态的。它具有活跃的生命力。

当然，鲁迅世界虽然是充分地"这一个"的，是具有突出的独特性、突出的个性特征的，但是，这一"个人的世界"又是同客观世界、同中国社会以至整个世界的状况密不可分的。"个人世界"——"小宇宙"，是同这个外在世界，同这个"大宇宙"相联系，并且是它产生的。因此，鲁迅学对于鲁迅世界的研究，就不仅具有"个人的意义"，不仅属于鲁迅个人，而且通过鲁迅世界的研究，透过"作家个人世界"的研究，也就同时是对于鲁迅生活、战斗于其中的中国、世界、时代的研究。这也是鲁迅学的价值与意义之所在。

第三章 鲁迅学：诞生、发展轨迹与结构

　　鲁迅世界（世界Ⅱ）诞生之后，"鲁迅"作为作家，从事创作，便又创造了一个"第二自然"（世界Ⅲ）。这是他以自己的主观世界作用于客观世界（世界Ⅱ作用于世界Ⅰ），并且特别重要的是，他以自己的创作心理的"思想、情感、心理之'酶'"，酶化了生活，创造出一个艺术世界（世界Ⅲ），即第二自然。这个"艺术世界"一问世，由于内容深厚、格式特别、艺术素质高超，立即引起人们的注意，取得了社会的反响，并且有人发表评论，予以肯定。这在广义上便具有了研究的意义。这就是鲁迅研究的萌芽了。

　　鲁迅研究从1913年萌发，到1918年滥觞，以至20年代初步产生，到现在已经差不多经历了一个世纪。可以说，鲁迅研究恰好与20世纪"同龄"。维特根斯坦说过："只有在生命之流中文字才有意义。"鲁迅的文字，不仅产生于中华民族近现代的生命之流中，产生于他与人民解放斗争紧紧结合在一起的个人的生命之流中；而且，无论是他生存时还是逝世后，他的文字都是生存于国家、民族、社会、时代、文化的生命之流中的。与之相联系的"鲁迅研究–鲁迅学"，也同样生存于、生长发展于民族的、社会的、人生的和文化的生命之流中。在20世纪的历史过程中，中国经历了轰轰烈烈、尖锐复杂、汹涌激烈、翻天覆地的斗争与变化。在这一斗争与变化的每一个历史阶段，都影响到和反映于鲁迅研究–鲁迅学之中，即影响到和反映于对鲁迅的解读、诠释和接受之中，并留其深刻刻痕于其中；也可以说，在鲁迅研究–鲁迅学之中，反映了、反应了人民的斗争、时代的脉搏和历史的足迹。这是鲁迅研究–鲁迅学极为重要、极有价值也是极为突出、宝贵的特点和优点。这一极为重要的学术文化品格，是鲁迅和他的思想、著作自身的学术文化品格所铸就的。从这一点我们可以看到，对鲁迅的"全民族阅读–接受"和鲁

迅研究-鲁迅学的全民族的社会、文化意义。鲁迅研究-鲁迅学的这一学术、文化品格，也就是它的现实性、价值实现和意义之所在。以这样一个历史事实和现实状况为基点，去回顾以往、考察现实并展望未来，我们也就可以获得一个比较准确的出发点和立足点，以探讨与鲁迅学有关的学术文化问题，并展望21世纪鲁迅研究-鲁迅学的发展路径和整体状况。

一、接受/研究：多层次、多方面含义

鲁迅研究，就是我们对鲁迅其人和鲁迅文本的解读、诠释和接受，是对它们解析的学术文化表现。鲁迅学则是这个"研究总体"和"总体研究"的汇总、提升、总结、结晶和理论化构造。"鲁迅研究-鲁迅学"是同一个过程不可分割的两个有机结合的阶段。它们是一个"共同体"，是我们全民族对鲁迅接受的统一理论表现。因此，我们对于鲁迅研究的回顾和预测，便不能不在接受学理论的引导下来进行。而在表述时，则把鲁迅研究和鲁迅学两者作为"同体异型"的同一事物、同一话语来表述和使用。

（一）接受学理论与鲁迅研究-鲁迅学

一位作家，当他作为作家诞生之后，就成为一个接受客体。他的作品以及他的一切——自在的与自为的生活、个人的与社会的行为以至私人活动等，统统成为一个"个人-社会叙事"，并且成为一个整体文本。这个文本由有机的和互证的两部分构成，这就是符号文本和行为文本、有形文本和无形文本。作家便由此进入整个时代的、社会的、文化的网络系统之中，成为其中的一员——一个小系统网络，被解读、诠释和接受。越是成就大、杰出以至伟大的作家，便越是一部丰富、复杂、深邃、多义和具有创造性、生成性的文本。它的"意义网络"，在客观世界的大系统网络中的位置，就更显著、更突出、更重要，更受重视，更为多数人所接受。

这部文本-网络-客体自身，自然具有它相对固定的"含义"。这是作家在创造"文本写作"时所赋予的。它不仅是作家有意的赋予，而且是作家在文本写作时，面对着潜在读者，有意识或无意识地揣摩着他们

的需要和口味，并试图适应它，从而将自己对世界、社会、人生的观察和体验、感受和思考灌注于其中，营造了一种"意象"。这样便构成了一个属于他的"召唤结构"。这个文本不是封闭的、静态的，也不是"内部充盈"、自足结构型的，而是一种"空筐结构"，形成了许多"间隙"和"未定点"。这不仅是它的本质，而且是它的优点所在和成功之处，是它具有创造性、生成性的表现。越是成功的、杰出的和伟大的作品，越具有这种开放性、动态性的构造和创造性与生成性的品质。

一部文本不是也不能自在地存在。它必须也必然会进入广大的客观存在，进入世界、时代、社会、文化的巨大网络系统中，接受来自客观的接受活动。在"文本写作"和"文意构造"两者之间，还存在一个中介系统、一座沟通桥梁、一个创造性环节——阅读。

阅读，不是一个简单的、单纯的、被动的、消极的、接受性的活动，也不是静态的、封闭的、只接受刺激的过程，而是一个非常复杂的、受制于诸多客观和主观因素的、动态的、开放性、创造性、生成性的活动过程。这个过程的"终结"（一个非全面终结的，个别的、具体的、暂时的、阶段性的、动态性的终结）阶段，文本的"含义"形成了"意义"，"意象"变成了"形象"。不过，在这个"含义"→"意义"的过程完成之前和两者之间，都有许多可变因素参与活动，产生变数，推动"意义"的产生和阅读结果的出现。

首先，作品自身即文本的"含义"，就是多义的、可变的、开放的、动态的。这除了上述"空筐结构"和"未定点"给予了"阅读"以想象空间和创造活动的天地之外，还由于语言-言语自身富有多义性、生成性，是一个动态的、开放的系统。而文本的构造，它的网络，特别是它同其他网络发生关系，更造成文本"含义"的多变与不定、生成与演化。而且，这多义、多变、开放、动态的文本"含义"与"意象"，有不少处于潜在潜隐状态：有的是自然潜隐，有的是作者有意潜隐，而且愈高超的作品愈加潜隐（潜隐成分多且潜隐得好）。再有，文本的"含义"中，有些内容、意韵是作者也未意识到的。如此等等，都需要读者在阅读中去体察、解读、破译、揭示和诠释。

但更为复杂的是读者（接受者）的主观（主体）作用。每一个读者，以及读者群，都不是一张白纸，不是单纯的存在。他们都有海德格尔所说的"三前"："前有"（预先有的文化习惯）、"前识"（预先有的概念系统）、"前设"（预先有的假设）。"三前"构成了海德格尔所说的"前结构"。这也是伽达默尔所说的"合理的成见"。人们正是拥有这个"前结构"和"成见"，而形成接受美学上所说的"期待视野"和"接受屏幕"的。然后，读者在阅读中，以自身的经验与体验、知识和思想为立足点和"合理的成见"，凭借文本，在文本之中和文本的"未定点"中，发挥想象、推测、思考的作用，进行解读和诠释，也就是进行罗兰·巴尔特所说的"读者的工作"，即由"含义"产生"意义"，使"意象"成为"形象"，达到"视界融合"的结果。这才完成了接受的过程，实现了接受的目的。这样，在阅读的阶段性、个体性的终结阶段，文本由读者完成了它自己的"另一半"，实现了自己的意义。

在这里，我们还只是把阅读-接受作为个体的、局部的活动来分析；如果作为一种社会行为，一个群体的、社会的阅读和接受来看，那么就更有远为复杂的因素参与其中、发生作用，产生一个远为巨大、复杂的过程。这就是一个历史性、社会性、时代性的阅读-接受过程。在其中，便产生共时性的水平接受和历时性的垂直接受分别的和两者渗透的复杂过程，从而使认识-接受主体和作品文本都纳入社会巨系统之中，进入巨大的意义网络系统之中，并嵌入历史之流中。

共时性的水平接受受制于社会-时代背景和文化语境的决定性作用；而它们及其"意义产生物"，都决定了如何阅读、选取什么和接受什么。另一股力量——控力系统，则是伽达默尔所说的"历史效应"：历史在解读和诠释中发挥它的动力性和控制性作用，这就是历时性的垂直接受。在历时性的接受过程中，人们——社会的、民族的、历史的、时代（过去的时代）的接受，作为一种历史积淀、社会遗产和文化前结构（也是惰性力），参与到共时性的当前的水平接受中来。这就造成伽达默尔所说的"认识主体和作品都嵌入在历史之中"的结果；受到这种历史的制约和垂直接受的积淀的影响和控制，人们在共时性的水平接受中，什么是应该和值得认识的、应该如何选择和选择什么，以及对所选者应作何种解读和确定怎样的诠释体系，在一定的甚至是很大的程度上，都是事先已经决定——"历史地命定了"的。所有这些，都是一种"财富"、一种启迪，同时也是一种束缚、一种"局限"。

这样，主体（读者）实际上是把对象（文本）看成了自己的一部分。他们同作者一起来创造意义。作者赋予文本的只是相对固定的"含义"和"本意"，而读者参与创造之后，才产生"意义"和"衍意"。因此，就如德里达所说，文本是一个生生不息、永无止境的过程；也如罗兰·巴尔特所说，文本并没有什么"终极意义"。由此，我们也就可以推定：对于一个文本，尤其是伟大作家的伟大文本（他的作品文本和人生、人格、事业文本都在内），是没有一个始终定于一尊和止于至善的解读、诠释和意义的。所能有的只是一个时代、一个历史阶段、一种文化语境中的解读、诠释和意义。它们会作为思想文化的有意义成果、垂直接受的有价值积淀和指导后人接受的"前结构"的宝贵内涵，而永葆其价值之光辉，成为经典的或古典的解读和诠释，留存于思想文化史上，留存于民族接受史上，同时也存活于当代水平接受之中。

我们对鲁迅的接受——无论是个体的接受，还是公众的、民族的接受，都是在这样的接受规律中运行的。

鲁迅学史也是循着这样的规律发展的。

（二）接受与研究：一般性接受与研究性接受／研究中的接受与接受中的研究

鲁迅在近一个世纪的长时期中，所经历的被接受的历史，或者说，在近百年内中国人民对鲁迅接受的发展史，正反映和证明了上述接受学的理论原则。我们运用这一理论原则，可以更好地来认识、分析鲁迅研究史的发展，探讨其中的问题，总结一些可供思考的经验教训，并可用来大略预想21世纪鲁迅研究发展的大体的状貌。

鲁迅作为一位伟大的作家、一位文化大师，在将近一个世纪的历史时段中被全民族接受。无论在哪个历史时期，也无论当时的历史主题是什么，鲁迅都是那时的民族的、时代的、思想文化的主要接受对象，而且是群众性的接受对象，是与群众的精神生活和思想领域里的主要问题和斗争紧密结合的接受对象。与此相伴的，则是既反映了这种群众性、民族性和时代性的对鲁迅的阅读与接受，又在解读和诠释上指导这一广泛阅读的研究性接受，这就是鲁迅研究-鲁迅学的建设与发展。在这互相结合、彼此渗透的对鲁迅的一般性接受和研究性接受中，都反映了当时的时代脉搏、历史状况和文化语境。这一情况，都是历史的"决定性"和群众的自发性相结合的，又是一般思想文化性接受和带有时代特点的"历史主题"和"阶段性重点"接受相结合的。也就是说，在某个历史时期，民族的、时代的任务是什么，决定了群众在阅读选择和思想文化选择上的主要对象和重要内涵是什么，而这两者又决定了对研究对象的接受重点是什么。比如在从鲁迅逝世到20世纪40年代的抗日战争时期，抗日救亡、民族解放是历史的主题、民族的母题，因此，对鲁迅的群众性接受和研究性接受，也就以此为主题、为母题、为重点。这一点，在鲁迅葬礼上，群众以"民族魂"旗帜覆盖在鲁迅棺木上和当时群众的爱国抗日情绪因而高涨，便反映了对鲁迅的群众性接受的一面；而毛泽东1938年在陕北公学纪念大会上的演说辞《论鲁迅》，称赞鲁迅是"民族解放的急先锋"，"他并不是共产党组织上的人，然而他的思想、行动、著作，都是马克思主义化的"，则是研究性接受的最高表现。

上述两种接受，是彼此渗透和互相推动的。群众性接受敏感而集中地反映了当代需要和历史主题，为研究性接受提供了研究课题、认识与解读重点以至诠释框架的核心与范型；自然，研究性接受那种提高了的、理性的、理论化的诠释与结论，又指导了、规范着群众的阅读和接受。这样，就出现了一种"研究中的接受和接受中的研究"，也就是在研究中，既凝聚了群众性接受中的思想、情趣、注目和选择重点，即在鲁迅研究中所反映的时代特点、历史课题、群众性思潮和文化语境；又集中了研究者（他们也是群众中的成员）对这一切的把握、反映与回应。因此，在二者之中，都既有接受又有研究，只是重点不同而已。同时，在研究工作中，"凝聚"了群众性的接受，而在群众接受中又"扩散"了研究中的"成果"。双方互相促进，推动了鲁迅研究–鲁迅学的发展。

这反映了鲁迅研究的一种突出的思想文化品性：它始终是同时代精神、群众思想与文化发展紧紧结合在一起的，从来不是"关在屋子里坐冷板凳做学问"的那种学术，它总是和民族命运与历史思潮互应的。但是，它又不像一般"显学"那样有时会带上世俗味和庸俗气。鲁迅研究的这种品性，是鲁迅自身的特点所决定的。鲁迅从来就不愿意呆在书斋里，躲在象牙塔中，"坐古树下"，"离人间愈远遥"，"而为天人师"。他却愿意"站在沙漠上，看看飞沙走石，乐则大笑，悲则大叫，愤则大骂"。这是他的为人品性，也是他的为文品性。因此，对鲁迅的阅读和接受，也必然是与现世界、活人生结合的；鲁迅研究也必然如此。这是鲁迅研究同一般中外作家研究的一个很大不同点；虽然也有与之同类者，而鲁迅则更为突出。

（三）对鲁迅的水平接受与垂直接受

在上述对鲁迅的两种接受中，存在和发展着对鲁迅的水平接受和垂直接受，以及这两种接受的交叉。水平接受是共时性的，是在同一个历史时期的相同历史背景和文化语境中，在广大的地域中，群众性的和研究性的对鲁迅的阅读和接受。在"五四"时期、在大革命时期、在20世纪30年代左翼文学-文化在白色恐怖下发展时期、在抗日战争时期以至中华人民共和国建立之后的各个历史时期，都是如此。这种对于鲁迅的共时性的、在同一"综合背景"下的阅读和接受，都带有明显、突出、强烈的时代特征，都同当时国内外的各种重大斗争，特别是思想文化斗争，因而也是同中国的现代文化发展进程紧紧地结合在一起的。这是一个巨大系统的"时代、政治、社会、历史、文化"的"网络"，这个"网络"既把"鲁迅文本"这个"个体网络"网罗于其中，又以"鲁迅文本"这个"网络"为它的重要组成部分和"意义显示"的重大标志。这个大"网络"，决定了对鲁迅的解读、诠释、接受的进程：它的重点、意义阐释框架、从"含义"到"意义"的经营创造的底蕴与机制、从"鲁迅文本意象"到鲁迅形象的构铸形成等。这种每个时期都有"大同中的小异"的不同素质和内蕴，都对鲁迅的"解读、诠释、接受"作出阶段性贡献，都有自己时代的特色，形成鲁迅研究-鲁迅学的一个又一个高峰，并作为文化积淀进入中国文化现代性创获和中国现代文化发展的长河之中。

对鲁迅的历时性的垂直接受，既是在这种共时性的水平接受的基础上形成的，又是共时性水平接受的前提和基础。每一个具体时代的共时性接受，都受到此前的垂直接受的积淀的影响和约束；但是，共时性水平接受，又总是受到时代的控制，在接受上打上自己深深的烙印，从而冲破垂直接受的约束。这样，就构成水平接受和垂直接受的两相构造和两者交叉的"接受网络"。在集纳水平接受的学术、文化资源的基础上，垂直接受也使对鲁迅的水平接受得以积淀，累积而成为一门人文科学的学科分支之一：鲁迅研究-鲁迅学。

垂直接受是在两种坐标系的交叉上形成和建立的。一个是历时的水平接受，作为前述"前结构""合理的成见"，而被接续承继下来，决定了当时的水平接受的历史因素、文化成果和解读依据。而另一方面，当时的水平接受的诸种背景，又如前所述，以巨大"网络"的形态，规定和决定着当时的"解读、诠释、接受"的方向和内涵、底蕴和框架。这样，"垂直接受×水平接受"共同决定了当代水平接受，又以水平接受为主体。鲁迅研究-鲁迅学，就是这样一个时期又一个时期、一代人又一代人地演进发展，直到今天，并将延续下去。

二、对鲁迅接受的背景和轨迹

对鲁迅的作品首次作出反应的是1913年恽铁樵在《小说月报》第四卷第一号上《〈怀旧〉的点评与附志》中所作的评说；但这只是一种一般性的编者对于新出现作者的评点或反映，还说不上是研究。而鲁迅的文言小说《怀旧》，虽然已经突破传统，带有新小说的色彩，但仍然归属于近代文学之末尾，也不在鲁迅作品的"正式系列"之中。以后，傅斯年的评价、吴虞的评论以至茅盾较详细的文学评论，统可属于鲁迅研究的滥觞。真正的鲁迅研究，应该是以仲密（周作人）发表在《晨报副刊》（1922年3月19日）的"《阿Q正传》"和雁冰（茅盾）发表在《〈时事新报〉副刊·学灯》（1923年10月8日）上的《读〈呐喊〉》等，有较详细评析和较深刻论述的文章为起点。这是由鲁迅当时的创作成就和他在中国现代文学创业期所作出的实绩，以及周作人、茅盾评论文章的内涵厚度、成就两方面所决定的。如果从这时候（20世纪20年代初）算起，那么，鲁迅研究的发展，即对鲁迅的"水平接受×垂直接受"的史的发展，以其不同的历史背景、时代特点、文化语境以及社会巨大"网络"系统之内蕴的不同为依据来划分，恰好大体上是每十年一个"周期"，每十年一个重大刻痕、一个发展阶段，一个水平接受的"文化水渍""学术年轮"，为一个个垂直接受的"文化标识"。

第一个十年（20世纪10—20年代）可以说是初识鲁迅。由于鲁迅的第一篇小说《狂人日记》就出手不凡，为文坛众多评论所称赞，以后《呐喊》中诸篇佳作连篇问世，均获好评。所以，对鲁迅的"初识"就是评价颇高的，而且主要是以一个小说家、作家来看鲁迅、论鲁迅的。这十年的鲁迅评论，以五四运动思想文化革命、文学革新、中国文化现代化进程之推进为主要背景和文化语境，以对小说家鲁迅的认识为主要特点形成和发展，可视为鲁迅评论特别是鲁迅学的滥觞阶段。它以茅盾的鲁迅小说评论为肯定的代表，而以成仿吾《〈呐喊〉的评论》[只肯定《不周山》（即《补天》），其余皆持否定态度]为否定的代表。总体上，以茅、成二人的对立评论为标志。但鲁迅作为中国现代文坛最杰出的作家、小说家的地位，则已经确定。这个滥觞期的鲁迅研究，主要是对于鲁迅作为杰出作家、"五四"时期出现的现代作家的认可、赞扬和接受。

第二个十年（20世纪20年代末—30年代末），鲁迅不仅以小说创作闻名于世，而且尤其以他的独创性和战斗性极强、犀利泼辣的，在思想、文化战线上冲锋陷阵的杂感、杂文，为文坛、为思想文化界所注目，并且冲进了"时代、社会、政治、思想、文化"的总体"网络"之中。这正是中国农村革命深入的时期，也是民族危亡日亟、民众爱国救亡运动高涨时期，是文化领域由文学革命到革命文学，左翼的、进步的、爱国的文学、文化战线日益发展时期。鲁迅以其文学创作和文化活动的业绩，成为作家、思想家、文化旗手、文坛主将。在文学革命和革命文学的论争与发展中，他经受了种种考验，经历了一种"艰困的民族接受"过程。对鲁迅的研究越来越多，而以瞿秋白的评论《鲁迅杂感·选集序言》为代表，作出了具有"时代代表"、"民族认识"和艺术特征性质的评价和结论。

这个时期的鲁迅研究，更因鲁迅逝世，形成全国性的哀悼、追思、学习鲁迅的第一个高潮。这时期的鲁迅研究，以瞿秋白评论为代表和实质上的总结，是对鲁迅作为一位从旧营垒中转变过来的、清醒的现实主义作家和无产阶级的革命诤友，对旧世界斗争最坚决的思想战士的最充分的肯定；同时，在群众性的接受中，表达了对普遍认同的民族魂的爱国主义精神导师的崇敬。

第三个十年（20世纪30年代末—40年代末）正处于抗日战争时期，全民族投入抗日的洪流和血与火的艰困境遇和英勇斗争中。鲁迅的形象，在这个全民族既陷入深重灾难中，又处于全民族奋起战斗的时期，自然成为民族的精神导师和民族奋起斗争的旗帜。因此，对鲁迅的接受与研究，更普及，更具热忱，也更深入。真正具有规模和学术-文化意义的鲁迅研究-鲁迅学，处在正式形成和建立的过程之中。这个时期作为鲁迅研究的总结和指导思想的是毛泽东在《新民主主义论》中对鲁迅作出的评论。鲁迅因此作为一位民族英雄、现代圣人、党外布尔什维克和伟大的文学家、革命家、思想家而被推崇，并且以这一伟大形象进入公众接受、民族接受之中。

第四个十年（20世纪40年代末—50年代末）是中华人民共和国建立、新中国文化大普及、大发展时期，也是中国近现代第一次出现经济建设高潮和文化建设高潮的时期。这个时期，中国的科学、技术、教育、文化事业都取得了空前的发展成果。鲁迅在新中国具有崇高的地位，被尊崇为伟大的文学家、革命家、思想家，伟大的文化革命旗手，他的方向就是中国新文化的方向。鲁迅第一次由国家政权和文化领导部门以国家规模的态势，向全民族普及。在这一背景下，鲁迅研究也以空前的规模，有组织、有规划地进行。在对鲁迅的论述、评价、作品分析等方面，都以毛泽东的评价为准绳和指导，作普及的、具体的、深入的研究。鲁迅研究在总体精神上，是对毛泽东对鲁迅评价的学习、理解、说明，提供实证或解读、诠释，让社会公众按这一认知模式去接受。这是一种在具体理解和论证上沿着既定结论的深化与提高。这个时期，出现了专业性的、学术性的研究。在鲁迅著作和鲁迅生平资料及研究资料的收集、整理、出版方面，也形成了空前的规模，达到了空前的高潮。这是鲁迅研究成果最多的时期。堪称第一代专业性鲁迅研究家、鲁迅学家的李何林、唐弢、王瑶、陈涌、王士菁诸先生以及当时的中青年鲁迅研究专家，贡献了大批的专业论著，为鲁迅研究开辟了新天地，灌注了更多的学术文化内涵，对文学界、艺术界、教育界、文化界，以及广大学生、工农群众学习、解读、理解和接受鲁迅，作出了有益的贡献。鲁迅作为伟大的文学家、革命家、思想家的形象，崇高地树立起来了，深入地普及了；他的作品被文化艺术界、学术界和整个文化界奉为圭臬，为广大人民群众所阅读和接受。

20世纪60年代是一个突出政治的政治化年代，一个"阶级斗争为纲"统帅了一切的年代，一个批判——无限上纲地批判——的年代，也是一个实施造神运动的时代。这一切，都相纠结地逐步发展、逐步升级，并迅疾发展到"文革"爆发。鲁迅被有意地纳入这个致民族于大灾难之中的斗争、批判、造神运动。这是鲁迅的不幸。这是有人怀着政治目的的歪曲和利用，不但不可能是早已逝去的鲁迅所能预料到的，也不是"鲁迅文本"自身含义所造成的结果，不是"鲁迅文本"的合乎本意-本义的解读、诠释，甚至是为鲁迅的文化精神所反对的，是与其背道而驰的。出于上述目的，鲁迅被人们放到了"文化革命"的先驱者、英勇旗手的位置上，他的思想和作品被片面地、抽象地夸大运用，断章取义，无限拔高。在已经"命定"地要批判、打倒、"消灭"的作家、艺术家和文化人中，有曾与鲁迅有过文字之争的人。鲁迅当时对他们的批评意见，这时竟被当成了"组织结论"，足可置人于死命。而且，鲁迅的一些话，还被孤立、抽象出来，成为一种"一般性原理、原则"，成为整人的"咒语"。鲁迅成为一根"死去了犹活着"的打人的棍子。这是鲁迅的遭难。他被"神圣化"了，其实也是"鬼神化"了。这时候的鲁迅研究实质上已经取消了，已经被"'六经注我'式的'鲁迅的政治利用'"取代了。这个时期的鲁迅研究-鲁迅学没有什么积极的建树，而只有反面的、扭曲的、逆向的接受。总之，这时期的所谓鲁迅研究，不过是一方面捧为"文化尊神"，另一方面又加以严重歪曲和利用。无论是哪一方面，都是鲁迅研究的异化，是鲁迅的不幸，是鲁迅研究的不幸。其不良后果至今犹存。现今许多人对鲁迅的反感和逆反心理，与这种"神化"加"扭曲"有关。

　　20世纪70年代，随着"文革"形势的发展，鲁迅和他的思想作品更被政治化地利用。评《水浒》、批宋江，同批投降派、批大儒结合起来。鲁迅的一篇文章也被纳入这一"政治批判与理论斗争"的框架之中。鲁迅研究真正地被窒息了。但是，另一方面，同样是整个"时代、社会、政治、文化"巨系统"网络"的变化，中国走到悬崖边沿、置之死地而后生，一些期盼、寻觅、追求文化真谛，谋求冲破政治樊笼的知识分子，在"读点鲁迅"的号召之下，在"帮助学习鲁迅"的旗号下，暗地里开辟了一片鲁迅研究的学术文化空间，介绍、讲解、宣传、普及了鲁迅的一些思想作品，收集了一批有助于解读、诠释鲁迅的有关历史资料（包括时代背景、社会状况、文化语境和有关人物等）。这不仅营造了一个"暂时的"、局部的、若即若离地离开政治斗争、离开大批判的鲁迅研究的学术文化空间，而且借鲁迅而开辟了一个全面性、全国性的学术文化空间。这有点像鲁迅曾经形容过的，好像是在令人窒息的泥土沉压中，挖了一个小洞，来透一透气。这是当时的文化统制中的一抹亮光。这是鲁迅研究-鲁迅学史上的一抹越轨之笔，然而成为中国学术文化史上富于色彩的一页。

　　20世纪80年代，鲁迅研究进入了一个辉煌期。在"文革"结束之后，在经济、社会发展和现代化方面既经历了"两年徘徊"，又经历了

"洋跃进"之后，"以经济建设为中心"取代了"以阶级斗争为纲"，第三次思想解放运动开始了。以此为总体背景，鲁迅研究不仅冲破了"文革"时期的坚冰，而且冲决了以前几十年在这个学科中的一些禁区、禁令、思想禁锢、思维习惯和"定评定论"，以至不可或越的一些"雷池"，经过两三年的预备时期和初步发展，度过转折期，进入了新时期。1981年，全国举行鲁迅诞生100周年盛大纪念会和学术讨论会，把鲁迅研究推进到一个空前的全国性的高潮期。在中国社会科学院文学研究所、鲁迅博物馆和中国鲁迅研究会等研究机构和学术团体的组织推动下，鲁迅研究迅猛发展。全国各地高校和研究机构集中一批力量开展研究，成果累累；生平、思想、各类作品的研究，新论迭出；大批专著在各地出版，更多的论文散见各类学术文化刊物，新版《鲁迅全集》出版；生平资料发掘、考订、汇集、整理、出版，研究资料有计划撰写出版；多部鲁迅传记连续问世；鲁迅年谱、鲁迅生平资料汇编，多处撰集出版；国外鲁迅研究论著翻译汇编出版；鲁迅学术讨论会连年召开；"鲁迅学"学科之名正式被提出并被认可、接受。真正可谓"全面开花，全面繁荣"。这可视为中国鲁迅研究半个多世纪以来"久蓄厚积"之后"水到渠成"的总收获；是几十年来鲁迅研究学术、文化发展的自然结果。同时，我们也可以说，这是"鲁迅""鲁迅文本"——中国现代文学、现代文化的核心文本、意义"网络"——在中国"时代、社会、政治、经济、文化"总体"网络"冲决罗网，积势蓄能，终究爆发的形势下，作为尖兵、旗手、主将、大师，必然会有的命运。这是历史的必然，文化的走势，也是鲁迅之为鲁迅，即他在中国现代文化发展史上的地位、作用所必然会出现的形势。鲁迅研究、鲁迅学也就在这个大形势的促动、推进和所提供的条件下，自然地、带着历史必然地发展了，达到了历史的高峰。

20世纪80—90年代之交，鲁迅研究出现了一种"两极"现象。一方面，鲁迅研究在高潮之后，进入沉稳、坚实、深入发展时期，鲁迅研究论著依然陆续发表、出版，数量不少，而且研究更拓展、更深入、更提高，鲁迅研究–鲁迅学进入深沉的建设期。另一方面，新一轮贬损鲁迅、嘲骂鲁迅、批判否定鲁迅的风浪又起，普遍的表现是对鲁迅冷漠，包括一部分作家在内。鲁迅研究著作出版难，有的原来的专业鲁迅研究学者"转业"或"转移重点"。但在总体上，鲁迅研究–鲁迅学是深入了，提高了，研究成果更见精粹了。而且，鲁迅研究史（鲁迅学史）的研究和著作也出现了，大型研究论著、资料编纂出版了，鲁迅学的专题论文出现了，表现了自觉的鲁迅研究-鲁迅学的学科建设和成就。这是一种历史的总结和前途的开辟。

正像有的论者在20世纪80年代后期面对对鲁迅的普遍冷落的状况时所说："终有一天，我们会转过身来，忽然发现一个巨人的身影站在面前，他就是鲁迅。"在90年代，鲁迅研究出现了新的进展、新的提高、新的繁荣、新的局面。这种新的解读、诠释与接受，表现为扩展、深化与提高。鲁迅以一个丰满深邃、伟大的文化大师的形象出现在正在向现代化目标猛进的中国社会。对鲁迅的诠释与接受的视角更扩大、更展开、更新颖、更深化了。总体上说，是一种人类文化、世界现代文化和中国文化相结合的文化视角，一种艺术、审美文化视角，一个文学创作心理的总视角，同时也是一个鲁迅的艺术、文学、文化整体视角。在这两种视角分别的和综合的观照下，对鲁迅的思想、作品、论著、翻译、全部活动、专业成就和人格表现，进行深入的研究探讨，进行综合研究和比较研究。这种鲁迅研究，不仅反映了对鲁迅文本研究的成果，而且汇集和运用了相关学科，如哲学、文艺学、艺术学、文化学、心理学、比较文学、比较文化学、宗教学、语言学等学科的研究成果。同时，也以这些学科的研究成果、研究视角、研究框架和话语，去发掘鲁迅文本的深邃内涵。鲁迅研究-鲁迅学进入了一个广泛的学术、文化界域，显现了鲁迅作为一位中国现代文化大师的博大精深。

同时，这样一次鲁迅研究的再度升温，还由于在市场经济发展的今天，在进入全球一体化"经济-文化场"的中国，国民劣根性重新暴露或死灰复燃，或扭曲表现、恶性发展，使人们再次想起了鲁迅，想起了鲁迅改造国民性的"民族命题"和他的无情鞭笞、深刻批判，深刻地感受到鲁迅作为"民族思考人"的深刻，他的"社会批评"和"文明批评"至今保持着新鲜的、尖锐的现实意义。这也就证明了鲁迅研究-鲁迅学的政治、社会、文化意义和价值。

三、鲁迅学构造因素：对鲁迅文本类别接受与研究

鲁迅作为一个被接受的客体，其文本有多种形态。人们对他的接

受，是通过对他的各类文本不同类别接受来实现的。不同的接受主体，有对文本的不同类别的相异接受。不同类别的接受，是不同的接受主体对相同的接受对象（客体）具有不同的解读和诠释而产生的。鲁迅学就是对于鲁迅世界的研究，详细地表述就是：人们立足于为所处时代的社会、文化状况所决定的接受意识，及其"期待视野"和"接受屏幕"，在不同时期，对于鲁迅世界、鲁迅文本的研究，即对于这个独特的"文本/'世界'"的解读、诠释、接受。它由共时性水平接受和历时性垂直接受汇合交叉组成。它们包含资料层次、理论层次和结构层次三个方面、三个层次，并形成一种理论构造，以学科的形态成形，葆有相对稳定的学术文化内涵。它不是封闭的，而是开放的；不是孤立存在的，而是与中国现代文学、现代文化以及哲学、文学、艺术、心理学、美学等人文社会科学的理论学科与实践学科，共处于统一的学术、学科丛之中。它们有机地结合在一起，是一个完整的、有机的学术文化构造。而且，由于鲁迅在中国现代文学与现代文化中的崇高地位，还由于鲁迅文本在这两门学科中的地位，鲁迅学便成为它们的理论构造的主要代表。

鲁迅学以鲁迅世界为研究对象，但构成鲁迅学的"鲁迅研究内涵"的各种类别的划分，却不完全与鲁迅世界的构成因素相叠合，虽然两者之间具有有机的联系。这是因为，作为一门学科，鲁迅学所研究的对象划分得更为具体一些，特别是文本的划分更为细密，要把鲁迅世界的不同构成因素，在某些方面进行再细一些的、按不同文本的划分。这些不同的文本，以及对它们的不同解读、诠释、接受的大体区别和状况，我们在前节论述中已经大体说到了，这里只就类别接受的各种文本类别及其大体接受状况加以说明。我们将"鲁迅文本"分成12个方面-类别来叙述。这就是"鲁迅文本"的不同形态，也就是鲁迅研究的不同对象。它们，就是鲁迅学的构成因素。

（一）对鲁迅文学文本的接受和研究

鲁迅首先是作为一位伟大作家而出现和存在的。"中国现代作家第一人""世界性伟大作家"，这是中国人普遍接受、外国人也首肯的共识（当然，不同意见和不和谐声音是有的，而且不绝如缕、始终存在，但这不影响总体的一致评价；个别、少数不能取消也不能取代整体和全部。关于这一问题，我们在后面设专节讨论）。因此，对鲁迅的接受和研究，首先是对他的文学文本的接受和研究。鲁迅的文学文本包括多种文学样式，它们是小说、散文、散文诗、杂文、古体诗等。小说和杂文是主要的接受和研究对象。对前期鲁迅的接受和研究，偏重于小说，也涉及杂文（主要是《华盖集》及其续编）、散文；对后期鲁迅的接受和研究，则偏重于杂文，也涉及历史小说《故事新编》。外国研究者更侧重的研究对象是小说，而以杂文为"非文学创作"，只看作"鲁迅的思想资料"，尤其轻忽和否认鲁迅后期的杂文。国内研究者关于鲁迅小说的论著更多，虽然并不轻忽鲁迅杂文，而对鲁迅后期的杂文则更为重视，评价更高。鲁迅的散文诗《野草》一向为研究者所注目。鲁迅研究-鲁迅学史的前期，一般均看重《野草》艺术上的杰出成就，然而"无可奈何"地不能不或不符合实际地对作品中的矛盾、惶惑、绝望、孤独情绪表示遗憾，认为是不足、缺点和"思想局限"的表现。国外研究者则对《野草》给予很高的评价，尤其对它所反映作者的思想、情感、感受和心灵独白欣赏备至，认为是作品和作家的现代性-现代主义创作的表现和成功。国内在新时期的《野草》研究中，取得了突破性的进展，有许多专门性的、中肯的、深刻的论述，对它的思想性与艺术性均给予崇高的评价。

对鲁迅散文的接受和研究，主要是对散文集《朝花夕拾》的接受与研究。因为这部散文集基本上属于回忆性质，无论一般接受者还是研究者，都更多更重地将其作为鲁迅的传记资料来接受。当然，对于它的"艺术地表现作者的生活和思想、心理经历"这一方面，也给予了充分的注意，认为是"五四"散文创作中独树一帜的上品，尤其同周作人的散文比，具有截然不同的风格和思想意韵，虽然两人的童年和青少年的经历大体相同，并且相当长的时间内是"生活相'重叠'的"。

鲁迅的古体诗，广泛地为群众所接受，尤其是"横眉冷对千夫指，俯首甘为孺子牛"的诗句，几乎成为全民族的精神引导、人生规范，在现代中国人的人格塑造和文化-心理结构的构成中，成为重要的"文化性思想要素"。在研究性接受中，对于古体诗的写作时期与时代背景、词语之考订解释以及全诗内容的解析，都比较多；在诗学上的研究亦有，但不算太多，也不很注重。对这种"现代作家第一人"的作者，以现代心灵，使用传统艺术形式来抒发情感、心理、思绪而现实性和现代性都很强的诗作，就其现代性和其"旧躯壳中的现代魂灵"的挖掘、解读和诠释，倒是不很注重、不很多的。国外研究者倒有人注意及此（如李欧梵）。

对"鲁迅文学文本"的接受和研究，是鲁迅研究–鲁迅学中的"重中之重"，其时间最长、数量最大、成果最多、成就最高。这是应该的，也是符合鲁迅实际的。这是鲁迅研究–鲁迅学最重要、最主要的基础性组成部分。

（二）对鲁迅学术文本的接受和研究

鲁迅的学术文本，像他的文学文本一样，是极富独创性的。他未能倾全力从事学术研究，这是他个人的憾事，也是中国学术文化的损失。鲁迅的学术文本，有两大特点：（1）他已有的学术著作，都具有开创性、独创性和时代精神；（2）他还有一部未曾写出的"学术文本"，其中蕴含着他的思想、观点、见解和独到的对传统文化的处理。而仅就学术文化的品格与成就来说，鲁迅的学术文本都是开辟草莱、独辟蹊径，做了前人未曾做和未能做的工作的。

对于鲁迅学术文本的研究，主要是对他的著述的学术文化价值的各个方面的论证、评价，以及一些考订工作。在总体上，应该说，还是做得不够的。许多应该涉及的领域未曾涉及。

（三）对鲁迅翻译文本的接受和研究

鲁迅终生重视翻译工作、提倡翻译工作，并身体力行，坚持从事翻译工作。他在东京留学时，从事文艺发动工作，就已与周作人合译《域外小说集》，开始了他一生的文艺活动。他临终前完成了《死魂灵》的翻译，弥留之际，犹念念不忘看一看该书译本的出版广告。在某种程度上可以说，鲁迅是以翻译工作结束文艺活动的。他一生的翻译数量之巨，几等同于他的著作数量。他是以他所提倡的"拿来主义"精神和原则从事翻译事业的；他比作普罗米修斯冒着天威偷火；他为了从世界各国的士苑文林中摘取美花佳木，移植华土，以助中国文艺之发展，而从事翻译。他主张选择中国最需要者先译出。他主张"硬译"。他殚精竭虑支持、帮助青年翻译家的译述工作。

在对鲁迅翻译文本的研究中，及于他同外国诸文学思潮流派的关系，有关于他所译作品的评介，也有他与他所译作品、作家的比较研究。人们对于鲁迅译作本身（译文）的评价不高。有一位欧洲汉学家，几至全盘否定，认为不堪卒读。

事实上，我们对鲁迅的翻译文本研究不够，广度和深度都不够。因此，总体上的接受也是不够的。

（四）对鲁迅书信文本的接受和研究

鲁迅的书信，作为"鲁迅文化文本"的一个组成部分，其重要性不亚于正式著述。这是一种特殊的文本，其思想、文化蕴含极为丰富，而且往往有其发表的正式著作中所不会有也不可能有者。然而，对于这一特殊文本的研究，除了王得后的一本《〈两地书〉研究》是专门研究书信文本者之外，大量的是关于书信的撰写年月、时代、人事背景、所述事情之原委等的考订与说明——这当然也是有意义的、很重要的，也是一种解读和诠释。但仅仅这些，无论是解读、诠释还是接受、研究，都是远远不够的。可以进行的研究还很多，可以接受的含义与意义也很多。

（五）对鲁迅日记文本的接受和研究

《鲁迅日记》是一个极为简略但很系统完整的纪事和叙事。其中蕴含了很丰厚的、多方面的内容。现有的研究，多限于对其中所记人物和事件的考订、说明等。对内容的研究也有不少，主要是对所记事件的追根溯源，将这些事件在鲁迅生平传记中加以应用，以及以日记中所记某事对一些问题加以印证，等等。然而将日记本身作为一种"叙事文本"来研究，却做得很不够。

（六）对鲁迅工作、事业文本的接受和研究

鲁迅的一生，是一部伟大的叙事，也是中国现代文学、现代文化的叙事网络中最重要的组成部分之一。在这种非符号叙事文本中，他以各个方面、各个种类的行为、行动、工作、事业为"语言"，进行了实际的叙事。对这种叙事，在鲁迅研究史、鲁迅学史中，是进行了很多研究的。在不少论文、专著和传记中，都进行了考订、整理、归纳、叙述和评价，整体的和分时段、分地区、分问题的研究与接受都有，取得了不少成果。不过，在传统研究的范畴中，仍有不够之处，仍有工作可做；

在新的研究观念、系统、方法上，可以研究者则更多。

（七）对鲁迅"生活、人格文本"的接受和研究

鲁迅的生活——自在的与自为的生活本身，就是一个叙事，一个文本。这里不包含鲁迅的作品，但是包含鲁迅的写作生活，当然还包含他写作之外的生活；还有他全部社会生活、日常生活，他在特殊时期的特殊生活，比如在北京时期和上海时期的避难生活；还有他的政治活动、教学生活、公众参与；等等。它包含前述第（六）项的内容，但又不限于此。它的方面更广泛，内容更丰富，也有更日常、更普通、更平凡、更琐细的内容；但也就有"在细小处更见精神，在平凡处更显伟大"的内容。在这方面，已有的研究很不够，不系统、不全面，也欠深刻。可以收集、整理、"整合"、发掘者，仍然很多；需要进行研究的方面和内涵也更多。

鲁迅的人格，是一个伟大、丰富、深刻，具有独特性而又充满中国文化精神的文化文本。他为中国人民所普遍接受。几十年来，我们按照"伟大的文学家、思想家、革命家"和"民族英雄"的形象塑造和肯定、宣扬了这个人格文本，也进行了多方面的研究。不过，并不全面。我们有必要进行再解读、再诠释，根据鲁迅的生存和人格文本，和我们的理解，重新塑造鲁迅的形象。

（八）对鲁迅文艺理论批评文本的接受和研究

鲁迅不仅是一位作家，而且是文艺批评家、文艺理论家。他的文艺理论批评的理论与实践，主要的不是表现为经常的从事文学艺术的理论研究和理论批评活动；其文本形态，也不是表现为文艺理论批评论著的撰写。他的文艺理论批评的实践，固然体现在《中国小说史略》《汉文学史纲要》这样的学术、理论著作的撰著上，也还表现在文学研究和理论批评文章的撰写上，如古典文学方面的《魏晋风度及文章与药及酒之关系》、现代文学方面的理论批评文章《中国新文学史大系（小说二集）·序》等。而且，这方面的论著，也都具有开风气之先和示范与典范的作用。但是，主要还是表现为在从"五四"文学、文化革命，经20世纪20年代，到30年代革命文学诞生的历史时期，在中国现代文学、现代文化的发展进程中，他参与其事并领导斗争，以及在这些活动和斗

争中撰写了大量理论批评文章和论争文字。如对新月派的批评，对"民族主义文学"的批判，关于"第三种文学"和"自由人"的论争，关于文艺大众化的论争，关于翻译问题的讨论，等等。值得注意的是，鲁迅的这些重要文章，大都是以杂文的形式和富有杂文特征写出的，后来也都收集在他的杂文集中。还有一个主要表现形态是，为自己的或他人的创作、译著所撰写的序、跋。在许多杂文和书信中，也发表了大量的文艺理论批评观点、见解和论述。这些也是宝贵的文艺理论、美学理论的"零金细玉"，它们构成了"鲁迅文艺思想、美学理论"的独创的体系。此外，还表现在他倡导、指导、发动、扶助文学运动、文学社团、文学事业等的实践中，这是"实践着的鲁迅文艺理论批评、美学理论"，是它们在实践中的体现，是一种"体系"的实现。

鲁迅的这种文艺理论批评文本，是十分具有独特性和独创性的。这表明他是一位"实践着的理论家"和文艺批评家，而不是坐在书斋里的"象牙塔中的学者、教授"式的学院派理论批评家。

（九）对"'鲁迅研究'文本"的接受和研究（鲁迅研究之研究）

鲁迅研究的成果，实际上直接或间接地被公众接受，成为普遍的精神财富，成为人们认识鲁迅、理解鲁迅、接受鲁迅的指导。当然，在众多的鲁迅研究论著中，只有一部分作为一种具有普遍意义的文化积淀，进入社会、文化网络之中，并经过各种中介传播于受众之中。然而，这好比是集腋成裘、聚沙成塔，只有有了普遍的逐层累积的基础部分，有了众多的"腋"与"沙"，才会有"裘"与"塔"，有精华和结晶。广泛、众多的鲁迅论著的意义就在于此。它们是对鲁迅的高层次诠释与接受，是对鲁迅的历时性垂直接受和共时性水平接受的认知积累和解读与诠释系列。对这种高层次、学术性、文化性的鲁迅接受和鲁迅研究的研究，就是对这些成果的汇集、整理、辨析、论证，并分类、分层次、分时期地积累起来，由资料层次进到理论层次，再进到结构层次。历经这种每一学科形成均需历经的三个递进层次，而成为一个成熟的学科。因此，对鲁迅研究的研究，是分两个途径发展的：一个是普及的层次，将鲁迅研究的各类成果，经过传播媒介、科学研究、各类教学和其他各种活动的中介，进入广大受众之中，其中包括大中小学教师、科研人员、新闻从业人员及文化界、文艺界等各界人士之中。另一个则是提高的层次，通过各类研究，进入学科建设层次，而为鲁迅学的发展建设增加思想文化资源。前者好比基础，好比海洋，为后者提供基石、提供源泉，包括需求、理解、诠释意图、期待视野和公众心态；而后者，又会通过上述"公众活动"渠道，再"返流"于广大受众之中。鲁迅研究-鲁迅学与公众接受是一体化的，互相渗透、彼此沟通的。

（十）对"鲁迅回忆录"文本的接受和研究

"鲁迅回忆录"文本，是人们对于鲁迅的生平、事业、活动、创作、著述、日常生活等的回忆，是回忆者对于鲁迅的接触、观看、认识与理解的记录，是他们对于鲁迅的形象的描绘。这是一种特殊的鲁迅文本。首先，它们是鲁迅自身的直接映现、表现和记录，是"鲁迅文本"自身；第二，它们又是鲁迅的"他者"的反映、描写和理解，是鲁迅的间接显现，是"鲁迅文本"的"镜中之像"。因此，它的反映是"两相构造"：鲁迅自身与鲁迅在他者眼中的映象。这两个方面都可以研究，而且殊途同归，最后都可以纳入鲁迅研究之中。而且，它们的意义和价值，有不同于创作与著述文本之处，这就是：它们是鲁迅言行的直接的而非符号的表现，又是鲁迅思想、行为日常的、生活的、私人性的体现。这方面的接受和研究，对于解读、诠释鲁迅，具有特殊的意义，为鲁迅其他文本的接受和研究，提供了重要的资料、素材和佐证。

现有的"鲁迅回忆录"文本研究，更多的还限于考证、订误，提供回忆者的背景材料和他们同鲁迅的交往等方面，或者是对于回忆录所提供的有关资料在研究中、传记中加以使用。至于深层的研究，仍然缺乏。比如对于具有重要意义的周作人的鲁迅回忆资料的研究，就很不够。

（十一）对"鲁迅世界性接受和研究"的接受和研究（国外鲁迅研究之研究）

鲁迅研究已经成为世界性文化现象。鲁迅研究遍及日本、韩国等东方各个国家和地区，遍及欧洲、美洲众多国家。他的作品翻译成多国文字，他的各类选集在欧美各国出版，他的全集在日本出版。以上各国和地区，都有鲁迅研究论著发表和出版。鲁迅不仅是中国的，而且是东方的、世界的。国外鲁迅研究，是在与中国不同的历史条件、时代背景、

彭定安文集 9
鲁迅学导论

文化语境下的研究，是用不同于中国的政治、思想、文学理论、视界、方法和评价标准来进行的研究。他们的研究，绝大部分没有受到中国的政治、经济、文化、审美习惯等的影响。俄罗斯和日本的研究，在一些研究者中有一些观点接受了部分"中国影响"，但即使这很小的一部分影响，仍然是"走了样"的，加进了他们自己的东西的。因此，他们有不同于中国鲁迅研究的解读与诠释，得出了许多不同于我们的"意义阐述"、艺术分析和思想结论。其中不少是富有启发意义的。国外鲁迅研究中，从文本"含义"到诠释"意义"，从鲁迅"意象"到西方（他国）映照的"形象"，是另一种意义网络。它们理应是鲁迅研究总体的一部分——一个有机组成部分，是鲁迅学的一个"分支"、一个篇章。我们对于这一部分研究，翻译数量不够多，研究就更不够了。我们有一部鲁迅研究论著中，运用了国外鲁迅研究的结论或观点，借鉴了其视角和研究方法；也有对于国外鲁迅研究中某些观点、结论的论辩和商榷。但是，在总体上，研究得还很不够。

（十二）对鲁迅的逆向接受和研究（对鲁迅的贬损、谩骂与否定），以及对"逆向接受和研究"的接受和研究

从20世纪20年代起，就开始有对鲁迅的反面讥评了，不过，当时还是一种文字论战，而且并非文人相轻性的文字攻讦，而是为了社会事件的公众事务之争，是在这种斗争中夹杂了个人意气和人身攻击。及至30年代，则是为文学革命和革命文学之争而展开了批判，其中夹杂着一些纯粹的谩骂——一种毫无理由、毫无原则、不要依据，只顾骂得痛快的谩骂。这种情况一直延续到今天。这里，还不包括政敌们、反动统治者、小报记者、御用文人等为了政治目的所进行的种种阴险的攻讦、诅咒和告密。这也是一种接受——一种逆向的接受（即拒斥），并且要使正面的接受解体、消失，是一种反接受。这里并不存在什么真正的研究，只有贬损、毁诬、咒骂和否定。这种现象，与鲁迅研究始终相伴而行。这种持续不断，证明了它不是一种偶然的现象，不是一个可以弃置不顾的现象。所有这些詈骂和否定，在当时和以后，都遭到了严正的回击和批判。但是，对于它的研究一直是不够的。近年来出版了几本资料性或资料性加评议性的书，将当时的论争与詈骂的言论汇印成册，使人能够一窥庐山真面目。这对于读者、研究者解读那些历史的旧账、昔日

的恩怨，是有些好处的。

值得注意的是，在一般所说的文学以至学术文化的新时期以来，即1979年以来，在鲁迅研究兴盛发展的同时，始终有一股贬损、诋毁、攻击和否定鲁迅的潜流存在，时而掀起一阵小小的涟漪，随后不攻自去；过一段时间，又会有另一种论调出来，重演一遍。这里倒有一定的规律性：其一，"涟漪"之起，总是同当时的文学发展、文学争论、文化讨论的状况相呼应。其二，各方面的人物都有，老资格的文人、作家，著名的学者，新起之秀，想要树旗帜、立山头的锐进作家，等等。其三，他们的论点各异、说法不同，但否定鲁迅的意图相同，攻倒鲁迅的心意一致。其四，他们不像20世纪30年代论争时期的鲁迅的对手们那样，有长篇大论的论述，或有一定的理论支持，而是三言两语、语焉不详地否定之，好像他们所说是不言自明的，也有点像当年鲁迅说有的人用一句话就批倒了马克思主义一样："什么马克思、牛克思！"他们不屑言之，也不屑与之言（不屑与鲁迅研究者对话）。还有的论者，是利用以前的、已经证明是造谣污蔑的"事实"，来加以发挥和再进一步歪曲，以此攻击、否定鲁迅。其五，他们之间并无观点、论据、理论的承接和联系，也很少"联合作战"。

值得深究的是，为什么会产生这种逆向的接受？鲁迅之始终遭受这种绵延不绝的逆向接受，说明了什么？——不仅说明了攻讦者的"什么"，而且证明了"鲁迅的'什么'"？"鲁迅遭攻击、谩骂与否定"，是一个具有丰富、深刻含义的文化课题。尤其是鲁迅去世已经几十年后的今天，他只是以他的遗作、他的过去的文本在今日的社会生活和文化语境中"发言"。为什么有的人，其中特别是有的作家，必欲扼杀、否定他不可？有人说"鲁迅只有负面的意义，而负面的东西是没有长久价值的"，还说鲁迅的作品是"流氓文风"；有人说中国有一个鲁迅就行了，"这一个"也坏透了，今天仍是鲁迅不倒、文学不起；有人说鲁迅是"一块硬石头"，必须搬掉；如此等等。在这种逆向接受之中，是有着深刻的文化含义，而深可研究的。还有一个问题，亦可深思：为什么这么几十年来的承继接续的攻击，鲁迅却并没有倒，广大的接受者并没有听信攻讦者所说的一切？而攻讦者劳心费力，终无所获；但终无所获，还要继续劳心费力，那攻讦的接力棒始终有人接过去。这一切，其中也是蕴含着深刻的文化内涵，而深可研究的。对"逆向接受和研究"的研究，这本身不仅可以研究，从而透视攻讦者的文化心灵、文化方向，更可以从另一角度深化对鲁迅的解读和诠释。

四、鲁迅学的理论构造

根据鲁迅自身的特点，根据鲁迅学据此而形成的研究"分工"和命题，鲁迅学在长期的发展过程中，形成了三个基本范畴、基本命题，也是三个层面。

鲁迅学的第一个"范畴、命题、层面"：研究鲁迅关于"国家民族命运——中华民族的再生、复兴和繁荣富强"这一"民族母题"的各种语言表述文本（包括思想、言论、各类作品等）。这个"母题"包含：关于中华民族的命运和出路，中华古国的复兴繁荣，中国国民性的改造，以及中国文化从传统向现代的创造性转换（即中国文学现代性的创获、中国文化现代性的创获与中国现代文化的创建发展等），这样一系列相互关联、彼此渗透、一荣俱荣、一枯俱枯的"问题链"和"主题-任务束"。这在鲁迅那里，实质上成为一个待决的、不断深入探讨和终生为之奋斗的"文化问题丛"和"现代化目标体系"。鲁迅学中，这一范畴、层面的研究，是主要的、大量的，其成果也是丰富的、突出的。这是鲁迅学的主要的、坚固的基石。

鲁迅学的第二个"范畴、命题、层面"：一方面研究鲁迅文化文本的客观行动意义与实际社会效应；另一方面，则是研究鲁迅的实际工作与社会行为的"活动表述文本"的意义内蕴。这是一个两相结构的范畴和命题。它所构成的层面，既有鲁迅文化文本的实践价值与社会意义，又有鲁迅的社会实践与实际行为（"活动"）的文化意义、蕴涵和文化潜意识。对这两个范畴和命题的研究，形成鲁迅学的一个意义层面。它是前一层面的扩大与延伸、注解与阐释。它使这块"基石"更广阔、更丰厚、更坚实。当然，这两方面的研究，也是互相结合、彼此促进和触发的，它们在鲁迅学中，总体结合而又相对独立地构成一个完整的研究范畴和层面。

鲁迅学的第三个"范畴、命题、层面"：对鲁迅的文学文本的研究，是对这一文本的历史、社会、政治、审美、文化意义的揭示、解读与诠释。这是鲁迅学的特色研究、特征部分和关键所在。鲁迅之为"鲁迅"，他的文本特色、艺术特征与审美特征，都体现在这一研究文本之中。对鲁迅文学文本的这一研究，重要的不仅在于对其历史、社会、政治意义的揭示、解读与诠释，还在于对它的审美文化和一般文化意义的揭示、解读与诠释，也就是对鲁迅文学文本的"在文学的内在本质上的解读、诠释"，亦即"鲁迅文学文本的诗学解读、诠释"。鲁迅之为鲁迅，就是因为他的这一文本具有独特的艺术素质、极高的艺术成就，它的美学构成和美学素质是十分丰厚深邃、十分高超的。所以，揭示了这一文本的历史、社会、政治意义，还没有也不能解释文本的美学价值和所以能有这种效应的真正原因。

一个艺术、文学文本，其真正的奥秘，在于它的美学构成和美学素质。海德格尔说："在艺术作品中，一个在者的真理已经自行置入作品中。'置（set）'此处是指：把某物带到一种状态。""艺术品以它自己的方式开启了存在者的存在。这一开启（opening up），亦即揭示（de-concealing），亦即在者的真理（the truth of beings）就在作品中发生。"①艺术品之为艺术品，文学文本之具有它的艺术性、审美素质，不仅仅在于其中含有真理，而且更在于它把"在者的真理""自行置入作品中"，也就是把真理艺术地带入一种状态之中了。这不仅是一种成功的真理，而且更是一种"自行置入"的、进入一种"真理/艺术"融会状态的成功的艺术。没有这种"成功的艺术"，就不会有成功地存在的真理。因此，就鲁迅研究-鲁迅学来说，不仅要研究、揭示他所"置入"了的"真理"——历史、社会、政治的意义，而且要揭示、阐发鲁迅如何成功地自行置入了这种真理，并使它成为一种"状态"，一种成功的"真理/艺术"的融会的"状态"，一种成功的艺术构造和丰厚深邃的艺术素质。要揭示、解读、阐明、诠释这种"自行置入"和"带入状态"，就要对鲁迅的各种文学文本，作广泛、深入、细致、周密的，真正属于艺术、审美的剖析；要把握、理解、透析文本自身，还要把握、理解和运用文学的、语言的、心理的、艺术的、审美的相关理论，来对对象进行研究。

这个对鲁迅文学文本进行诗学范畴研究的部分，是鲁迅学构造中的

---

① 海德格尔. 人，诗意地安居：海德格尔语要 [M]. 邬元宝，译. 上海：上海远东出版社，2011：99.

关键与灵魂，是它作为一门学科的最具特征的部分，是它的最艳丽的织锦与冠冕。

这样，鲁迅学的理论构造，可以从"垂直系统"来表述。（1）基础部分、层面：对"鲁迅关于'民族命运母题'的语言文字文本"的研究。（2）中间部分、层面：对"以'鲁迅文本的实践效应文本'和'鲁迅的活动表述文本'二者结合的'综合文本'"的研究。（3）顶端部分、层面：对鲁迅文学文本的研究。在这个由三部分、三层面组成的理论构造中，从"基础、基层"，经"中间、中层"，到"顶端、顶层"的层垒式垂直体系性的发展，有其理论上、内涵上、层面上的递进性的发展进程，有主题内蕴上的互相包容性，但却不存在高下差别的等级性。它们之间在材料方面和研究对象上各有不同，但彼此有联系；在内涵意义和文化蕴涵上，更是彼此渗透、交叉影响、互相生发证明。因此，在理论上，它们共处于一个理论体系之中，是一个统一的整体，但又因其诸多差异而构成一种多元化、多样性、有差异、互相联系渗透的多因素共处一个共同体的结构状态。这一鲁迅学理论构造，我们不妨称之为"范畴结构"，即其结构序列和范畴的形成，基本上是按其三个不同的研究大范畴来确定的。

在"范畴结构"之外，还有因另一种研究对象、领域的不同，而采取或形成不同的研究结构，从而形成的结构体系。它是一个由不同的研究形态形成的"形态结构"的理论体系。它的第一部分是思想研究，主要以鲁迅的思想为研究对象和领域，由此及于中国思想文化史（中国现代思想文化史）、中国社会史（中国现代社会史）、中国现代革命史以及相关理论。这构成了一个以思想文化范畴研究为特征的研究形态。第二部分是传记研究。这涉及鲁迅生平以及与其生平有关的历史、社会、时代、政治、思想、文化、科学、文学、艺术、教育等方面。这是一个庞大的研究体系，复杂的研究系统，具有多元化的研究内涵。这是"一个人的世界：他和他的外部世界"。这是以传记研究为特征的研究形态。第三部分是鲁迅的创作研究。它深入鲁迅文学世界、创作世界。在这个研究范畴内，要研究鲁迅的心理世界、创作心理，以及它们怎样表现在作品之中。这是以研究鲁迅的文学、心理、创作世界为特征的形态。

这样三个方面、三种形态的研究，自然也是一种研究范畴的划分；但它们的主要区分，还表现在由对象的不同所带来的研究形态的不同，这包括研究范畴之外的研究意识、研究宗旨、研究的理论指导与导向，以及研究方法的不同，甚至还包括研究论著的表现形态的不同。这就形成系列性的文学、美学的研究形态，从而形成一个研究结构体，一个研究学术板块。这个形态结构体系，是这样构成的：思想研究、传记研究、创作研究。三者之间自然是沟通的，彼此渗透、互相促进的，但各自研究的领域不同、注意的重点不同，特别是表现的形态不同。这就构成了一个"形态结构体系"，一种形态理论构造。

第三个理论结构体系是"内外结构"的理论构造。如果在前述作家的"四个世界"中提出"作品"来作为中心，那么，对其他三个世界，即作家的主观世界、客观世界和接受世界来说，"作品"就是"内在世界"，其他皆为"外在世界"。按韦勒克和沃伦在《文学理论》中的分法，对作品的文学性、艺术性、审美特性，以及它的艺术构成、叙事框架与方法，如此等等的研究，便都是"内部研究"；而对其他三个世界的研究，即社会、历史、文化背景研究、传记研究和接受研究，便都属于"外部研究"了。这样，在理论结构上，就是一种"内部研究"和"外部研究"的两相结构，形成一种"内外结构"形态。

这种研究结构形态中的"两相"，自然是结合为一体的。研究中应用的理论和研究本身所形成的理论，两者是彼此渗透、互相支持并互证互明的关系。当然，诸多理论和论证，不会是完全契合、一律"亲密无间"的。其中必有相对差异甚至对峙对抗的东西，也会有各"言"其是、各司其职之处；然而，这正是一种理论上的互相砥砺与激发，有利于理论和研究的发展，并形成"繁花似锦"的理论构造。

这样，依据不同的研究范畴的划分，不同的研究形态的形成，以及不同的研究理论和方法的运用，鲁迅学分别地，而又是互相联系和结合地，形成三重理论结构，合成一个完整的理论构造形态。它们共处于一个有机的共同体之中。

在以上三个不同层面上，三个不同主题的和不同形态的研究，有分工、有差异，有不同的研究宗旨、不同的研究方法和解读、诠释之"操作理论"。但是，它们之间，无论是在大题旨和"终极目的"上，还是在基础理论和论证目标上，以及在总体效应上，都具有相互融通、彼此渗透和互相发明的意义与功效。正因如此，它们才可以处于一个共同的理论体系之中，才能形成一个有机的整体理论构造。例如，"范畴结构"中第一层面的"'民族命运'母题"研究与第二层面"结构形态"中的"思想研究"之间，情形就是如此：它们有不同的分工、不同的研究领域与题旨，而且可以说，在总体上，前者可以包容后者；而在深度上，后者又可以比前者更为具体、细致和深入。它们不但彼此沟通，而且互相支持与阐发。同样，"形态结构"中的"传记研究"，同"范畴结构"中的"中间层面"的研究，也是互相沟通、彼此发明的，但也有彼此包容的地方。同样的情况也存在于"顶层结构"与"创作研究"之间。至于"内外结构"中的"外部研究"，自然同"范畴结构"和"形态结构"中的一、二两方面相对叠合，而"内部研究"则同二者的第三方面研究相叠合。

情况虽然如此，而且证明了它们处于一个有机整体之中，并形成了一个统一的理论构造，但是，仍然需要明确，它们由于分工不同，研究领域殊异，特别是研究的出发点、立足点不同，研究形态不同，甚至某些表现形态、表述方式上也有不同，还有具体的研究指导与操作理论不同，所有这些不同便形成了在理论构造上不同的地位与作用，以及研究效应和社会影响的不同。这正是鲁迅学广阔性、丰富性、深刻性的表现。这也促使和"吸引"许多不同学科、不同专业的研究者，进入鲁迅研究领域：一方面，他们各自能够从鲁迅文本中发掘可供研究的材料和领域；另一方面，他们也可以用本学科的诸种理论、方法来进行鲁迅研究。

还要特别指出的是，以上三种结构形态的各自的理论内涵和文化蕴涵，虽有差异，是各自从不同的领域和视角来解读、诠释鲁迅文本，但是，它们在总体上融会贯通，其总题旨、总精神、总归宿与总效应，都集中地和归结地趋向以下八个彼此关联、互相影响的重大问题上：（1）鲁迅精神的总体出发点与基本立足点：中国的历史与现状，它的积贫积弱、盛极而衰、凋敝沉沦的状况，由此上溯历史、正视现实、展望未来，并在世界潮流、列强侵略的世界–人类总体态势中来观察思考。（2）由此，鲁迅在上下探索寻觅中，如何认识中国传统文化（包括儒、道、释三家及其综合体的中国文化总体），以及他对各种文本所作的估价、剖析与批判；这些文本的思想内涵、文化蕴藏与文本特征等。（3）鲁迅如何认识中国国民性，特别是其劣根性；劣根性的具体症结和历史、现实危害；它的社会文化根源；鲁迅在这方面所创造的艺术典型、所作的批判，及其总体的悠久的社会、思想、文化效应。（4）在这个立场上、这种现实问题面前和文化语境中，为了找出症结、寻觅道路，鲁迅如何认识和对待外国文化特别是西方文化，尤其是它在19世纪的演变和20世纪的现状，鲁迅在这方面所作的基本论述和所持的基本态度、所提出的基本理论与基本原则，以及他所做的工作、创辟的事业和建树。（5）为了以上种种，鲁迅如何对待"当面之敌""现实问题"，如何面对"惨淡的人生"，如何发出呼喊、进行抗争与奋战，不断地思索与实践。（6）鲁迅的这一切思想、行动业绩的伟大、深远意义。（7）这一"意义世界"的文学、艺术、哲学、审美、学术、文化价值；它的一般意义和在民族文化积淀以至东方文化、世界文化发展中的价值与意义。（8）鲁迅在这一切思想、创作、实践活动中，所形成的"鲁迅文化文本"的特殊的、独创的、个性化的形态、结构、素质、特征、语言、理论构造和精神结构；它的民族意义与世界意义。

上述几个方面，构成了鲁迅文本的，也是鲁迅学的意义世界的骨干。在它的支撑下，形成了鲁迅文本与鲁迅学理论构造的内涵与文化意蕴。从这种构造中我们可以看到，无论是鲁迅文本自身还是鲁迅学，其内容和意义都不仅具有鲁迅个人的价值，而且关乎中国的社会、中国的人生、中国的历史，关乎中国社会、历史的变迁，关乎中国的现代化、中国文化的现代性创获与发展，关乎中国现代文学、文化和学术等的发展。这就是鲁迅学的意义与价值的丰厚性、多层性和多义性。

"阅读或诠释实际上是在写作另一个文本。"①鲁迅学对鲁迅文本的解读、诠释，自然就形成了一个来自鲁迅文本，又不同于它的"另一个文本"。以上所说的八个方面的意义与蕴涵，一方面，既未曾穷尽鲁迅文本的"含义"；另一方面，又写出了超越鲁迅文本的"另一文本"——鲁迅学。

五、回顾与反思：鲁迅学的发展轨迹

在前一节大体上对历史的发展进行了回溯之后，对历来的对鲁迅的接受与研究的性质、发展路径和大体状况作了说明之后，我们就可以进

① 泰特罗讲演. 本文人类学［M］. 王宇根，等译. 北京：北京大学出版社，1996：4.

行回顾与反思了。这里的回顾与反思，是在前节所述的基础上，作进一步的梳理，作初步的概括，并在一定程度上进行理论化处理。

鲁迅研究－鲁迅学，作为不仅是研究一位作家、一位文化大师的学科，而且是中国现代文化建设、中国文化从传统向现代转换，以及中国国民性重新塑造、中国人新的文化心理结构建设的一个重要组成部分，一种重要的理论构造部分，在几十年的发展中，历经了艰辛的行程，跌宕起伏、否泰交替。它不仅反映了鲁迅的历史遭际和价值浮沉，而且反映了中国社会发展的状貌和文化演进的轨迹。回顾鲁迅研究几十年来的发展历史，有几点可以提出来，供作讨论。这几点，与其说是对历史的反思与总结，不如说是对历史现象的一种尝试性概括。

（1）鲁迅研究始终反映着一种对鲁迅的"民族接受、大众接受"。它始终具有一种正宗显学的性质和品位。这是鲁迅自身的特点所决定的。鲁迅不仅是一位伟大的作家，而且是伟大的思想家、革命家，伟大的启蒙导师。他是具有民族代表、精神象征、人格典范性质的民族的、大众的接受对象。这也同鲁迅的思想、作品、活动和事业，总是与切应、反映、契合全民族的当代课题、历史要求、文化母题和大众心声这一特点分不开。因此，鲁迅研究的基本方向和基本内涵，也总是首先围绕着这些主题来展开，并借此建立它的解读和诠释框架。而鲁迅研究也就总是具有思想教育功能和启蒙性质，总是同世界观、人生观、价值观、爱国主义、民族主义和人道主义等的教育相联系。这些，便成为鲁迅研究的核心和基本内涵。

（2）由于上述原因，鲁迅研究又总是随着历史、时代、社会、文化、思潮的变迁而变迁、发展而发展，它像镜子一样，反映着这一切的轨迹。从20世纪20年代对五四运动和"五四"精神的体现，到30年代文学革命与革命文学的发展，以及中国革命阵营的分裂与国共两党的斗争，中国革命广泛深入的发展，抗日救亡运动的开展、抗日高潮的日渐到来，等等，都在对鲁迅的思想与事业、创作与活动的解读和诠释中体现出来，并成为鲁迅研究的基本的、重要的内容，成为它的意义网络的结节。中华人民共和国成立以来的中国社会的变迁，文学与文化的曲折的发展，也都反映于鲁迅研究－鲁迅学之中；鲁迅研究－鲁迅学也在其中曲折地发展，并被深深地刻上了时代的烙印。

（3）这样，鲁迅研究，在几十年的发展过程中，主要是从20世纪

30年代以后，总是同中国的革命斗争、政治生活、党派斗争和文化批判结合得很紧密；尤其是1949年以后，它更加日渐被纳入政治、政治教育、政治运动、文化批判的轨道，被纳入思想文化界、文学艺术界的各种批判的框架中，被拔高、肢解、歪曲，被神化，并且一步步发展，及至发生异化，达到了"文革"期间的严重程度，把鲁迅作为一根打人的棍子来使用。这种"同政治相连"的文化品性，几乎可以说是鲁迅和鲁迅研究"注定的命运"；但却不是鲁迅本身所决定，更非他之所愿与所求。鲁迅是一位伟大的爱国者、民族解放的斗士、人民的精神导师；但他的主要活动领域是文学、文化，他的主要斗争领域与方式是文学创作和文化批判，他是通过思想、文化渠道和精神领域去教育、影响、"感化"人们。他并不从事日常的政治斗争事务，不参与日常的、具体的政治事务和活动。换言之，他不"从政"。这是他同陈独秀、李大钊以至胡适都不同的重要方面。但是，在作为日常政治斗争、党派斗争和政治活动、政治事务的大背景和内在底蕴的民族斗争、阶级斗争中，以他的思想、精神、人格和政治态度，就不能不在总体立场上，站在进步的、革命的阵营一边，并在大方向、大事件、大问题、大搏斗中积极地参与。既如此，则进步的、革命的阵营（曾经一直处于被压迫、被打击的地位），自然地视他为知己、战友和同志；而保守的、反动的阵营（在以前一直居于统治地位），则把他视为异己、反对派、敌对势力的思想文化代表，而加以压制和迫害。这样，他就不能不卷入斗争的旋涡。在1949年以后，在不断发生的政治运动中，在不少问题上，尤其是文学论争、思想文化问题方面，人事关系方面，形成前期历史在新的历史条件下的延续。这就不能不把鲁迅"拉入"或使之"卷入"政治性的文化斗争以至"人事纷争"之中，甚至非其所愿地，被运用以至利用为一种"尊神"（实际是"工具"），去批判人、打倒人。在前期，还是一种正面的政治宣传和思想教育，起到了积极的作用；到后来，越来越被扭曲，直至"文革"，起了质的变化——鲁迅形象被异化了，鲁迅研究也被异化了。这是鲁迅的不幸，也是鲁迅研究的不幸。其影响所及，对于鲁迅形象，对于鲁迅研究和学术文化的发展，都是很不利的。我们至今仍然需要在这方面进行必要的清扫工作。这种情况，直到新时期以后才逐渐得到纠正，逐渐有了方向性转变。

（4）在鲁迅研究的总体框架中，一直存在两条行进线索、两重相联系又相区别的内容：一条线索和一种主要内容是政治性的、思想性的、意识形态性的解读、诠释系统；一条线索和主要内容是文学的、艺术的、审美的、文化的解读和诠释系统。在20世纪80年代以前，前者一直居于主要的、统治的、定于一尊的地位；后者则处于次要的、附属的、补充的地位，并且经常不免是隐隐地、"怯生生的"，未能或不敢展开阐述。虽然长时期以来，在前者之中，也有后者的一定的内涵闪现、偶出和存在；而后者也与前者大体上并不相悖，只是诠释重点不同，论证方式方法也有不同。

由于上述各种原因和总体情势，鲁迅研究的后一条线索、后一种内容，一直未能得到很好的展开、深入与提高，而总是被压抑着。个别的或部分的属于前一条线索与内涵的论著，不得不涉及后一条线索的内涵，也都未能展开。而有些有分量的属于后一种线索和内容的论著，则受到压抑甚至批判。这种状况带有历史的必然性和一定的合理性，但在学术、文化上的损失，也是不可否认的。这既反映了中国文化发展的特色，也表明了它的问题。

这种状况，一直到新时期到来，以1981年纪念鲁迅诞生100周年学术讨论会为契机，才得以开始转型。这种转型，也是同中国社会、文化的总体转型分不开的。鲁迅研究的转型，是这种社会、文化转型的信号、表现和重要的组成部分，并且是其成果的重要方面。

（5）鲁迅形象的塑造，也是随着上述状况的变化而变化、随着两种转型而转换的。"鲁迅"一向是革命的、斗争的、批判的、阶级的、政治的战士-斗士形象；连画像和塑像，也绝大多数是"金刚怒目"式的。这是绝大多数鲁迅研究有意地、自觉地、直接地，或无意地、不自觉地、间接地塑造的。这也成为原来的鲁迅学的基本学术文化品性。直到20世纪80年代以后，这种鲁迅形象才逐渐地有了改变，逐渐地实现了转换：一方面，依然保留了革命的、斗争的、批判的内涵，但其成分、其因素、其分量、其表现形态、其作用与意义，都有了重大的改变——那种拔高的、强加的以至制造的成分大大减少甚至消除了。至于鲁迅的总体形象，依然是革命的、斗争的、批判的，但同时是思辨的、理论的、伦理的、人间的、审美的、文化的和可亲的。总之，一个纯粹政治的、革命的、斗争的、批判的战士-斗士的"鲁迅"，转换为一个更是文化大师的鲁迅。在造型作品中，也转化为和蔼的、可亲的形象了。

（6）鲁迅研究的重点转移和架构变换。20世纪80年代以来，鲁迅研究的重点逐渐实现了转移，学科的架构也实现了变换。这种转变，是随着中国改革开放以后，政治、经济、社会、文化的全面改革、转换和发展而实现的；既是这种全面变革、转换和发展的重要表现之一，又是它的内涵和推动力的一个重要方面。鲁迅研究首先是突破了仅在原有的框架中扩充、拓展、充实、提高的研究范畴，而涉及原来不能涉及、视为禁区的范畴，进入原来认为不值得、不可以进入的领域。此后，从20世纪80年代后期到90年代，则从思想、思潮、哲学、文学、艺术、教育、科学、心理学、创作心理学、宗教、古典文学与传统文化、外国文学思潮流派，以及诸多哲人、学者、作家、艺术家等众多的领域进入鲁迅世界，既开发其中的鲁迅独创的思想、艺术、科学等方面的学术文化资源，又解读、诠释鲁迅世界中所蕴含的这些中外文化资源。这种开发、解读、诠释，成为新一轮鲁迅阅读的重大内涵，也成为同当代中国与世界的高层次的对话。这新一轮开发、解读、诠释，越来越接触、接近、"直视"鲁迅的思想和创作特色，走进真正贴切地属于他自己的世界。在一些方面，人们有重新认识鲁迅之感，对鲁迅有了一种亲切之感。因此，鲁迅的世界更辽阔、更广大、更宽宏、更深邃、更独特，更富文化品位，而滤去了过去的接受中由接受者添加的过度的政治光环、政治色彩以至政治灰尘。这样，鲁迅的形象就更深沉、辉煌而又亲切，也更具文化的光芒。

（7）长期以来，主要是20世纪80年代以前，对鲁迅的解读、诠释、接受，便产生了一种向政治倾斜的偏离角；鲁迅研究-鲁迅学，也同时和同样产生了这样的偏离角。这是客观状况所决定的，是几十年来中国的社会状况、政治环境和文化语境所致，因此，几乎可以说是"历史的必然"，是不可避免的。而且，在思想上、文学上与文化上，起到了积极的作用，产生了积极的意义。几代作家、艺术家、文人、学者，几代青少年，在思想的成长上，人格的塑造上，以至中国国民性的改造上，都受到鲁迅的影响，受到鲁迅研究的影响。这应该说是不可抹杀的历史。当然，它也产生了一定的负面效应，产生了思想文化界和学术界的思想禁锢的状况，成为"文化、学术肌体"内部产生偏离角的原因。这种"偏离角"的产生和发生作用，带来鲁迅研究-鲁迅学解读、诠释、接受中的问题，有它的"历史的合理性"和"历史的权利"，也有它产生的文化的"内因";但是，随着历史变迁、社会发展、文化进步、思想解放，这种"合理性"已经失去，这种"历史权利"已经失效，这种"内因"已经消失：它们都走到了自己的反面。"偏离"的，需要和应该纠正过来。并且，那些由于"偏离角"的产生和作用而产生的问题，对鲁迅解读、诠释、接受中的种种"偏离"和"认知偏差"，都需要纠正和消除。这是鲁迅研究–鲁迅学发展中的一个重要课题，也是它们向前发展的契机。今后，在这方面仍有许多工作要做。

（8）在20世纪80年代以后，鲁迅研究出现了研究视野的扩大和研究视觉的改变。前述"偏离角"逐渐得到校正，在广大研究者的努力下，逐步形成了一种可以归纳为"广阔、审美、文化"的视角，取代了那种几乎可以说是"纯政治"的视角。这就大大地扩大了也深化了对鲁迅的解读、诠释、接受的范围和层次，发现了许多新内涵、新思想、新艺术品质、新审美素质，以及新的意象、新的象征、新的意境；同时引入了一批国外鲁迅研究的成果，输入了他们的可取的解读、诠释、见解、观点和理论，也借鉴他们的研究方法，改进和提高了自己的研究。这些都成为鲁迅研究–鲁迅学在新时期发展、前进、提高的动力。80年代以来的鲁迅研究所取得的成果，在研究范围、研究领域、研究队伍和成果数量等方面，都超过了以前几十年的水平。在研究方法上，也有了很大的改变和提高。这一点也是不争的事实。

以上所发生的一切，虽然都带有浓重的外在的、他人的、附加的色彩，但都有其历史的合理性，有其文化的内在基因，也有一定的"鲁迅世界的依据"。"我们曾经这样解读、诠释、接受鲁迅"，这是一种历史必然性的表现，是时代、历史、社会使用它们的决定性权威的结果，也是学术文化发展的途径——这"途径"又是由各种客观条件所决定的。纵然是"弯路"，即使是"偏离角"，也有其存在的历史权利。

在接受美学的理论"框架"中，相比之下，重要的不仅在于文本的"含义"和结构，更在于对文本的理解的历时性。它才赋予在文本"含义"基础上所产生的"意义"。而在"读者的工作、生产"过程中，文本的"原料"作用的意义固然是重要的，但尤其重要的是理解它的人的理解意识。这个"理解意识"又深深地打上了历史的、时代的和社会的烙印。接受美学的两位开创者之一H.R.尧斯认为，在接受方面，"允许'重新看见'"，"它使人重新认识过去的事物或被排挤掉的东西，于是也就保持了逝去的年华。"①尧斯还指出："文学的演变像语言的演变一样，不仅内在地决定于它自身独具的历时性和共时性关系，而且也决定于它与整个历史过程的关系。"他还说："一部文学作品，并不是一个自身独立、向每一个时代的每一个读者均提供同样观点的客体。它不是一尊纪念碑，形而上学地展示其超时代的本质。它更多地像一部管弦乐谱，在其演奏中不断获得读者新的反响，使文本从词的物质形态中解放出来，成为一种当代的存在。"②鲁迅文本也是如此。它的"意义"，不仅决定于他自己的文本，而且决定于"它与整个历史过程的关系"。它不可能是独立地"向每一个时代的每一个读者均提供同样观点的"纪念碑式的客体；它没有"形而上学地展示的""超时代的本质"。鲁迅文本的不可更改的"历史文本"，必须在共时性的时代读者的反响中，成为一种"当代存在"。鲁迅文本这部"管弦乐谱"，必然和必须在后续的一代代读者、接受者之中，"不断获得新的反响"。鲁迅研究-鲁迅学走过的历史，正是这样的一部解读、诠释、接受、再解读、再诠释、再接受的历史。在这个历史长河中，每一个区段，都从鲁迅文本中开发出它的自身含义，同时又作为反响、反映、反应、反馈"读者的工作和创造"，而提炼、升华、结晶、"附加"和"创作"了种种实为"时代产物""历史沉淀""文化积累"的共时性、当代性的"意义"。我们在这里申说这些，目的不在于作出一种辩解，也不在于为今天的重读、再解读、再诠释、再接受和再出新的诠释体系"正名"，而是试图对这种接受学现象加以说明，以理解鲁迅和鲁迅文本在这种接受过程中的历史命运，以及鲁迅研究-鲁迅学历史发展的历时性、合理性与"存在权利"。

---

① 刘小枫. 接受美学译文集 [M]. 北京：生活·读书·新知三联书店，1989：13.

② 姚斯，霍拉勃. 接受美学与接受理论 [M]. 周宁，金元浦，译. 沈阳：辽宁人民出版社，1982：22，26.

第四章　鲁迅思想世界研究

在论述了鲁迅世界的诞生及有关问题和鲁迅学的总体状况之后，我们就可以具体地、分部地来论述鲁迅学的各个构造部分了。首先，我们需要论述的是鲁迅思想世界的研究。

鲁迅思想世界是一个广袤深邃而又独特的世界。它具有充分、突出的个人独创性，但又不是属于他个人的世界。它是中国历史、社会、生活的产物，是时代的产物，是中国人心灵的产物，也是现代世界大势和世界总体文化的产物。而它诞生之后，又为中国社会、生活、中国人心灵的发展蜕变服务，为中国与中国人走向世界服务。因此，鲁迅学中对于鲁迅思想世界的研究，不仅具有研究一位伟大作家和文化大师的意义和价值，而且对于研究中国现代思想史、文化史，对于中国民族性格的重塑，对于中国精神文化的建设，都具有重要意义。

一、鲁迅思想世界概貌

鲁迅作为一位中国现代思想家，是非常独特的；作为一般的思想家，也是同样独特的。他的"思想世界"是一个非常独特的世界。他的思想的独特性主要表现在两个方面。

第一个方面，他的思想总是紧紧地同现实生活联系在一起，他的思想的立足点和出发点，及其最终的归宿都是现实生活，而且是在苦难中挣扎、在挣扎中奋斗的现代中国人的现实生活。他的思想，也总是贴近人生的实际。即他的思想，甚至不只是一般地紧密结合着中国社会的现实，而是同中国人普通的、日常的、实际的人生紧密结合的。这就是他自己常说的"直面惨淡的人生"。鲁迅曾经明确地表达过自己这一思想的特点——不过他是从说明自己的思想态度、思想习惯和一种作家的、人生的愿望的角度来说的。他说：

> 我知道伟大的人物能洞见三世，观照一切，历大苦恼，尝大欢喜，发大慈悲。但我又知道这必须深入山林，坐古树下，静观默想，得天眼通，离人间愈远遥，而知人间也愈深，愈广；于是凡有言说，也愈高，愈大；于是而为天人师。我幼时虽曾梦想飞空，但至今还在地上，救小创伤尚且来不及，哪有余暇使心开意豁，立论都公允妥洽，平正通达，像"正人君子"一般；正如沾水小蜂，只在泥土上爬来爬去，万不敢比附洋楼中的通人，但也自有悲苦愤激，决非洋楼中的通人所能领会。①

又说：

> 也有人劝我不要做这样的短评。那好意，我是很感激的，而且也并非不知道创作之可贵。然而要做这样的东西的时候，恐怕也还要做这样的东西，我以为如果艺术之宫里有这么麻烦的禁令，倒不如不进去；还是站在沙漠上，看看飞沙走石，乐则大笑，悲则大叫，愤则大骂，即使被沙砾打得遍身粗糙，头破血流，而时时抚摩自己的凝血，觉得若有花纹，也未必不及跟着中国的文士们去陪莎士比亚吃黄油面包之有趣。②

这两段文字，几乎成了鲁迅关于写杂文的，也是他的"思想原则"的宣言。他郑重地声明，他一不作"能洞见三世""离人间愈远遥"的，"天人师"式的"伟大的人物"的那种"言说愈高愈大"也越空泛的文章，当然，也不做这样的高大而空泛的一般意义上的思想者、思想家；二不作发那种"正人君子"式的"心开意豁""公允妥洽""平正通达"的议论的文章，也不做这类思想者、思想家；三不作"洋楼中的通人"的那种文章，也不做此种思想者、思想家；四不作"艺术之宫"里的文字，也不做这样一种思想者、思想家。他所要写的文章和思考的问题，是在沙漠上大笑、大叫、大骂，身遭沙打、头破血流、体有凝血者，所写的那种文章，所做成的那种思想、议论、见解、抗击与奋战。为此，他不怕"获得""自己的灵魂的荒凉和粗糙"，宁愿"在风沙中转

①② 《鲁迅全集·华盖集·题记》。

辗而生活"。①他在上引文字的紧下一段，还说到自己的"眼界小"，当年（1925年）在中国发生的大事中，他"竟往往没有论及，似乎无所感触"。他很希望"中国的青年站出来，对于中国的社会、文明，都毫无忌惮地加以批评"。

这篇写于1925年的文字，不但总结了他从"五四"起到1925年止的六七年中的生活、思想经历与原则，而且预告了他坚持这一切的未来的写作、生活、思想的原则与道路。一直到他的心脏停止跳动的那一天为止，他矢志不渝，未曾改变。这一贯的创作、思想原则，铸就了他独特的中国现代思想家的性格与风貌。同时，这段文字也是他的思想特征的最好说明：这种思想，不是来自书本和书斋的，不是学院里的研究所得，不是皓首穷经的结果，而是来自现实的、日常的、裹着风沙和着血泪的，普通中国人的生活的；是这种生活的提炼、升华和结晶；也是为改善这种生活而申诉、呼号和斗争的，是为这一切服务的。他的思想直接捕捉、深入、渗入、楔入生活。因此，他的思想也就一面直接反映人民群众的声音——他们苦难的呻吟、求生的呼号、奋斗的喊叫；一面又立即融入生活实际。他的思想，直接拥有"今天"。而正由于以上的特点，他的思想也就拥有"未来"，融入"历史"，直到今天，并将继续存在下去。

思想家鲁迅突出独特性的第二个方面，是他的"所思"。他的思想，不是通过高头讲章式的大部头思想学术论著，不是通过论述思想、哲学的论著或其他内容的专门论著来表述的；他的思想，都贯穿于、蕴藏于、表达在他所写的小说、散文特别是杂文之中，有的也表现在书信与言谈之中。这都是片章断简，并不是那么系统、规范、专门化。但是，同现实生活、同活的人生血肉相连。行文也不是那么从容、平正、和婉，而是悲喜歌哭、激越热忱、慷慨激昂，充满为人民大众求生存争解放的呻吟、呼号、抗争。他之"所思"，都是充满现实的血肉、大众的生活、人生的体验、时代的要求的。他的一般的社会、政治、哲学、美学、历史、科学、教育、文化、文学、艺术等的思想成果，也都表达于、凝聚在那些杂文之中。"具体→抽象/个别→一般/生活→思想/现实→理论"，他的"文章→思想"/"思想→文章"，都是这样双相、两极

---

① 《鲁迅全集·华盖集·题记》。

构造的，都是融这种"两极"于其中的。在此时此地、即时即地，如海德格尔所说的"在者""在场"式地在一篇文章之中；又在此层面上而提炼、上升、结晶为"思想—理论—抽象——一般"。这里，思想成果包含两个特点：（1）与生活、现实、人生血肉相连，严密结合；（2）表现于、凝聚于短小的、现实的、战斗的篇章之中，即表现于"对中国的社会、文明的批评"的短小篇章之中。小中见大，具体中见一般，生活中见理论，知人论世中见理论、见思想。而且，他的这些思想成果，大都是通过文学的形态来表现的。

他的思想、理论的大厦，由思想、文采、论争的零金细玉构筑而成。他的思想是灵动的、活跃的、动态的、生动的、开放的、批判的，是如海德格尔所说的"思想"就是令你跟思想家一起去"思"。这就是：不是一般地、静态地、冷静地灌输给你"思想"，也只是用"思想"谆谆教导你、装备你；而是让你、推动你、促使你、激励你，同他一起去"思"，并在"思想"的活动中接受、获得、体验"思想"，而且同"思想""理论"一起，了解和获得现实、生活、事件、历史、时代的"事实"与对它的"认知"。

他的"思想大厦"不是构成之后就静静地耸立在那儿，成为人们精神的家园，供人们赏玩和安息，而是动态的思想之流，广阔的思想原野，吸引人们、催动人们"逝者如斯夫，不舍昼夜"地投身在他的思想之流中，做一番思想的遨游和搏击；或是在思想的原野，做一次历史之旅、现实之考察和思想之奔驰。

鲁迅是"思想家-作家"式的作家，和"作家-思想家"式的思想家。"思想家→作家"，在鲁迅那里，是融为一体的，是一个活生生的"鲁迅整体"。他的小说，总是没有什么复杂跌宕、曲折多变的情节，而是普通平实的日常生活；也没有写高大的英雄人物，而都是受苦的农民、普通的劳动者和下层穷苦知识分子或潦倒的知识分子。他总是以小题材反映大事件，揭示历史、时代大潮中的潜流，而且具有深层的文化意识。通过这些，触及时代精神、民族母题和历史课题。他总是用小说来"思"，并引起接受者的"思"。他将思想化为小说、化为情节、化为各种人物，化为他的"叙事"。这是"'思想的'叙事"，他也就把"小说"化为了"思想"。小说的叙事在行进，小说的情节在发展变化，小说人物的生活在变迁、命运在变化；他的思考、思想也就在运行，"小说"与"思"同步运行。他的观点、观念、理性、命题、结论等，都融化在整个小说的"叙事"之中。所有中国现代小说家，没有一个人达到了鲁迅的"历史、现实、时代"的广度与深度，达到了鲁迅小说的思想、文化深度。

鲁迅更用他的杂文来"思"。杂文，对于鲁迅来说，更是一个思想的武器，"思"的方式与形态，更是他的思想的"蓄水池"和"宝库"。他面对每天的、日常的、细微的生活事实，其中反映了中国的社会现实，中国的人生苦难，中国的历史沉渣和重负，中国国民性的窳劣，自然还有中华民族的优秀和希望的一面。他的深刻的思想，像火花一样，带着激情、和着血泪、带着艺术的意味喷射而出，照射事实、剖析事理、烛照黑暗、透露光明，并激起恨和爱、愤怒和抗争、痛苦和思索。因而对于读者来说，便是一个不竭的思想源泉。而他自己，则在进行"社会批评"与"文明批评"的过程中，磨砺了思想武器，创造了艺术形式，形成了自己饱含着生活汁液的深刻而独创的思想体系。

鲁迅思想以杂文为载体，不仅表现了他的思想是"零金细玉"式地蕴涵着和体现出来，也表现了他的思想是艺术地表现出来的；还表现出，他的思想尖锐、泼辣、生动、具体，针对性强，并在"具体而微"的思想中，始终贯彻着、体现着他的整体思想背景、思想体系和思想理论的精神实质。那一篇篇杂文篇章，既是鲁迅思想的微粒、质子、片段和闪射，又是鲁迅整体思想的"具体存在形态"，小中见大、见微知著，"部分是整体的表现"。因此，如果离开鲁迅思想的整体，就很难真正理解、把握他的每篇杂文的思想；而如果对其杂文没有基本的理解，也就很难理解、把握鲁迅思想的整体。鲁迅学向来在鲁迅杂文和思想研究方面所做的工作，主要就是这种"由具体到一般""由一般到具体"两相结合地解读、诠释鲁迅思想。而对鲁迅的误解、对鲁迅思想的误解，也往往由此产生。

二、鲁迅思想之渊源

叔本华说过：

……一个单一的思想，不管它的内容如何广泛，都必须保有最完整的统一性。即令是为了传达的方便，让它分成若干部分，这些部分间的关联仍必须是有机的，亦即这样一种关联：其中每一部分都同样涵蕴着全体，正如全体涵蕴着各个部分一样；没有哪一部分是首，也没有哪一部分是尾。整个思想通过各个部分而显明，而不预先理解全部，也不能彻底了解任何最细微的部分。

又说：

一个思想的系统总得有一个结构上的关联，也就是这样一种关联：其中总有一部分［在下面］托住另一部分，但后者并不反过来又托住前者；而是基层托住上层，却不为上层所托起；上层的顶峰则只被托住，却不托起什么。①

鲁迅的思想，作为"一个单一的思想"，即一个稳定的、在其自身内部具有相对"逻辑封闭"的、自足的、互证的、独特的"单一的思想"，其情形也是如此。它的内容很广泛，包含家庭、家族、社会、时代、历史，各个区域、环境、时期的内容及其变迁；包含文学、艺术、科学、哲学、美学、教育、政治、思想、心理等方面。但所有这些方面，却保持在一个完整的统一体中，各个部分都有机地关联着，而且特别重要的是：一方面，"全体包含着各个部分"；另一方面，"每一部分都同样涵蕴着全体"。即整体包含了部分，是各个"部分"的有机综合；部分又体现着整体。我们前面所说的鲁迅思想的"三个层面"，就是有机地组成了这样一种整体。但必须指出的是，在整体之中蕴含的是各个部分主要的、核心的、精华的部分；而在各部分中所体现的也是思想整体的主要精神、主要质地、主要倾向、主要特征，并显现其自身的"部分性"的特殊内涵。这样方成其为部分，才区别于其他部分和整体思想。

这是一个"单一的思想"构造的一种思想整体状态。不过，它还有另一种架构。它按思想的内涵和性质分成几个"分部"，形成一个思想的系统；系统中各个"分部"有一种结构性的关联。其中，一部分是"基础"，然后是层垒式地托起居于其上层的各个"分部"，直至顶端。顶端部分则只被托起，而不托住别的"分部"。这同前述的结构分析并不矛盾，而是互相补充、彼此生发，从"基础"部分到顶端部分的各个

① 叔本华. 作为意志和表象的世界 [M]. 北京：商务印书馆，1982：1-2.

"分部"都体现着"整体"思想的精神、实质、倾向、特征等。而从"基础"到顶端的各个"分部",则共同组成了整体。鲁迅的思想世界,就是这样一种架构。

鲁迅思想世界架构的"基础",是彻底的反封建思想。他对封建主义的反叛、反抗与批判,主要是针对被"捧到吓人高度的"孔子及其作为统治术统治劳动者的,又是士大夫阶级"敲门砖"的儒学,同以它为思想核心、基本原则的封建等级制度和封建家族、礼教制度。这就是中国传统的"老调子"。鲁迅终生都与这一"老调子"战斗。因为它是封建统治的思想基础,也是现实统治的思想基础。而作为这种统治术统治"治绩"的,是被戕害的广大人民群众的国民劣根性:麻木、冷漠、虚伪、畏葸、怯懦、凶狠、残忍。这一切恶果,都与中国文化的传统和传统的文化分不开——就是这种文化浸透了中国人的灵魂,形成了中国人的国民性。

鲁迅对国民性的研究,贯穿其终生。他的确抓住了症结,抓住了根本。马克思说:"所谓彻底,就是抓住事物的根本。但人的根本就是人本身。"对于人来说,他自身就是根本;而对于中国人来说,"中国人"就是他自身的根本。鲁迅以自己的小说和杂文,以自己的书信和言谈,对中国国民性给予了广泛的,抓住要害、深入腠理的揭露、剖析和批判。他的批判既是无情的鞭笞,又是有情的鞭策。在批判中,显示了他内在的愿望、理想、理论和整个思想体系。他的讽刺的锋芒,闪射着理想的光芒。他在批判中建设。

鲁迅在对国民性的批判中,进行了如他自己所说的"挖祖坟"的工作。这就是对中国传统文化的批判,也是对于他所说的"老调子"的批判。他痛心而激愤地指出,中国如果不批判、否定那种"软刀子割头不觉死"的传统的"老调子",就会灭亡;不是"中国的'老调子'唱完",就是"中国被'老调子'唱完"。他的杂文,总是具有一种厚重的历史感。恩格斯曾经盛赞黑格尔的哲学具有历史内涵,他说:"黑格尔的思维方式不同于所有其他哲学家的地方,就是他的思维方式有巨大的历史感作基础。"鲁迅的思维方式也是如此。无论他的杂文,还是他的小说,都具有"文明批评"与"社会批评"双重性质;它们的基本精神和文化意识,说到底就是这两项基本内涵。但是,鲁迅思想的"历史感"或"历史内涵"都不是"纯历史的",不是一种"历史的回顾"——"历史的'坟场'的展示"。无论是他"挖祖坟"的工作，还是"批老调子"的战斗；也无论是他的批判，还是他的建设——批判中的建设和建设中的批判，都离不开中国社会现实和中国今天的人生，都是"直面惨淡的人生"，反映着"现在的中国人灵魂"的，都是既动摇中国文化"老调子"的基础，又铲除中国的黑暗现实的。他这样营造起来的思想世界，是"历史的"，也是实际的。在深厚历史背景、历史内涵和历史基础上，充满生动的、活泼的、开放的、典型的，和着血肉的，充满中国人生的悲喜歌哭的事实与真实。在他的创作和所有文化文本中，反映了中国从辛亥革命到五四运动，到抗日战争前夕的一系列重大事件和社会现实生活，反映了人民的悲苦和抗争、血与火的斗争。他的文化文本，就是反映中国20世纪20—30年代社会变迁、人民革命的一面镜子。这一时期的中国思想文化斗争的历史，也记录在鲁迅文化文本之中。鲁迅的文化文本和思想世界，不是学者在书斋中冥思苦想得出的思想、文化、学术成果，不是教授先生在课堂上讲授的历史上留下的思想、学术、文化遗产式的"思想成果"；而是迸发着激情，蕴含着深思，饱和生活汁液，鸣响着人民心声的生动泼辣的思想果实。

生活是广阔丰富繁杂的，人生充满了酸甜苦辣。中国现代史蕴含了民族的、阶级的、国际的、思想文化的各类斗争。鲁迅思想作为反映这一切的"镜子"，不能不涉及广泛复杂的方面，涉及民族、历史、时代，涉及社会、政治、教育、妇女、儿童等方面的问题，涉及社会科学、人文科学的诸多学科。因此，他被视为百科全书式的文化大师。但是，涉及这一切的视角和切入口，他的揭示、分析、评议、论述的方式，都是结合社会现实和生活实际的，都是从具体的、细微的、日常的、习见的事实，从他所亲见亲闻亲历的人事中，或从报章杂志的记事中，提出、提高、"提纯"，而加以揭示和剖析的，由表及里、由近及远、由现象及本质，以小见大、见微知著、微言大义。

正是在这种社会批判与文化批判中，鲁迅进行了积极的正面的思想、文化建设。他的全部文化创造和生命活动，就是不断增加、创获中国文化的现代性，推动中国文化由传统向现代转换，促进中国"老调子"唱完和"新调子"唱起来，不断发展、建设中国现代文化。他的思想、文化事业，他的全部工作，创获了一种文化文本，其核心就是批判"老调子"，批判国民劣根性，批判国民旧的文化心理结构，从而建设和发展一种积极的、进取的、向上的、抗争的、奋斗的、诚挚的、真实的、热情的、勇于改革创新的、关心国家民族集体的、中国人的新的文化心理结构——新的国民性。

鲁迅的思想，一方面产生于现实生活，是中国的现实影响和养育了他，使他的思想得以产生。他是民族之子、时代之子。另一方面，鲁迅思想也是用一种文化装备起来的，是在一种特殊文化结构基础上产生的，具有一种唯他所有的独特的"鲁迅式文化心理结构"（"鲁迅精神结构"）。中国的传统文化、吴越区域文化养育了鲁迅。中国文化的儒、道、释三家及其综合的文化，装备了鲁迅思想；但是，他所摄取的，偏重于道家文化的庄学和佛学。他自己说："就是思想上，也何尝不中些庄周韩非的毒，时而很随便，时而很峻急。孔孟的书我读得最早，最熟，然而倒似乎和我不相干。"①

何谓与孔孟之书不相干？实质意义应是：在他的思想中不占重要地位，在尔后长时期的思维、创作、实践过程中，消失、排除得所剩无几；而在事实上，孔孟的作为"非统治阶级的统治术"部分的思想文化成分，仍然在他的思想中占有一定的分量，虽然是微弱的部分。而重要的组成部分，属于基础和核心的部分，则是庄子。但庄子思想中，却又主要是选取其审美文化成分——美学思想与美学精神。当然，其中也有庄子哲学思想成分。庄子强调个性解放、放言无惮、自由奔放。作为这种哲学思想精神的表现，他的为文恣肆汪洋、思接万里、比喻生辉、寓言寄意，他的蝴蝶迷梦的想象与意象，如此等等，都是鲁迅所赞赏吸取，而为思想之资源的。

另一部古籍《山海经》是鲁迅少年时代珍爱的经典。他之所爱，亦在于神思飞扬、想象丰富，富于浪漫精神。屈原精神，也是鲁迅思想的"中华文化源头"的重要资源。"惟灵均将逝，脑海波起，通于汨罗，返顾高丘，哀其无女。则抽写哀怨，郁为奇文。茫洋在前，顾忌皆去，怼世俗之浑浊，颂己身之修能，怀疑自遂古之初，直至百物之琐末，放言无惮，为前人所不敢言。"②鲁迅对屈原的这些赞颂，就是他对屈原精神文化的提炼概括，而实际上也是他之所取，成为他的思想精华的一

---

① 《坟·写在〈坟〉后面》。

② 《鲁迅全集·坟·摩罗诗力说》。

部分。

　　"从《楚辞》到《山海经》，从庄周到'宽柔以教不报无道'的'南方之强'，在意识形态各领域，仍然弥漫在一片奇异想象和炽烈情感的图腾——神话世界之中。"①鲁迅吸取并经过改造而成为自己思想的血肉之躯的，正是这种中国式的、具有浓烈中华艺术精神的"图腾—神话世界"的思想、艺术因素，从而构成自己的思想与艺术汇融的"理性/感性—逻辑/形象"型思维。

　　鲁迅所心仪的魏晋文章与风度，在哲理与艺术上，以及二者的结合上，也是与上述庄周、屈原、《山海经》的精神一脉相承、延续发展而来的。魏晋文章风骨的清峻通脱，反礼教崇自由、反叛传统、反抗世俗，也都成为鲁迅思想中的中华思想、审美文化的重要资源。

　　鲁迅思想的另一系统的资源，来自非正统的野史杂著、笔记小说和民间艺术。这是中国正统文化之外的，充满民族精神风貌的思想、学术、文化、艺术资源。鲁迅爱之弥深，习之情切，成为他的思想成型的重要资源。

　　鲁迅生于19世纪末叶的中国，正是中国和世界都处于社会变革、历史转折、潮流激荡、传统动摇的时代。西学东渐，中国传统文化受到严重冲击和挑战。鲁迅在南京学习和在东京留学期间，接受了西方文化，研习了世界新文化，因此，其思想便在中国传统文化的基础上又楔入西方近现代哲学、科学、艺术思想的文化基石。这一接受、这一"基石"，既为鲁迅原有的思想世界增添了异域异质文化因素，又对其思想中的中华文化资源进行了改造，从而形成鲁迅思想世界的中西融汇的"基础层面"。这一"基础层面"内不失民族固有之血脉，外不落后于世界潮流。

　　鲁迅在青年时代受维新思潮和辛亥革命的影响，又接受了它们的失败的洗礼。因此，康有为、梁启超、章太炎的思想文化影响，也在他的思想中占有一席之地；然而，他们事业的失败、学问的缺陷与未脱传统窠臼，也使鲁迅有所醒悟。

　　综上所述，可见鲁迅思想之多方面的现实的与精神文化的资源。它们铸就了他的思想的独特结构和个性特征。他不是"纯哲思式的思想

---

① 李泽厚. 美的历程 [M]. 北京：文物出版社，1981：67.

家", 也不是"社会、政治、伦理型思想家", 他是"艺术心性战士身", 是"思想、伦理/社会、政治"与"形象、审美/逻辑、理论"浑融一体的思想家。形象思维与逻辑思维、审美维度与理论维度, 在他的思想上融为一体, 而以"形象、审美"为主要形态。

三、鲁迅思想世界的结构特征

鲁迅的思想大体上可以划分为三个层面和三个部分。它们是有机地联系在一起的一个完整的体系。不过, 就他所"思"的主题、目标和范畴来说, 三者是相互区分的, 各有各的"职守"和追求。鲁迅曾引屈原的诗: "路漫漫其修远兮, 吾将上下而求索。"他所求索的就是这三方面问题的解答和解答的道路。他认识到这"道路"是漫漫修远的, 是艰难的、曲折的、复杂的, 但他执着地要上下求索。这就是鲁迅的"思"的特点。

鲁迅思想三层面之一, 就是中国的出路问题, 中华民族的自由解放问题, 中国文化的转型重建和中国国民性改造重塑的问题。而最终归宿, 就是谋求中国的富强、人民的幸福, 就是中国改变积贫积弱境况, 追上世界先进发达国家, 建成一个现代化国家。以上几个问题, 是有机联系的。改变国家的状况, 就要改造中国的国民性; 而改造国民性, 就要改革文化, 使之从传统向现代转换。因此, 这里涉及一系列互相关联的问题: 政治、经济、思想、文化、教育、科学, 以及历史、社会、现实, 还有与外国文化的关系, 与当代人类文化发展思潮的关系, 等等。这是一个广阔的思想文化领域, 其中蕴含着鲁迅丰富的思想积淀。这有两个层面的思想文化成果: 一是鲁迅对于这几个大的方面有关问题的一般和具体的思考与论证; 二是从这些具体的"思"中, 从这些具体的论证中, 所能产生、提炼、结晶出的思想的、文化的一般结论, 更形而上的学术、文化思想。

鲁迅思想三层面之二, 是他对于中国现实社会种种落后、愚昧、荒谬现象的揭露和批判。他运用小说(主要是杂文的形式)来进行这一工作。他用锐利的眼光、犀利的笔锋, 毫不留情地, 然而又是充满了对本民族、对同胞们深沉的爱和炽烈的热情去进行揭露和批判。在十几年的杂文写作中, 他一面从现实生活中吸取思想的资源和灵感, 一面从中外思想文化宝库中提取有用的资源来丰富自己的思想，并在这种"现实/理论"的结合中，形成了自己现实的、活生生的、丰富深刻的思想体系和敏锐深邃的思想能力，并用之于实践。在这实战的业绩中，将广博深邃的思想输入短小精悍的杂文之中。他的杂文，是一种"思想/现实"紧密结合、水乳交融的独特的文体。它是思想的评论文，然而又是艺术品。"思想/艺术"也是水乳交融的。其中，同样葆有两个方面、两个层面的思想成果：（1）对具体问题的具体思考的成果；（2）从具体到一般、从实际到抽象的一般的、形而上的思想文化成果。

鲁迅思想三层面之三，是他对于实际人生的体验、对生命终极价值的感悟，特别是对于"中国的人生"和"中国人的生命"的体验与感悟。鲁迅从不一般地、抽象地、学理式地谈论这种问题。社会、人生、生命，人类这些普遍的问题，他首先都具体到中国的层面和实际上来，使之成为"中国的人生"与"中国人的生命"这样的命题，然后来讨论、评议。而且，仍然不只是停留在这个层面上，而是再具体化到现实的、平时的、普通人的日常生活和生命这个层面上来。因而，他的揭露、批判、讨论、评议、理论、见解等，总是活生生的、有血有肉的，和着生活的汁液，透着生活的芳香。"生活/思想"总是融为一体的。在他的杂文中，充满了中国人的悲喜歌哭，中国人的呻吟、哭泣、呼号、抗争、喊叫的混合的民族之声、时代之音和民众的声音。正是在这个意义上，有人说，不懂得鲁迅就不懂得中国。中国人不读鲁迅，是一个极大的损失。

四、鲁迅思想世界之研究

鲁迅思想研究，向来是鲁迅研究的重点。它是鲁迅学的核心和基础。鲁迅研究的许多方面，都受到对鲁迅思想性质论定的决定性影响，对他的作品的分析、人物典型的分析，也多以这一总体论定作出发点来立论和展开。这自然有它有利的一面，即把鲁迅作为思想家的一面同他作为现代作家的一面结合起来了；把对他的思想的研究、论定、分析，同他的创作活动和作品内涵以及小说人物典型、杂文思想内涵，都结合起来考察了。这对于正确认识鲁迅的思想和创作都是有益的。然而，也有不利的一面。这就是以其思想家的光芒，遮掩了他的作家的一面，特别是对他的创作——小说、散文、散文诗尤其是杂文——的艺术光焰不免疏忽了，或者说是未能更多地注意和研究。直到20世纪80年代以后，进入中国文学和中国文化的一个新的发展时期，这一点才由于新的文化语境的产生而得到改变。

对于鲁迅思想的研究，在相当长时期内，偏重于他的反帝、反封建思想方面的论述，而且逐渐地被纳入中国新民主主义革命的理论框架之中，并同毛泽东的中国革命理论相对应地加以论证，使二者得到一种政治上、理论上、革命阶段论上的一致性，从而在此基础上论定鲁迅思想的意义与价值。鲁迅的思想，的确在客观上反映了中国现代人民革命发展的历程。他的小说和杂文，在社会、历史、时代内涵上，的确真实地反映了这一历程。这是因为，鲁迅的文学创作，其立意与归宿、其创作动机与宗旨，就是"为人生"的，即是为了唤醒民众起来抗争、奋战，为自身解放、民族独立而战的。而他一面亲身经历了从辛亥革命到五四运动前后的历史发展进程，并且投身于这一伟大斗争之中而为急先锋；一面又曾考察和深思过这"历史进程"的现实及其问题，并且抓住其症结，而后选择了文艺作为拯国救民的道路。这一切，自然决定了他的小说、杂文等文学创作内容的性质，决定了它们丰富的社会、历史、时代内涵。这一点，同毛泽东的中国革命理论是相通的。但是，两者具有根本上的不同性质和形态——一者是以文学的、艺术的形态来表现；一者是以革命理论（科学）的形态来论述。而且，不同之处不仅仅在于"形态"；由于彼此的社会角色不同、思维方式不同、立足点与视角不同，所掌握的实际生活内涵不同和所从事的社会实践不同，这就不能不涉及"形态"之中所含的内容也有所不同——虽然内容所反映的基本的民族生活、社会环境和时代精神相同。一个是从思想文化的视角切入，又以之为归宿；一个是从政治革命的视角切入，又以之为归宿。因此，所论内容，理论内涵与架构均不相同。所有这些巨大的带有原则意义的不同，不能不产生其思想内涵和"意义"价值的不同，以及所产生的社会、思想效应的不同。总之，一个是革命政治理论，一个是思想革命的艺术；一个是逻辑思维、理论思维，一个是形象思维、灵感思维；一个诉诸活生生的现实生活与栩栩如生的人物，一个则诉诸对事实的抽象；如此等等。

上述所有一切所带来的不同，是方面很多、意义深远、差别很大的。当研究者的论著把一切审美对象都纳入政治理论框架中，以求对应性的"原则""原理""理论"的叠合，并借此论证确定其地位与作用时，自然地就只是论证确定了一部文学文本的社会、政治、理论价值，而忽视了它的文学的、艺术的、审美的价值——这却是它的主要的价值所在，甚至是它的社会、政治、理论价值的关键所在和"命运所系"。没有后者，也就没有了前者。更重要的是，这样论证和如此论述，对于鲁迅文学文本来说，其文学、艺术、审美的丰厚内涵，所受到的损失与损伤是多么严重；而它的文化含义所能容纳和发掘的长久的、悠远的、多元的、深厚的"意义"，也就都在这种"急功近利"式的、近期政治价值判定中损伤殆尽了。

因此，在鲁迅学的鲁迅思想研究中，积极的应予肯定的成果是，论证了鲁迅思想对于中国革命历程及其规律性现象的反映，肯定了作为"中国人民革命的镜子"的社会意义与价值。这种论证是具有其时代、社会、文化背景的，是时代使然、历史使然；它具有出现和存在的时代理由和历史权利。它的真理性的一面和积极的意义与文化价值，是不应该否定的。

这是一个历史过程、认识发展过程；这是一个重要民族文化文本的阅读史、接受史发展过程中必经的阶段；也是鲁迅文学文本的"含义"，在垂直接受过程中，不断地被创获"意义"的一个必经的历史的中间阶段。

当鲁迅的《狂人日记》和以后几篇小说连续发表时，正是五四运动兴起之时，中国的民主革命和新文化运动正在蓬勃开展。从创作主体来说，鲁迅正是"听将领"，为了解前驱者的寂寞而为之"呐喊"，其创作的社会、文化背景和整体立意，就是中华民族的积贫积弱、国民的麻木不仁。鲁迅在距此时十多年前就思索、寻觅而得出结论：要以文艺来唤醒民众，改造他们落后的灵魂。这种精神寄托和文化意识，艺术地灌输于他的小说创作之中，并以此远远超出当时普遍的创作水平之上。而从接受世界来看，当时的社会接受屏幕和期待视野，也正是民主革命要求所产生的对于新文学反映时代之声、民众之心的要求。敏感的、具有社会革命与文化意识的"社会接受屏幕代表者"，就正是如此来解读和诠释鲁迅的创作和思想的。这一方面反映了社会性的"意义"追求；另一方面，则反映了鲁迅作品的实际。傅斯年、吴虞、周作人、茅盾等人对鲁迅作品和他的思想的评论，就是如此。他们反映了接受世界的需求，也抓住了鲁迅作品的主旨——对于中国社会与中国近代革命的反映；对于中国国民性的刻画。这正是鲁迅创作的立意所在。傅斯年说："疯子是乌托邦的发明家，未来社会的制造者。"我们"跟着疯子走，——走向光明去"①。表现了从社会革命角度去解读、诠释鲁迅作品和思想的明确的意识，也揭示和提炼了鲁迅第一个文学文本的"含义"之"意义"。"五四"时期"打倒孔家店"的健将吴虞则指出："那些带着礼教假面具吃人的滑头伎俩，都被他把黑幕揭破了。"②揭示了《狂人日记》蕴含的揭露"礼教吃人"的"意义"。以后，茅盾评论《阿Q正传》时指出，阿Q是"中国人品性的结晶"，"而且阿Q所代表的中国人的品性，又是中国上中社会阶级的品性！"③后来，在评论《呐喊》小说集时，更进一步明确指出，《阿Q正传》是反映辛亥革命的。甚至指出："《阿Q正传》里的描写是写实的。我们现在看了这里的七、八两章，大概会仿佛醒悟似的知道十二年来乱政的根因罢！"④仲密（周作人）则指出："阿Q这人是中国一切的'谱'——新名词称作传统——的结晶。"⑤这些当时的"共时性水平接受"，一致地集中在揭示鲁迅小说的社会、历史意义，以及鲁迅在揭示中国近代民主革命和国民性改造这两个相关联问题上，所表现出来的思想之深刻，正中中国社会、历史问题之"的"和以此表现出来的思想家风貌。

以后，鲁迅由在《新青年》上写《随感录》发展到写杂文，把众人共同使用的一个发表小感想、短时评的"随感"，创造性地发展为一种新的文学体裁——"杂文"。他高擎"五四"时期举起的思想革命的旗帜，坚持"五四"精神，坚持他自己号召并携同青年文化战士一同展开的"社会批评"与"文化批评"，同封建文化及以此为统治工具的反动统治进行了英勇的斗争。他的短小的随感和长篇的杂文，像机关枪和迫击炮一样，出击和轰毁传统文化中落后、腐朽的东西，及其在现实生活中的表现与危害。他的思想家的风貌，越来越凸显出来。到"五四"过

①　傅斯年. 一段疯话 [J]. 新潮，1919，1（4）.

②　吴虞. 吃人与礼教 [J]. 新青年，1919，6（6）.

③　茅盾. 通信 [J]. 小说月报，1922，13（2）.

④　茅盾. 读《呐喊》[J]. 时事新报，1923（91）.

⑤　仲密（周作人）. 阿Q正传 [J]. 晨报副刊，1922.

后的20年代中后期，有了"思想界权威"与"青年导师"的称谓，但还没有具体的论述，而只是一般的尊敬的赞誉。直到20世纪30年代，经过革命文学与进步文化阵营内部的批判与纷争，经过对鲁迅的认识从偏狭、扭曲与诬陷逐渐转向正确，终于产生了冯雪峰、瞿秋白对鲁迅的正确评价——肯定他的革命思想家的地位。冯雪峰认为，"鲁迅看见革命是比一般的知识阶级早一、二年"，"在艺术上鲁迅抓着了攻击国民性与人间普遍的'黑暗方面'"，"在文艺批评方面，鲁迅不遗余力地攻击传统的思想。"①1933年，瞿秋白为《鲁迅杂感选集》写序言，第一次全面、系统、深刻地肯定和论述了鲁迅作为思想家的成长经历、同中国革命的关系，以及他的思想特征、性格特征和"思想家的鲁迅"的贡献、地位与作用。②这个对鲁迅首次全面、正确的评价，运用了马克思主义观点，结合中国近代和现代革命实际与发展道路，分析了鲁迅特殊的个人经历，对他给予了比较准确的论述。瞿秋白指出：

> 鲁迅在"五四"前的思想进化论和个性主义还是他的基本。

又说：

> 鲁迅从进化论进到阶级论，从绅士阶级的逆子贰臣进到无产阶级和劳动群众的真正的友人，以至于战士，他是经历了辛亥革命以前直到现在的四分之一世纪的战斗，以痛苦的经验和深刻的观察，带着宝贵的革命传统到新的阵营里来的。他终于宣言："原先是憎恶这熟识的本阶级，毫不可惜它的溃灭。后来又由于事实的教训，以为惟新兴的无产者阶级才有将来。"（《二心集》:《序言》）。

瞿秋白的这些论断，显然不仅仅是依据对"鲁迅文本"的阅读所作出的解读与诠释，还含有对鲁迅自走上文坛并在成为文坛泰斗的历史时期（1933年前后）中其思想足迹的分析和概括。这种分析和概括，又是以十几年来中国思想文化斗争特别是围绕着鲁迅所引起的思想论争为背景的，是对这一切的总结和回应。这样，在这个评价论断中，就具有时代、历史、中国现代文化在斗争中发展的内涵。当然，这也回应了对

---

① 画室（冯雪峰）. 革命与知识阶级 [J]. 无轨列车，1928（2）.

② 何凝（瞿秋白）.《鲁迅杂感选集》·序言 [M]//鲁迅. 鲁迅杂感选集. 上海：青光书店，1933.

鲁迅的解读、诠释，营造了从鲁迅文本自身的"含义"到富有时代意义的"鲁迅文本的'意义'"。20世纪20—30年代的中国社会、阶级、政治、文化斗争，革命的、左翼的、进步的文化阵营与反动的、右翼的、中间的文化阵营之间的斗争，以至国共两党之间的斗争，等等，也都反映于其中。

1936年，鲁迅逝世。这时，正是日本侵略日亟、民族危亡日深，抗日救亡高潮日益逼近，而国民党统治集团对日步步退让、压制爱国运动日紧的时候。在此背景下，一向坚持抗日、坚持斗争、坚持反对妥协投降，始终站在斗争前线的鲁迅的逝世，自然掀起了全民族哀悼的浪潮。民众把写着"民族魂"三字的旗帜覆盖在鲁迅的遗体上，既反映了民众爱国的和爱戴鲁迅的激情，又准确地概括了鲁迅的思想、精神、品德。这一评价表现了对鲁迅的民族接受。这是一个民族对自己的"民族之子"的认识运动与接受史在一个具体时代的具体表现。它是在整个民族现实生活发展进程中来进行和实现的，因此，必然带着全民族的"先在知识结构"和"期待视野"、"接受屏幕"的深刻刻痕。当时民众在悼念鲁迅时的表现，正是带着时代精神、当代民族主题和社会主要需求来认识和评断认识对象，"取其所有"与"取我所需"相结合，在两者交叉的坐标上，决定了价值取向。一批政治、思想、文化界的精英，自觉或不自觉地承担了这种"民族认知者"与"民族思考人"的职责，将民族的需求、人民的心声反映于他们的言论、著述和行动之中，并提炼、升华、提高，加以系统化、理性化和理论化，写出了第一批有内容、有分量、有水平的鲁迅研究论著。

早在1936年7月鲁迅逝世前几个月，冯雪峰应捷克鲁迅作品译者的请求，在与鲁迅商议内容得其认可后，撰写了一篇对鲁迅的总体评价。他指出：

> 在中国，鲁迅作为一个艺术家是伟大的存在，在现在中国还没有一个作家能在艺术的地位上及得他的。但作为一个思想家及社会批评家的地位，在中国，在鲁迅自己，都比艺术家的地位伟大得多。这是鲁迅的特点，也说明了现代中国社会的特点。[①]

---

① 武定河（冯雪峰）. 关于鲁迅在文学上的地位：一九三六年七月给捷克译者写的几句话 [J]. 工作与学习丛刊之二：原野，1937.

这一简略的评价，既肯定了鲁迅作为作家、艺术家的地位，又更加肯定了他的思想家的地位、特色和成就；并且，把这一切同中国社会的特点结合起来论证确定。

此后，冯雪峰关于鲁迅是民族的"精神火把"的论断，又从他所起的社会作用方面，肯定了他的思想家的特性和特殊作用，指出："鲁迅先生毕生所画的民族史图中关于中国民族的解剖与指示，是燃起了伟大的民族革命战争的主要的火把之一。"①

1938年，毛泽东在延安提出了对鲁迅的总体评价，指出，鲁迅虽然不是"组织上的人"，"然而他的思想、行动、著作，都是马克思主义化的"。又指出，鲁迅是"中国的第一等圣人，孔子是封建社会的圣人，鲁迅是新中国的圣人"。②这在中国传统政治、社会、文化的评价上，已是至上之尊。这种评价，也明显地打上了时代精神的烙印。

1938年11月，在已经沦为孤岛的上海，一群留下与日寇进行艰苦斗争的进步文化人在集体座谈的基础上，由李平心执笔，写出了《思想家鲁迅》，详细地论述了作为思想家的鲁迅。文章肯定了鲁迅：

> 他无疑的是照耀中国现代史的杰出的思想家。
>
> 鲁迅是以民族号手兼民众代言人的雄姿出现在中国的现代史上的。

文章更详细地论证了鲁迅作为思想家的特征：

> 鲁迅跟一般的理论家和政论家不同，他并不写纯理论的社会论文和政治论文，他绝少正式提出自己的社会改造方案和民族革命主张。……在鲁迅的全部作品言论中，包含了最丰富最生动的关于社会、人生、历史、政治与艺术各部门的剖解、批判与理想。他不仅发挥了先驱者的最进步的理论与思想，而且显示了许多他自己特有的创见与预见。他是最有胆力最有眼力的能够跳出"时代限制"的思想斗士。但是作为思想斗士的鲁迅一开始就是披上艺术斗士的铠甲驰骋在思想的战场的。他是用艺术的手腕巧妙地表现足以代表社

---

① 冯雪峰. 鲁迅与中国民族及文学上的鲁迅主义：一九三七年十月十九日在上海鲁迅逝世周年纪念会上的讲话 [J]. 文艺阵地（半月刊），1940，5（2）.

② 毛泽东. 鲁迅论：在"陕公"纪念大会上的演辞 [J]. 七月（月刊），1938（3）.

会进步势力的各种观念和理想，是常以形象化的方法传达他对于民族对于社会的批判、希望和预言。不仅在他的纯文艺作品——小说、诗歌中，他运用了极熟练的形象描写法来表现自己的思想，即使在他的小品文或杂感文中，他的思想也常是通过形象化的方法来接触读者。[①]

这篇带有集体写作特点的论文，自然地成为代表全民族对鲁迅的最高认识的作品。它带有总结的性质。它论证了鲁迅艺术家与思想家融为一体的思想家特点——他跳出了时代限制，创获了自己的思想、创见和预见。对于鲁迅思想的发展，论文论证了他同中国社会发展与民主革命进程的"同步相应"的关系。

正是在这个"民族评价""民族接受"的基础上，产生了此后不久毛泽东对鲁迅的思想与精神的全面评价与论断。毛泽东在1940年发表的《新民主主义论》中，全面系统地论述了中国共产党领导的新民主主义革命的理论。他把鲁迅纳入这一革命范畴，特别是文化革命范畴中，来加以考察与论述：

> 二十年来，这个文化新军的锋芒所向，从思想到形式（文字等），无不起了极大的革命。其声势之浩大，威力之猛烈，简直是所向无敌的。其动员之广大，超过中国任何历史时代。而鲁迅就是这个文化新军的最伟大和最英勇的旗手。鲁迅是中国文化革命的主将，他不但是伟大的文学家，而且是伟大的思想家和伟大的革命家。鲁迅的骨头是最硬的；他没有丝毫的奴颜和媚骨，这是殖民地半殖民地人民最可宝贵的性格。鲁迅是文化战线上，代表全民族的多数，向着敌人冲锋陷阵的最正确、最勇敢、最坚决、最忠实、最热忱的空前的民族英雄。鲁迅的方向，就是中华民族新文化的方向。

后面，在论及1927—1937年期间，国民党统治者对革命力量所进行的军事"围剿"和文化"围剿"时，又指出：

> 而共产主义者的鲁迅，却在这一"围剿"中成了中国文化革命

---

① 鲁座（李平心）. 思想家的鲁迅 [J]. 公论丛书（月刊），1938（3）.

的伟人。

毛泽东的这个论断，凝聚和总结了前面对鲁迅思想的评价和论断。同时，这时期，抗日战争已进行了三年①，中日民族战争、国内阶级斗争与思想文化的斗争，正在如火如荼地展开，毛泽东对鲁迅的论断，也就不能不反映这一时代精神。

1941年，李平心《论鲁迅的思想》（后更名为《人民文豪鲁迅》）一书出版，对鲁迅的思想进行了全面展开的论述，等于是总结了自1936年至1941年中对"鲁迅——思想家"这一论旨的民族性认知发展进程；并且在公众认知的基础上，全面展开了论述，可以说是完成了"民族性鲁迅认知"的第一个重要的、划时代的阶段内容，也完成了"鲁迅形象定型"第一阶段的核心与基础部分。他是在瞿秋白、冯雪峰、毛泽东等人的认识评价基础上，并以他们的论点为指导发展而成的，又是他们的论证的"完成形态"。

此后，毛泽东的上述论断，成为对鲁迅全面评价的基本指导思想。1949年以后，成为定于一尊的圭臬，所有的论述一律以之为指导，而且，多是以具体事例来证明所论正确，没有超出其所论范围的阐释、发挥。

以上所述"民族的鲁迅认知"的概略发展过程，是同全民族对于自己的当代主题、历史任务、时代母题和需求的认知，对于从救亡到抗日的民族自救与民族斗争的重大任务的认知，相一致相伴行的。中华民族在全民族奋起抗日的形势和斗争中，来完成这一认知，自然会超出文学接受的范畴，成为一种特殊的"文学、社会、政治"的接受，一种在火热斗争中的接受。这不仅反映了特殊认知的性质与过程，而且反映了鲁迅这一特殊认知对象的特点和价值。

这就是中华民族20世纪30—40年代的精神发展现象：通过对一位民族思考人、民族自我批判执行人、民族代言人和民族英雄——伟大的思想家、作家——的认知，来达到民族的思想统一、意志集中、精神振奋、斗志昂扬的目的，来达到全民族对历史任务、当代主题、斗争目标的一致认识的目的。这是鲁迅也只有鲁迅能够承担得了的"任务"，只有他的思想、作品能够承担这一"民族使命"，完成这一"历史重担"。

---

① 此处，"三年"应为"九年"。——编者注

这一精神现象，也反证了鲁迅的思想家的地位与价值。

应该说，这种概括和阐释，是符合鲁迅思想精神的实质的。它为广大人民所接受，并产生了巨大的、长久的、深入的积极社会效应和文化效应，鼓舞了民族精神，养育了人民的思想能力，培养了群众的崇高人格，成为中国人民现代精神世界建设的有效工程。

在对鲁迅思想的论证中，向来还流行着一种提法，即"鲁迅精神"。这在广义上涵盖鲁迅的整个精神世界；狭义上，则主要指他的精神品德和人格魅力。其主要内涵则有两个方面：一方面是鲁迅对国家民族的深沉的爱和无比的忠诚；另一方面，则是对国内外敌人、反动势力的无比痛恨，和毫不妥协的韧性的斗争精神、自我牺牲精神。这是鲁迅精神最灿烂的火花和最巨大的魅力。这已经成为全民族的精神财富和鼓舞民族精神的最有力的激励力量。一代又一代中国人在鲁迅精神的鼓舞下，走向进步、走向革命，走向献身国家民族的道路。

"思想家鲁迅"和"鲁迅思想""鲁迅精神"，就是这样一步一步地被解读、诠释，而逐渐形成了意义阐释体系和阅读规范；同时也就成为一种占统治地位的接受范式。这个体系和规范、范式就是：鲁迅的思想是由进化论到阶级论，由革命民主主义进到马克思主义的。就像中国现代民主革命的进程一样，鲁迅的思想也是以马克思主义为归宿的，并以臻于此而达到高峰。由此，鲁迅在党派的归属上，也自然属于共产党。鲁迅是民族英雄，是阶级斗士，是"党外布尔什维克"。他自己的诗句"横眉冷对千夫指，俯首甘为孺子牛"，就是他的精神的写照。

从以上的鲁迅思想世界论证确定的简略叙述中可以看出：对鲁迅思想性质的论断，既不是谁的主观意志、个人观点所决定的，也不是单独由鲁迅思想文本的实际所决定，而是首先的和根本的，由时代精神、社会状况、民族主题所控制，由接受世界的先在知识结构所决定。当然，在这一大的格局中，又不是完全没有鲁迅思想文本的实际作用。这个作用同样具有决定性的意义。它是根据，是出发点，是意义营造的基础、"文本'含义'"的提供者。没有这个依据和"含义"，也就没有"意义"的获得。同时，秉承时代的意志、反映社会的需求、掌握民族的主题，从而作出自己的论断的论者之个人贡献与创获之功，也是不可否认的。它使这个"时代、民族任务"得以实现，赋予具体的、个人的形态，敷以个人的思想、话语色彩。无论是毛泽东，还是瞿秋白和冯雪峰、李平心，都承担了这个"实现历史任务"的角色，作出了这样的贡献。

但是，我们也不能不看到，由于时代的原因，由于接受世界的先在知识结构的反作用，这一对于鲁迅思想性质与价值判断的论证确定，深深地打上了时代的烙印——20世纪20—30年代，进而到50—60年代的时代烙印。

这样，也就难免使对鲁迅思想世界的解读、诠释、接受产生两种偏离角。一个是过于实用的，服从和服务于现实政治斗争需要的视角；更严重的是，为了这个实际的需要，又在实践中不断地沿着既定论断发展，而忽视"文本原有的'含义'"，便不免沿着偏离角越走越远，以至无意甚至有意地产生主观诠释、借题发挥、有意拔高以至扭曲文本"含义"的情形。这是鲁迅学发展史上发生了的事情。从20世纪50年代到60年代，逐渐延伸、偏离、扭曲，直到60—70年代"文革"时期产生表面上神化、实质上歪曲甚至丑化鲁迅的令人痛心的文化浩劫。

这里还产生了一种情形：对一个"思想、艺术、文化"文本的革命化、政治化、斗争化的解读与诠释，难免在这个圈定的范围中，使一个多元、多义、动态、象征、意象性的意义系统封闭起来，意义阐释狭义化，象征、意象系统的意义与潜存文化意识都被忽略、无视、弃置以至批判掉了。特别是对文本的艺术营造、意韵、特征和成就，都难以准确地作艺术性的分析。这是鲁迅学在今后的发展中需要补正的。

在鲁迅思想研究中，根据他思想发展的状况，一般均分为早期、前期和后期来进行研究。早期的研究重点，主要是1902—1909年鲁迅留学日本，特别是在东京从事文艺运动时期的思想，依据主要是他早期所写的五篇系列论文。原来对于鲁迅早期思想的注意是不够的，直到1981年以后，才有大批专门研究的论著出版，成绩很大、成果丰硕。对于鲁迅早期思想的探讨与论述，原先都在论证它的唯心、唯物的性质分野与革命"层次"（民主革命中的改良与激进）的分析上，重点剖析鲁迅提出的"掊物质而张灵明""任个性而排众数"的基本思想，和他所提出的中国文化再造的核心思想——"取今复古，别立新宗"，以及他的最终目的——"沙聚之邦，转为人国"。1981年以后的研究，领域开阔、内容丰富、思想活跃、成绩突出，使这一主题的研究成为鲁迅学的重要研究领域之一和学科的重要组成部分。首先，对五篇文言论文所涉及的各种外国思想文化流派和与之相关的外国思想家、学者、文人、作家、艺术家，以及相关的理论、学说、著作等，进行了详细的注释、解说。其次，对鲁迅在这五篇文章中使用材料的来源进行了搜求、考订和解说。第三，对原文的白话翻译。这本身是一种研究工作，同时又为进一步的研究提供了条件。

当然，更重要和有意义的是，对于这些论文和论文所反映的鲁迅早期思想的广泛、深入、细致的研究；特别是不限于划分唯心唯物的区别和民主革命激进程度的判定，而是依照思想主体自身的性质、特征来作具体的研究。而且，对鲁迅文章所涉及的外国思想、学术、文学、文化诸多流派，对众多学者、文人、作家、艺术家等，也进行了研究，并研究了他们与鲁迅的渊源关系。其中，特别是研究了鲁迅与尼采的关系。在这种研究中，还展开了比较文学和比较文化研究。

所有这些研究，不仅对于鲁迅早期思想研究具有意义，而且对于整体的鲁迅思想研究具有意义。

鲁迅前期和后期思想研究，是指从五四运动前到1926年鲁迅离开北京南下厦门的这个时期（前期），以及鲁迅在厦门、广州时期及后来定居上海十年这个历史时期（后期）的鲁迅思想的分期研究。前者，广义的可指自鲁迅回国后（1909年）至1926年的更长的历史时期；后者，研究者们常常更多地放在"上海十年"这个时期。而1926—1928年，常常被看作是其思想转变时期。

由于上述总体研究规范和学科框架的形成，前期思想研究，自然是侧重进化论思想的渊源、形成过程、实际内涵、鲁迅的"个人思想特色"，以及如何运用这种思想来指导和从事社会批判与思想文化斗争，还有他的作品中如何体现进化论思想，等等。鲁迅与五四运动和整个文化革命的关系，是鲁迅前期思想研究的重点。这里包含他对五四运动的认识和态度；他对反对儒家文化以至整个封建文化的认识、思想和态度；他对"五四"时期的两个主要口号民主与科学的思想言论；以及由此上溯他对辛亥革命的认识与批判；等等。

鲁迅对新文化运动和"五四"时期以及运动过后中国思想革命、文化革命的认识与批判，也是重要的研究方面。所有这些研究，其基本指导思想，都是鲁迅如何从进化论进到阶级论，从唯心史观进到唯物史观，从革命民主主义进到马克思主义、共产主义，并且把这作为"中国近现代和现代思想史上极为重要的篇章"来论证的，即把鲁迅思想纳入中国近现代革命思想史的框架内来加以论证。

从1927年到1936年鲁迅逝世，这十个年头，是鲁迅后期思想所跨越的年代。在这十个年头中，中国发生了巨大、深刻的变化：由民族灾难深重走向民族战争爆发，走向全民抗日高潮；由国内战争（十年内战）走向民族战争（抗日战争）。在这个国内阶级斗争和对外民族战争交织的时期里，中国国内两大政党——中国共产党和中国国民党，围绕这两个主题展开了尖锐激烈的斗争：前者坚持民族自强、反抗、斗争，并在民族斗争的过程中争取民族解放、社会改革和人民幸福；后者则以"安内"为主，"攘外"服从"安内"，"攘外必先安内"，对日本侵略者实行退让、投降的政策。在这个全民族都卷入的斗争大潮中，在这个民族母题与时代主题面前，作为思想战士和伟大作家的鲁迅，自然不能不有所选择。基于他一贯的爱国爱民的立足点，基于他争取民族自由解放、争取人民生存幸福的奋斗宗旨，他很自然地站在为广大人民群众所拥护的抗日救亡的阵营这一边，而拥护共产党的抗日政策和反抗封建资产阶级统治的路线。这样，对于鲁迅后期思想的研究，就集中于他在阶级斗争与民族斗争彼此交叉、此起彼伏的斗争大浪潮中的思想、立场、态度和言行的分析与评价上。这仍然是符合逻辑地被纳入了"从进化论到阶级论"，从"革命民主主义到共产主义、马克思主义"，从"唯心史观到唯物史观"的总体思想框架中。

由于中国广大进步的、革命的知识分子，以至后来的广大中间状况知识分子，都基本上是走着大体上类同的思想发展道路，因此鲁迅就合理地被认定为中国广大知识分子道路的最杰出的代表和典型。

鲁迅思想世界研究，还涉及众多的学科方面，诸如文学、艺术、哲学、美学、科学、历史、教育等。属于这种具体分类的鲁迅思想研究也有许多成果，其中以鲁迅的文艺思想研究最为集中与突出。同样是新时期以来，这方面的研究成果更多，诸如"鲁迅的文艺思想""鲁迅的哲学思想""鲁迅的美学思想"等专题论著，出版了不少，有许多并非专业的鲁迅研究者，而是哲学、美学、历史学等方面的学者，以其专业所长，进入鲁迅研究领域，撰写了这方面的著述。

回顾鲁迅思想研究的历史发展过程，我们看到与鲁迅学的发展过程完全相同的情况，即对鲁迅思想的认识、评价，对他的所有文本的解读、诠释，都是同时代精神、民族母题、民族斗争与阶级斗争的总体相一致的，是受这个大背景影响、控制以至决定的。这样，鲁迅思想研究，也自然地，一方面，在政治、社会、时代方面的解读和诠释比较成功，成果很多，影响较大；另一方面，对于鲁迅思想的个性方面，他的独创的思想命题、一贯执着研究的母题，以至他的独特的话语，则注意不够、研究不够，甚至被抹杀了，或者被"好意"地掩盖起来。因此，自然很难梳理、研究鲁迅思想的独特的体系，发掘和诠释鲁迅特有的"精神构造"。这种状况，在20世纪80年代以后有了根本性的改变。

五、鲁迅思想研究中的三大"主题–问题"

鲁迅思想研究中，有三个基本的、重要的主题–问题，是经常涉及、长期争论的。对它们的研究，推进了鲁迅思想研究，深化了鲁迅思想研究。这方面的成果，是鲁迅学重要成果的一部分。这几个主题–问题，在20世纪80年代以前，同样是认识趋同、定于一尊。因此也把鲁迅思想拘囿于狭仄的范围内和共性的规范中，而使鲁迅思想的独特性、独创性遭到抹杀，同时也束缚了研究者的思想和独立思考的积极性。20世纪80年代以后，这种情况有了很大改变。思想活跃了，研究领域开阔了，更为面对鲁迅思想的实际，更注意他的思想的独特性和独创性了，研究方法也多样化了，不同意见之间也展开了讨论。这大大推动了鲁迅学的发展，丰富了鲁迅学的成果。

这里对三大主题–问题，作一简略的介绍。

(一)鲁迅"改造国民性思想"研究

鲁迅改造国民性的思想，是他的思想基石之一，也是思想特色之一。从在日本留学时期起，鲁迅就思考这一问题。这除了他自身的观察与感受（如所谓"幻灯片事件"的刺激等）和他自身的思想渊源之外，还受到当时思想界领袖人物也提出这一问题（如梁启超当时就提出了这一类问题）的影响。但鲁迅的改造国民性思想，有几个特点：（1）这一思想在他的思想中占有很大的比重，是他的思想的核心，许多思想都围绕着这一思想萌生和发展，而且鲁迅一生贯彻始终地坚持这一思想；（2）更重要也更具特点的是，他的改造国民性思想，大多来自事实的感受、生活的刺激，主要不是学理的研究与推论，因此浸润了情感的浓烈的因素；（3）与之相联系，他的思想、感受、意见、批判，大多通过他的文学作品表现出来，因此具有生动感人的力量，能够产生更广泛深入的社会影响；（4）在对国民性的批判上，他的主要注意力集中在批判中国国民劣根性上，又特别集中于鞭笞愚昧、麻木、自私、冷漠、虚伪这些劣根性上。他的炽烈的、热情深沉的爱，总是通过冷静的批判来表现。

以前的鲁迅研究，往往将国民性思想——批判和改造国民性，看作鲁迅前期思想的特征；因为这一思想被认为是与阶级论对立的，甚至是同群众落后论相联系的。既然这样，到后期，鲁迅的思想中就该"改造了'改造国民性思想'"了。在新时期的鲁迅研究中，这一思想框架被打破了。有许多鲁迅改造国民性思想的研究成果问世，甚至出版了《鲁迅"国民性思想"讨论集》①这样的专门论著，全面地探讨了鲁迅思想中的这一重要因素。

"鲁迅以探求'国民性'开始，以坚信'惟新兴的无产者才有未来'终结。""'国民性'是鲁迅早年和前期十分关注的问题，它经常占据鲁迅思想活动的中心。"②"国民性改造问题"是鲁迅思想的起点，但是不是他思想的终点？是不是限于前期？结论应该是：不是终点，贯彻终生；但在理论上和实践上都有发展、变化与提高。

鲁迅的改造国民性思想，还有一个更深邃的思想基础和更远大的革命目标，其逻辑发展线索是：改变中国落后受欺的民族状况→改造国民性（原因是国民性落后）→"立人"→建立"人国"。这也正是鲁迅思想特质的独创性之所在。这样，"'国民性改造'→'立人'"不仅是相联系的，而且是一体的。因此，也就可以说，"'立人'是鲁迅思想的出发点和归宿。"③这样，"'改造国民性'——'立人'"这一"思想丛"，凝聚了鲁迅的思想核心，贯彻鲁迅一生的始终，遍及鲁迅思想的各个方面。从这一"思想丛"出发，鲁迅提出了"尊个性而张精神"的主张，坚持个性解放与思想自由，坚持思想革命与文化革命；不懈地揭露、批判中国传统文化戕害人的个性的一面，不懈地揭露、批判中国国民劣根

① 鲍晶. 鲁迅"国民性思想"讨论集 [C]. 天津：天津人民出版社，1982.
② 鲁迅研究集刊社. 鲁迅研究集刊 [M]. 上海：上海文艺出版社，1979.
③ 王得后. 致力于改造中国人及其社会的伟大思想家 [J]. 鲁迅研究，1981（5）：38.

性；并且，也以普罗米修斯的精神，偷"天火"，借取西方文化自由、开放、积极、抗争的因素来改造传统文化。①

思想史上不乏这样的先例：思想家在早期提出的基本思想，以后终生坚持，或为萌芽，以后发展成熟；或为核心，以后充实补充；或为基础，有如根块，以后成长壮大，枝繁叶茂。但其基本思想、基本论旨、基本精神以至话语均不变。后期比前期丰富了、提高了，但最初的命题，仍然保留着。鲁迅也是这样，"国民性改造"思想便是如此。

（二）鲁迅其他"精神、理论结构命题"研究

与此相联系的，还有一系列属于鲁迅个人的精神、理论结构的，系列性的（即彼此关联或互为因果）的特殊命题、特殊提法、观念与话语。如：排众数、任个性，掊物质、张灵明；"个人尊严之旨趣"，"致人性于全，不使之偏倚"；物质不足"尽人生之本"，关注"内部之生活"；发扬"精神生活之光耀"，"舒两间之真美"；发挥"文章不用之用"；最终目的在于"立人"，立人乃能"改沙聚之邦"，"转为人国"。这些都是鲁迅早期的命题和旨趣，救国救民之根本宗旨。以后经过长期的斗争和生活实践，历经中国社会和世界大势巨大的动荡、激烈的斗争、深刻的变化，鲁迅的思想有了巨大而深刻的变化。但是，当1926年即将结束，他的"旧思想——早期、前期思想"也将结束而跃进新时代、新时期的时候，他的收集几篇早期论文的杂文集《坟》即将出版时，他第一并不"懊悔少作"，以为均已过时，第二也不声明这只有纪念的意义，毫无现实的作用；而是郑重申说："自己却总还想将这存留下来，而且也并不'行年五十而知四十九年非'，愈老就愈进步。"而那些先前即20世纪初当他年轻还在日本留学时，"怎样地使我激昂"的几个诗人，即"立意"在反抗、指归在动作的摩罗诗人——浪漫派诗人，"现在仍不能忘却"，而且"时时在我的眼前出现"。总之，"一面是埋藏，一面也是留恋。"②不久后又引古人诗句来表白心迹："览遗籍以慷慨，献兹文而凄伤！"慷慨悲歌，乃悲世伤时，而不愧悔当初。这虽然不足以说明他是完全肯定过去，但却证明他并不否定以前的思想情感与

---

① 王得后. 致力于改造中国人及其社会的伟大思想家 [J]. 鲁迅研究，1981（5）：38.

② 《鲁迅全集·〈坟〉·题记》。

理论命题。他倒是充分肯定自己是"中间物"，并进而在哲学层面和社会进化层面充分肯定"中间物"存在的必然性和价值。他说："一切事物，在转变中，是总有多少中间物的。……或者简直可以说，在进化的链子上，一切都是中间物。"①这里，在理论层面，而不完全是在实践层面上，肯定了这些早期的理论命题、救世思想与学术话语，即肯定了文本意义。

事实上，鲁迅在后期，仍然保留着这些思想的核心要素和基本命题，不过使用了随时代而变的话语，而"话语语义"也更充实了历史、社会、时代的内容。他的杂文坚持批判的精神（"社会批评"与"文明批评"），以此为改造国民性的思想武器，上海十年以批判"现代中国国民劣根性"为基本宗旨；一直坚持思想革命，坚持"独立之精神，自由之思想"的"五四"精神；坚持个性解放、个性主义，坚持科学精神与态度，批判"合众的爱国"，提倡"个人的爱国"，提倡反对"庸众"；提倡发扬精神力量，主张"文艺是国民精神的火花""一切总根于爱"；等等，都无不显示出前后思想的一贯性和后期思想对前期思想的发展。这种发展，充实以实际生活、现实斗争的体验，充实以深厚的历史内容和思想的"血肉"，是话语转换；而总体精神、基本命题和范畴，却是在继承原有基础上的现实发展与改造。

（三）鲁迅思想渊源和鲁迅学史上有关鲁迅思想研究的争议

鲁迅的这种思想因素及其精神构造的产生，自然不是偶然的、随意的纯主体思维现象，而是历史内涵、时代精神、现实需要等客观条件同思维者主体素质的结合，再通过个体来表现。首先是中国的历史、文化和社会现实养育了鲁迅；中国近代历史更给了他以精神、思想、心理洗礼；然后是他在日本多年的研习和观察所得到的对西方思想文化的了解，对"日本接受、改塑后的西方思想文化"，以及对以中国文化为胎、明治维新后"脱亚入欧"了的日本现代文化的了解；还有由此获得的对西方以至世界总体文化思潮发展流变的了解。当然，这一切又是通过他个人的全部特殊经历这一"文化土壤"和"折光镜"来培育和映照的。这种思想文化渊源，不仅说明鲁迅思想产生的源流，更重要的是说

---

① 《鲁迅全集·〈坟〉·写在〈坟〉后面》。

明它的深厚基础和强大的来源，以及思考求索而得的过程。因此，具有稳定性、特殊性，不会轻易改变。关于鲁迅思想的这些渊源，20世纪80年代以后，研究者们进行了比较广泛、细致、深入的研究，其中包括一些国外鲁迅研究家的努力和成果。这一发掘工作，不仅丰富、提高了鲁迅思想研究，而且丰富、提高了鲁迅研究。

在几十年的鲁迅研究中，在鲁迅学发展史上，一直存在着几个相关联的、有争议的问题。这种争论的提出和"解决"，反映了鲁迅学史上具有原则意义的问题。这是中国现代精神现象的一个重要组成部分，也是中国现代文化发展史上的一个重要部分。

首先就是前面提到的"国民性改造"问题。鲁迅的这个思想渊源甚深，又有国外和中国近代思想家的影响，更有他自己对中国历史、文化和现实的深刻研习和深沉感受，因此是一种深邃思想的具体表现，也是一种长久思考的结论。但是，从中国现代左翼进步思想界的角度看来，它存在几个"致命的问题"：（1）这是从人性论出发的命题，又深深地表现了人性论观念；而人性论即是"资产阶级反动的人性论，它同阶级性、阶级论是根本对立的"。（2）这表现了"群众落后论"的观点，而这一点同样是"资产阶级的反动观点"。（3）以上两点，都直接地表现为"非马克思主义的甚至是反马克思主义的，因此是不利于革命的、阻碍革命的"。（4）同时，它也是唯心主义、唯心史观的表现。于是，与此相连，自然地提出了鲁迅的"唯心论""唯心史观"的问题。由此延伸，自然提出了鲁迅思想中的人道主义与社会主义的矛盾问题。

所有以上几个问题都是纳入反马克思主义、反社会主义的"资产阶级反动思想"框架之中的，因此也是致命性的。

这几条，在当时的政治环境和学术语境中，都是可以使持有此种思想者遭致灭顶之灾的。若非鲁迅，肯定会遭到严厉的终身批判。但因有已经定于一尊的结论，论者便以"早期思想""思想局限性"给予消解了。而且，通过这一早期思想的转变，更证明了鲁迅思想的根本转变，证明了马克思主义的改造作用，证明了鲁迅的"从进化论到阶级论""从人道主义到马克思主义""从唯心史观到唯物史观""从民主主义到社会主义"的转变。"反题"成为"正题"。还有"张个性""尊个人尊严"，即个性主义问题。他自己总结思想矛盾时也曾说过"个性主义与人道主义的矛盾消长"的话。与此相关联，还有"掊物质而张灵明"

"任个人而排众数"的问题。这更是明显突出的"抨击物质、轻视群众和突出精神与个人的唯心主义与唯心史观"了。当然，这也以"早期思想"与"历史局限性"消解了。

总括上述问题，很自然地产生了"鲁迅思想的分期"、"鲁迅前后期思想的转变及其条件、原因"和鲁迅思想还有"不是早期，而是前期思想中，甚至连后期思想也在内的一些问题，也是研究工作中想法予以'澄清'也是解释的问题"，如鲁迅写农民的落后和落后的农民，主要锋芒是揭露批判国民劣根性；他的主要见之于《野草》中的思想的内在矛盾，他的悲观情绪，他的孤独寂寞，等等，这些作品中反映的思想和他在思想言行中反映的情绪，在总体上所反映的他的"思想转变"与"'基本理论'不合拍"的问题，等等。这些，都在"历史局限和个人局限"，更主要是在"这是思想中的次要方面被克服过程中——在前进中的问题"等说词中予以消解了。这种争论，也可以说是"这种困惑"的产生，以及"争论在这些问题上展开"，甚至"问题和讨论之如此展开"，都不仅仅是反映了鲁迅思想世界自身的矛盾、复杂的构造；更重要的是反映了"解读、诠释体系与最终结论框架"同"阅读对象文本构造与'意义'世界"之间的隔膜、疏离与矛盾；也反映了中国现代，特别是20世纪40年代以来的精神现象中的矛盾；反映了中国文化现代化过程中的矛盾。当一个具有广博深厚的中外思想文化渊源，饱含中国社会现实生活内涵，又经过个人深思穷索后产生的，具有极大独特性，并包含众多矛盾的思想文化文本，被人们在总体精神与基本方向上正确，但又在很大程度上脱离了文本含义，并且取共性而去特性地纳入一个既定理论框架之中时，两者之间产生矛盾就是必然的了。

从前面的记叙中已经看到，鲁迅思想被纳入了中国现代民主主义革命理论——毛泽东思想——的理论框架之中，其思想之正确与价值，就在于基本的政治、社会、革命理论等几个主要范畴，与之对应和叠合。本来，一个是"文学—思想/文化"文本，它循着自己的生活体验史、现实考察足迹和对中外思想文化的研习、吸收，以及自身的长久深入的思考，循着自己的思想逻辑，用自己独有的话语形成的文本；另一个则是"政治—革命/理论"文本，完全按政治学、社会—政治革命学说的逻辑、命题、范畴和话语来阐述。虽然两者在主要精神、根本方向、基本范畴上是一致的，但无论命题、范畴、理论品性与格局，还是思索追求的目的、宗旨，都是不同的。表述的方式，以及逻辑范型、思维方式，种种属于"思想范畴"的主要因素，以至表达的总体形态与话语，都是各不相同的。这种相异不是对立，而具有互补性和各自的作用范围与影响力、作用力。然而，抛去了精神实质和思想独立性的意义，而用固定的思想框架去套，自然就会否认鲁迅思想的特质与价值，使之"改体入瓮""削足适履"，甚至持批判的态度。鲁迅学在几十年的发展史中，两种情况都存在，但主要是采取了前一"理论策略"和评价方式。这样，就只是证明了鲁迅思想的正确，进入了足可肯定的"革命理论体系"之中。而实际上，却成为"鲁迅思想研究的终结"：它的特殊命题、范畴、独创性和个人的探索均被消解了，而它的思想的意义与价值也就大大地减弱了。

这种争论，在1949年以前实际上也并未得到充分的展开，只是在少数"未能掌握"既定鲁迅评价框架，而独立地从鲁迅文本出发去研究鲁迅的研究者的论著中，才有部分的并不十分准确，但却有自身见地的具体的阐述（如在张定璜、李长之、李平心等的论著中）。而在1949年至20世纪70年代末的长时期中，与其说是展开争论，不如说是用种种论说——主要是"前期思想"和"历史局限"这两个论点，去消解鲁迅思想的矛盾、"问题"、"缺点"，但也消磨了他的思想的特质、特色。在20世纪80年代以后的新时期，研究工作得以在新的政治环境和文化语境中展开，鲁迅学在新的历史条件和时代氛围中，得以在继承原有框架（理论构造）的基础上，在一些方面，有了新的突破，取得了新的研究成果。在这一时期的研究中，对于所有以上争论问题，差不多都有了新的解说，主要是展开了新的讨论，提出了新的说法——其基本精神是"回到鲁迅本体"。如关于国民性改造，肯定是鲁迅一生贯彻始终的思想核心，不过后期有所变化；肯定鲁迅对群众落后面的揭示与批评的积极意义和他的出发点与思想在总体上的正确；肯定鲁迅那些"缺点"和"局限性"的深厚的历史、社会内涵；注意发掘鲁迅思想的独特性、独创性；注意与肯定鲁迅思想、精神的非政治、非革命、常人性的一面的存在与意义；等等。

这样，鲁迅更是"鲁迅"，即恢复了他的思想的个人面貌、个人特色与个人创造。这在实际上不是对过去的结论与论证的否定，而是扩大和发展：这才真正发掘和肯定了鲁迅思想的价值和意义。

这是对鲁迅思想文本的解读、诠释的发展，也是鲁迅学的一个发展。

在这个前提下，对鲁迅思想的几个主要方面的研究，如哲学、科学、美学、文艺学、教育、历史等思想的研究，都有了新的发展。在1938年至1973年的35年中，关于鲁迅思想研究的专门论著只有11部；而从1977年至1986年的不到十年中，这方面的专门论著就有37部之多，涉及鲁迅思想总论，鲁迅思想的发展，鲁迅的思想方法，鲁迅的文艺、哲学、美学、教育思想等方面。进入20世纪90年代，更有广大、深刻的发展，涉及鲁迅思想广泛的方面，发掘、揭示鲁迅思想的深层意蕴，剖析鲁迅思想的特色与独创，解析鲁迅特有学术话语的文化意识与思想意义。

经过长达几十年的曲折发展，在一方面收获了正面的成果与社会、思想、文化效应，另一方面又收获了束缚思想、阻碍深入解读对象自身的苦果之后，对鲁迅的认识、解读、诠释又大大前进、深入、提高了，特别是更揭示了他自身的思想特质与独创性，也使人们更了解了鲁迅之为鲁迅。至此，人们欣喜地发现，鲁迅思想以至鲁迅文本更为广博、丰富、深邃，而且认识了鲁迅的独特的思想精神构造：原来，那些争辩的问题正是组成了鲁迅之为鲁迅的"鲁迅式思想-精神构造"。

这种情况，并不只是发生在鲁迅一个人身上。在新时期以前的30年中，不仅对待现代人物，而且包括古代和外国的思想家、文人、学者、作家在内，都是以唯心/唯物、唯心史观/唯物史观以至马克思主义/非马克思主义来划线：只要划定了在"左"线上，就肯定；否则就相反，甚至批判。这成为一个普遍的精神、理论、文化、学术现象。同样的，这种情况也是在新时期以后，特别是20世纪80年代以后，才逐渐改变。因此，鲁迅学史上的这段"认识史—接受史"，并非偶然，并非只关涉鲁迅解读与鲁迅本人。这一精神现象值得深思。

鲁迅思想研究还有一个特殊范畴，即"鲁迅精神"研究，这是鲁迅并非一个书斋式学者型思想家，而是一位奋战于思想文化疆场的思想斗士的反映。人们经过长期的感受、体察、思考和研究，经过长期共同的解读、诠释，形成了一个共性认识和总体概括，这就是：深沉炽烈的爱国热情与民族感情，坚决彻底、毫不妥协的韧性斗争精神，反对怠情、苟活、冷漠、消沉、畏葸、虚伪，全身心地奉献祖国与人民，彻底的自我牺牲精神。人们常常用鲁迅的两联诗句来概括他的精神："寄意寒星荃不察，我以我血荐轩辕""横眉冷对千夫指，俯首甘为孺子牛"。这是很贴切的。

几十年来，在新时期以前的半个多世纪中，对于鲁迅思想的研究以至整个鲁迅研究，更侧重于他革命思想、斗争精神的研究与宣传，这的确产生了广泛、深刻的影响，成为民族自我教育的一种形态与渠道。许多人，特别是青年学生，在鲁迅精神鼓舞激励下，走上革命的、进步的、爱国的、献身人民的道路。有许多人，在民族的与个人的艰困处境中，受到鲁迅思想的哺育和激励，而坚持斗争、渡过难关。鲁迅思想、鲁迅精神，成为中华民族现代精神结构的核心部分之组成因素。在新时期，鲁迅思想以至鲁迅文本，则进一步成为重构中国现代思想、文化、学术的动因、要素和重要的思想文化资源——也是全民族思想政治教育的重要内容，成为改造、重铸中国人文化心理结构的动力。

第五章　鲁迅艺术世界构造研究

　　鲁迅是一位伟大的作家，他的主要文本是文学文本。他的思想以至他的一切，主要是通过文学文本来体现的。他通过文学文本，创造了一个"第二自然"，一个艺术世界——"鲁迅式'艺术世界'"。这个鲁迅艺术世界不仅广袤、博大、精深，具有极大独特性和创造性，而且它们蕴藏的艺术的审美共性，经过提炼、升华、结晶，呈现出一种理论构造，体现了中西文学的和美学的普遍性规律，特别是中国文学的艺术精神与艺术规律，从而形成一种诗学——鲁迅诗学。这一诗学，是鲁迅在其作品中创造的，是为了表达他的思想和艺术而创造的。我们经过研究可以提炼出来，形成一些规律性的概念，一些美学规律、原则和文学创造的经验，这是鲁迅诗学的一个基本内容，一种意义和价值。这些经验、原则、规律，也丰富了总体艺术、美学规律，因而具有一般的意义和普遍的价值，可供后人参考或学习，至少可以启迪思路。这是鲁迅诗学的第二重意义和价值。对鲁迅艺术世界的研究，就是对鲁迅在创作实践中所创造的经验、原则、规律进行总结、提炼、概括，提出理论性的、美学的归纳，形成一种具有个性的诗学。因此，对鲁迅艺术世界的研究，就是鲁迅诗学研究。

　　在对鲁迅艺术世界进行研究时，首先需要研究鲁迅艺术世界的构造。

一、诗学的基本概念

　　关于"诗学"这门学问的内涵，至少有两种不同的理解：一种是狭义的，即将诗学只限于"写诗的学问"（这当然是更为狭义化了的"解说"）的范畴中；另一种是广义的，即一切文学作品抽象的理论层面的研究都包含于其中，这是包罗万象的。但我们可以加以概括归纳，确定其主要的基本内涵。这也有种种论说。埃米尔·施塔格尔在《诗学的基本概念》一书中，概括为"五种意义"。他说，诗学的基本概念是指，"叙事式的、抒情式的、戏剧式的，至多还有悲剧式的和喜剧式的。"①他似乎侧重于文学风格的划分和它们是如何营造成的。这里会探寻出种种规律，形成一些基本的理论。美国的厄尔·迈纳则持另一种分析法。他把诗学放在一个广泛的"世界"中。他说："文学的存在取决于其他具有独立性的知识体系的存在。"因此，某些要素剔选出来，赋予必要的形式，这是必要的。"而诗学的主要目的就是去确认这些要素。"他确定的要素首先是五个：（1）诗人（poet）；（2）作品（work）；（3）文本（text）；（4）诗（poem）；（5）读者（reader）。他特别指出，五项之中，（2）和（4）即作品和诗，"并非任何时候都有必要分得一清二楚"。而"文本"有时是抽取"作品"的某个部分，那么就是"部分"与"整体"之间的区别。而且，"文本"还有"作品主体"，与夹注、脚注、索引和附录相对而言的意思。除了这"五项要素"之外，迈纳还指出，诗人、读者、文本都存在于"世界"之中，而"世界"即意味着社会组织和文化特征，此外还特别包括使我们"拥有了整个世界"的语言。这样，他把这个"庞大的知识体系"称为"诗人和读者据以探索世界的'文化球体'（cultural sphere）"。另外，他还认为，"一个完整的诗学体系还必须考虑到生产方式。"②他认为，文学的生产者以何种生产方式生产他的作品，这个马克思主义命题也是诗学的要素。这样，诗学的要素就包含：诗人、作品、文本、诗、读者、世界和文学的生产方式。

我们在研究鲁迅诗学时，采取了上述两种理论表述，而以后一种（即厄尔·迈纳的理论）为主。

二、鲁迅艺术世界构造

研究鲁迅的艺术世界，首先是研究他这一具有独特性和创造性的艺术世界是如何构成的？它的构造成分、构造因素和构造方式是怎样的？我们根据前述关于诗学的基本概念的规定，首先来探索鲁迅艺术世界的

---

① 埃米尔·施塔格尔. 诗学的基本概念 [M]. 胡其鼎，译. 北京：中国社会科学出版社，1992：1.

② 厄尔·迈纳. 比较诗学 [M]. 王宇根，宋伟杰，译. 北京：中央编译出版社，1998：24.

构造。

鲁迅学对于鲁迅艺术世界–鲁迅诗学的研究，首先是对前述"诗学基本概念"和组成部分的剖析。按照前述厄尔·迈纳和埃米尔·斯塔格尔对于诗学的界定，我们可以将鲁迅艺术世界和对它的研究（鲁迅诗学）的构成因素，归纳为以下几个方面：

（1）诗人、作家——鲁迅；

（2）作品——鲁迅的所有文学文本；

（3）文本——鲁迅全部文本［文学文本、其他诸种文本和鲁迅文本之主体（夹注、脚注、索引、附录除外），以及从鲁迅作品中抽取出的部分］；

（4）诗——鲁迅的诗作、鲁迅论诗和鲁迅作品中的诗性（诗的成分）；

（5）读者——鲁迅的中外接受者；

（6）语言——鲁迅使用的语言和对语言的使用，以及鲁迅时代和以后各时期的语言变迁；

（7）世界——鲁迅时代的世界与鲁迅以后的世界；

（8）生产方式——鲁迅文艺作品的产生：在何种社会条件下，如何创作、发表、出版，以及同各种相关因素的关系，主要是文学生产力与文学生产关系的统一与整合。

绘成示意图，如图5-1所示。

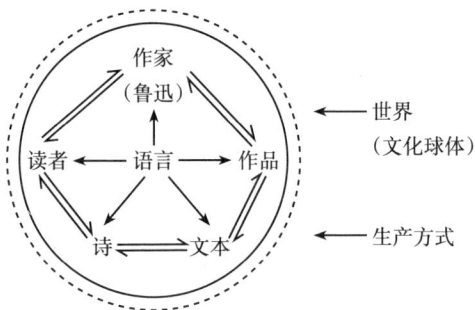

图5-1 "鲁迅诗学"构造示意图

如图5-1所示，鲁迅诗学的前5项是互相渗透、互动互促的，整体上形成一个循环作用的"艺术旋涡"；而"语言"则分别地和全面地作用于所有5项；至于"世界"，既弥漫于5项构成的"旋涡"，又受5项分别的和整体的辐射——反作用；而生产方式则施其决定性影响于作家创作和作品的生产与传播。这些，就是各项整合而成的鲁迅艺术世界–

鲁迅诗学的构造的第一层面。

从这几个因素和方面，我们可以做分体的和总体的、分解的和综合的探求，以解读和诠释鲁迅艺术世界是如何组成、怎样形成和发展的，其中各个部分又是怎样的情形——它们各自怎样形成（它们的主观和客观条件，所受的影响，形成的机制，等等），具有怎样的性质和特征，等等。

在这些研究的基础上，我们方可以进入第二层面的探究。在第二层面，以第一层面的资料和思想、艺术资源为基础，做概括、抽象、提炼的工作，探究和解读鲁迅诗学的特殊的现象与规律，即鲁迅在人类文学、艺术的共同规律中，选取了哪些可用之资与质，又结合所反映生活的特征、自身创作立意的需要，具体应用，予以发挥，更加以创造，从而提供了他的特殊的贡献，发展了这些规律，形成了特殊质地的"鲁迅诗学"。

三、鲁迅艺术世界的外在世界研究

如果说鲁迅的心中有一个以创作心理和接受意识为主要内容的艺术世界，那么这个艺术世界的外在表现形态，它的显现在外面的内容（即表现为"形式"的内容），就是他的作品，就是他的文学文本。这个外在（外显）世界，同客观世界具有一种对应关系，即"主观"对于"客观"的反映关系。我们研究鲁迅的艺术世界，首先"从外向内"地来进行。

（一）外在（外显）世界的两个方面

鲁迅艺术世界的外在（外显）世界，包含两个方面：一是"鲁迅艺术世界"与外在"世界"的关系；二是"鲁迅艺术世界"通过"作品"以"文本"形态、"诗"形态的表现与显露。

第一个方面，研究的主体是：（1）外在世界——"文化球体"在各个时代、时期是怎样的——这里包含比较文学研究范畴中的"时代、时期、运动"；这个"世界"的社会、思想、文化状态，以及语言的变迁轨迹与状态；这个"世界"的文学、艺术气质与状态。（2）这个"世界"的上述一切对鲁迅的影响：影响力、功能、性质、作用方式。

（3）鲁迅对于这个外在"世界的一切"的解读、接受、改造与反应：鲁迅接受的"前知识结构"，他的"期待视野"与"接受屏幕"。（4）这个"外在世界"被鲁迅内化之后所形成的、鲁迅的艺术思维的内在结构。（5）这一切所形成的鲁迅的艺术思维和创作心理的性质、状态、特征等。

这里的两个方面、五个项目的研究，是一个非常广阔丰富的天地。五项中每一项都是一片天地、一片广阔丰富的研究领域；而且，五项之间各自的双向、多相多义的关系，以及总体的、综合的关系和状态，都可以单独开辟一片广阔的研究天地。

然而，在鲁迅学中，对于这五个项目的研究，前两项较多，而（3）（4）（5）三项则不够。即使（1）（2）两项的研究，也仍然有局限性。对于"世界"的社会、政治层面的状况申说较多，而对"时代、时期、代、运动"的内涵状况，特别是艺术气质、艺术内涵等的研究与申说却都很不够。在后三项研究中，更多地限于"对鲁迅的影响"这一层面的论述，而其他方面的研究则很不够，甚至触及不多。这种缺憾的产生，是由于思想上的禁锢、学术眼界和研究意识上的拘泥等所造成的。不过，这种状况，在20世纪80年代以来的鲁迅学发展中已经有了很大的改变。这里所提及的研究领域中，取得的成果同样很显著，远远超过以前几十年的收获。特别是（1）（2）两项的研究，变化突出。但是，在总体上，情况还没有根本转变。这是鲁迅学在今后的发展中需要大力加强的。

"鲁迅艺术世界的'外在世界'"研究的另一个方面，更是一个广阔丰富而又深邃多义的领域。这里虽然要研究鲁迅的"作品""诗""文本"，但还不是真正意义上的"作品研究"，因为在这里，对待"作品"的视角还不是全方位的，而是考察、探究、解读鲁迅的艺术世界是如何通过"作品""诗""文本"来显示的，即在"'外在世界'→'鲁迅艺术世界'"这两相构造格局中，从二者双向的和对应的关系这一角度来进行研究的。也就是说，在这一范畴的研究中，"艺术世界"的探求，一刻也离不开外在世界，一刻也不忘记两者的对应关系。

比如，鲁迅小说，无疑是中国现实，以至鲁迅所描述的"事件""事实""事物"所发生和产生的那个时代的中国、世界的现实的反映。因此，他的小说的立意内涵、人物、叙述方式、语言，总之整个文本都是与这个现实有着广泛、深刻、细致的对应关系的。阿Q、华老栓、孔乙己、祥林嫂、闰土，以及魏连殳、陈士成等人物的思想、性格、典型性，都是同这种"外在世界"具有一种对应关系的。而这种整体的艺术素质，鲁迅所创造的艺术世界的性质与面貌，他的艺术技巧的运用，等等，也都是与这个外部世界具有对应关系的。对应之外，便是它们是如何表现出来的？手段和形态如何？

鲁迅学史上的这方面的研究，一开始就提到了两个方面的与"外在世界"的对应关系：（1）辛亥革命；（2）中国国民性。即"鲁迅艺术世界是一面镜子，反映了外部世界的这两个内容"。这是事实，符合鲁迅文本的实际。以后则逐渐发展为：是"中国近代、现代民主主义革命的镜子"，是"中国国民性落后面的反映"，但最终基本上纳入前一方面并使之与民主主义革命政治理论"叠合"。这样，就局限了鲁迅艺术世界的探索："外部世界"被狭隘化了，鲁迅的内部世界和他的艺术世界，以及对它所作的"反映"、诠释，也都狭隘化了；而且，作家鲁迅的特征与创造、文学文本的艺术世界的丰富性、独特性、创造性，也都被消解在政治性的解读之中。当然，对于鲁迅艺术世界的表现，也有不少论说，但主要仍然是证实它如何正确、准确、有力、生动地表达了那个政治——政治理论性的主题。一个广阔深邃、丰厚独特的艺术世界，被主观的原因（"前知识结构"）所局限了。

新时期的鲁迅研究，作出了新的诠释，认为鲁迅的创作方法是现实主义的，但超越了传统现实主义。他的创作实践，他的作品，"营造"了一个开放现实主义、多元现实主义，是心理现实主义，是与浪漫主义结合、具有浪漫主义精神的现实主义，并且，他广泛运用象征手法，是与象征主义结合的现实主义。他首先使用意识流手法。他与世界现代主义流派相一致、相呼应，是与陀思妥耶夫斯基、波特莱尔、卡夫卡、乔伊斯、加谬等人的艺术思想、艺术世界相通的，是中国现代作家第一人。

鲁迅学史上，这种对于鲁迅的解读、诠释的发展、变迁与前进，既反映了对鲁迅的认识史—接受史，又反映了中国近一个世纪以来的"文化球体"、文化语境的巨大深刻的变化。中国在这一历史时期的精神现象史，在鲁迅学中得到具体深刻的、比较典型的反映与反应。

不过，这种"定位""归类""认定""肯定"的研究与结论，大体上还都只是一种总体的认识判断和评价，在方法与论证上是一种"证明研究"；真正意义上的研究、解析、探察，"究其艺术实际"，探测其"使用何种艺术手段完成其表现目的"等的研究，还是不够的。而事实上，一个作家，特别是一个具有独创性的伟大作家，尤其是像鲁迅这样的既具有民族特点、又具有个人独特性的伟大作家，更是难以也不宜用一种既定模式去框定。"证明"了他属于哪一"流"、哪一"派"，并不等于（也不可能）揭示了他的特质、成就与贡献。真正的研究是论证、解析、诠释他如何具有了什么、创造了什么、增加了什么、贡献了什么。今后，在这方面，鲁迅学所可做的工作是很多很多的。

鲁迅的杂文艺术世界，与"外在世界"的对应和透过杂文作品的反映，更具有特殊性。

这是一个特殊的艺术世界，是鲁迅创造的一个艺术形态——艺术世界，是以前的世界文学宝库中没有的形态。"外部世界"给予作家的，养育了和限制了、阻碍了和成全了他的方面，是很多的。他如何接受、运用、反映了这种"外部世界"，又如何创造了"杂文"这个特殊的艺术世界，如何以"杂文"这个艺术形态来表现"外在世界"和反作用于"外在世界"，等等，都是鲁迅学要完成的研究任务。不过，认识总有一个发展过程，解读与接受又总是受到"现实的需求"和"前知识结构"的导引与限制，所以发展起来的，长时期形成的既定解读、诠释框架，仍然是同"鲁迅小说解读"一样的"'展开'／'限制'"：从时代的、社会的、革命的视角来论证确定杂文的艺术世界。"反映着'五四'以来中国思想斗争的历史。""急遽的剧烈的社会斗争，使作家不能够从容地把他的思想和情感熔铸到创作里去，表现在具体的形象和典型里；同时，残酷的强暴与压力，又不容许作家的言论采取通常的形式。""鲁迅的杂感其实是一种'社会论文'——战斗的'阜利通'（feuilleton）。"[①]这种论断与评价不仅正确，而且在当时对鲁迅杂文贬之、攻击之、否定之大有人在的情况下，更是一种捍卫和有意义的肯定。但是，在这里，"外部世界"与"鲁迅艺术世界"的"对应"仍然主要是，也不能不是（受当时的需要和历史条件的"规定"）社会、革命、政治性的，艺术、

---

① 何凝（瞿秋白）.《鲁迅杂感选集》·序言［M］// 鲁迅. 鲁迅杂感选集. 上海：青光书局，1933.

审美的方面则是辅助的以至是"附庸"的。有的研究者在这"不足"方面有所补充，有所发展。例如这种论证："就鲁迅自己而论，杂感是他在文字技巧上最显本领的所在，同时是他在思想情绪上最表现着那真实的面目的所在。"①它表现了从"鲁迅的艺术世界"视角的，对它"与'外在世界'对应关系"之表现形态与独创性的研究与论证；并且，提炼了"从容"以及"雍雅、清晰而深沉""凝炼紧凑""疏落雍容"等美学特质和艺术评价②。然而，作者同时在另一方面表现了他的"错识"与"偏见"，认为鲁迅"没有甚深的哲学思索""多是切近的表面的攻击"。长于彼而短于斯，注意和肯定这一面，却又忽视和否定另一面。这不仅是一种认知的偏差，而且反映了中国的现代精神现象：主流文化与非主流文化各自向自己的"偏识"方向发展。20世纪40年代初以后，出现了两面并重与结合的评论。在充分肯定了鲁迅杂文社会、思想价值的同时，又充分肯定了它的艺术世界，以及这个"世界"如何与"外在世界对应"，发挥其艺术、审美功能。首先，肯定鲁迅杂文不是如一般报刊短论时评那样，"只停止于社会现象的一般批评"，而是做到了"社会现象之本质的把握和发掘"。继而，把鲁迅杂文纳入中国文学史中传统散文的脉络，指出，鲁迅吸取了"正统文学中那种现实性、感应性、形象性的手法"。把鲁迅艺术世界与外在世界的对应纳入了社会层面之外的文化、文学层面，并提炼了鲁迅风格的"六字概述"——"朴茂、苍老、深厚"，特别是还指出："它是思想性与形象性的最高结合。"③以后，又有了进一步的发展，指出了逻辑思维和形象思维在鲁迅杂文创作过程中"相互渗透、相互作用、相互发生地结合起来"④。这些，在总体上，触及了"鲁迅的艺术世界（杂文部分）"如何与"外在世界"对应，并以独特的"文本""诗性"表现出来。不过，由于前面几次提到的社会、政治状况以及由此决定的文化语境与学术、文化环境的限制，这方面的认知与研究始终未能得到理想的发展——不是研究者的才能与认识能力的限制，而是"时代"限制了人。

　　"文本"研究，就是对从鲁迅作品中抽出来的文本进行研究，探寻

---

①　李长之. 鲁迅批判［M］. 北京：北新书局，1936.

②　同②.

③　巴人. 论鲁迅的杂文［M］. 上海：远东书店，1940.

④　唐弢. 鲁迅的美学思想［M］. 北京：人民文学出版社，1984：163.

它与外在世界的对应关系，以及它的内部艺术世界如何反映外部世界与自身的艺术构造。这种研究，在鲁迅学史的以前几十年中是缺乏的，甚至是缺乏这种研究观念，以至与之抵触，至多是研究它外在地与"外部世界"的"现实→反映"的对应关系；至于文本解读和艺术世界自身的素质、构造、审美特征的研究，以及这些如何来完成了它的"表现""任务"，等等，这样的研究是十分缺乏的。直到新时期，这种文本解读、诠释才发达起来，尤其是对《野草》和《故事新编》中的篇章，对于小说的研究，一些文本分析也逐渐多了起来。这是鲁迅学的一个发展。

关于鲁迅艺术世界的诗性——哲学性诗性与诗性的哲学——这种研究，在鲁迅学的理论构造中更是弱项。只是在新时期鲁迅学的发展中，这种研究才开始多起来。不过，真正的诗性分析解读，还不是很到位。这种研究需要在文学文本和其艺术世界的抽象的层面，进行提炼和升华，而且需要运用多种艺术理论来进行分析；但是，当对文学文本的分析基本上仍然胶着于社会、历史分析和单纯社会、政治价值判断时，当艺术分析仍然处于次要的、附庸的和"服务"的地位时，真正的哲学诗性与诗性哲学的分析，是不可能进行的——甚至会遭到批判，认为是误读和歪曲。

（二）对鲁迅艺术世界"接受世界"的研究

接受世界是作家艺术世界得以实现的外在决定力量。作家在创作时，事实上就在心中受到接受世界的潜在力量的影响；"潜在的读者"以受众的力量和"作家对受众需要的理解——接受"所形成的"自我'读者'"即"潜隐读者"的力量，给予了决定性的影响，使他形成"写什么"和"怎么写"的创作意图和叙述策略。而后，当作品问世、被正式接受时，接受者的"先在知识结构"、"期待视野"和"接受屏幕"又都施行它们的决定性的影响，在"读者的工作"（罗兰·巴尔特）之中和之后，把作家文学文本中的"未定点""空白"予以确定和填补，把文本的"含义""制造、提升、创造"成"意义"，使作品得以最后完成，成为一个真正的文学文本的成品。英伽顿关于艺术作品有如一部交响乐需要指挥和乐队来实现的比喻，对于文学作品的被接受过程是很适用的。

鲁迅的文学文本——艺术世界，也是循着这种接受规律，在不断更新变迁的接受世界的"接受""创造"下"完成"的，也是在这个世界的影响下，完成"含义"到"意义"的过程，实现自己的艺术追求、艺术理想和艺术功能。

因此，对接受世界的研究，具有不可或缺的、决定性的意义。然而，过去的这项研究，可以说完全没有自觉地展开。在几十年的鲁迅学成果中几乎没有从接受角度，以接受学观念、观点来解读鲁迅的文字。这不能不说是一种遗憾。但是，在实际上、在实践上，我们所有的接受者，都是循着接受学的理论原则（当然，本质上是不自觉地"执行"潜在"接受规律"），对鲁迅文本进行解读和接受的。我们用接受实践，来"完成"了鲁迅文本的"意义"，构建了"鲁迅意义世界""鲁迅艺术世界"的阐释体系。这就是鲁迅学几十年来所累积的成果。

现在，鲁迅学的任务，就是研究、解读、诠释这个"阐释体系"。我们要以阐释学、接受美学的理论，来剖析几十年来中国、世界的"时期、时代、代、运动"的内涵、发展状况、时代特征、运行规律、对公众"阅读行为"与"期待视野"的决定性影响；要研究、剖析与解读这个时期"文化球体"，包含中国与世界的时代精神、气质，文化总体状况，文学艺术的发展变迁、思潮流派，以及它们对公众的影响，等等。特别要研究、剖析、解读的是，中国的几代"鲁迅接受者"，如何接受了这个客观世界的决定性影响，又如何执行着自己的接受使命，来解读鲁迅文本，创造性地使它的"含义"产生"意义"。最后，我们还要评析这个"体系"的优劣得失，总结历史的经验，反思学术、文化的发展轨迹，以建设现实的鲁迅学，并开辟今后鲁迅学的发展道路。在这方面，鲁迅学也显示了它的意义与价值：它不仅关涉鲁迅个人、鲁迅文本，而且由鲁迅而涉及中国社会、历史、时代、文化，以及同时代的世界文学、文化。

（三）鲁迅艺术世界的语言、文化研究

鲁迅是语言大师。鲁迅文本是语言的范本。鲁迅的思想世界、鲁迅的艺术世界，皆生存于语言家园中；同时，语言这种"囚笼""樊篱"，也"束缚"了鲁迅的表达。然而，鲁迅的语言并不是孤立自生、独立自存的。它渊源于、产生于中国和世界的语言大渊之中。在19世纪后半叶和20世纪的前30多年，中国和世界的语言大势都发生了巨大深邃的

变化，社会的变迁、时代的演变、文化的发展、人们心态和心理世界的遽变，如此等等，都反映和作用于语言世界。这个世界又作用于鲁迅对语言的理解、掌握、运用和创造。这样一个系列："时代→社会→文化的发展变迁→语言的变迁→鲁迅的语言世界→鲁迅的文学创作（语言世界的反映）"，便是我们研究鲁迅艺术世界的一个重要的、具有决定意义的领域。

海德格尔说："词语……作为大地与天空，黄泉之深与碧落之高的对峙的场所，规定了大地和天空为世界的领域。""语言作为四域世界的'说'不再只是那种我们说话者在人与语言的关系意义上与之具有关系的那种东西。语言作为推动世界的说是一切关系的关系，它关联、保持、给予、丰富着世界领域之间的相反与相成并通过它自己的说保持自身同时也保持和维护世界各领域。"①这里，在抽象的层面上哲学式地论说了语言与世界的各个方面的最广泛的联系、关系。这种哲学意蕴上的"联系、关系"，我们可以填充以社会、时代、经济、政治、文化等多方面的事实、事件、人事、运动、斗争、发展等——那是极为广泛、丰富、庞杂、繁多的。它们都在语言的层面上浮现出来，又生存于语言家园之中，还深藏于语言"囚笼"之中。通过研究，"破译、解读、演绎"这些事实，并且把这些事实同鲁迅的生活，同鲁迅的语言实践、鲁迅的"言说、言语"，同鲁迅的语言创造和语言所创造的艺术世界联系起来，从而研究鲁迅的艺术世界。这是鲁迅学的一片广阔的学术、文化处女地，值得我们去开垦。那成果将不只是有益于鲁迅学，而且因为鲁迅而及于中国现代文学、现代文化的发展、创造与建设。

文化、中国文化、世界文化，它们的现实与历史，这是鲁迅艺术世界的重要的根源。没有文学、文化传统，就没有现实的文学创作与文化创造。鲁迅——源于中外传统文化和文化现实，这是一个巨大的命题，也是一个巨大的研究课题：童年、少年时代的中国传统文化，它的主流，特别是边缘——民间文化，吴越区域文化，台门周氏家族与家庭文化；在南京求学时所学习接受的中国近代文化、西方科学文化、近代文化；在日本留学时期，通过日本"桥"所接受的西方文化和在日本"桥"上所学的"日本化了的西方文化"与"'脱亚入欧'之后的日本文

---

① 比梅尔. 海德格尔 [M]. 刘鑫，刘英，译. 北京：商务印书馆，1996：149.

化"；辛亥革命前后，五四运动前后的中国与世界文化、"西风东渐"及两者之间的接触融合和撞击，如此等等。这是非常广泛复杂繁多的文化事实与文化现实，它们包围鲁迅、"侵入"鲁迅、装备鲁迅也制约鲁迅；鲁迅又如何接触学习吸取这些，接受、解读（含误读，甚至"有意误读"）以及改造这些，并使之内化为自己的文化心理现实，成为自己的内在世界。这样双向、双相的动态过程，其发展演变的机制、轨迹、效应，以及它们如何影响了、决定了、投影于鲁迅的艺术世界。所有这些，构成了鲁迅艺术世界的外在世界研究的极广阔深刻的研究领域。鲁迅学中，在这一学术板块中的成果不少，但方面却不够广泛，所涉也不够深刻，研究意识、视野也不够宽广，研究观念比较陈旧，许多可以和应该研究、必须研究的区域尚未进入视野，更未涉足研究。鲁迅学的发展与建设，期待这方面的发展，而且是很迫切的。

（四）鲁迅艺术世界"生产方式"的研究

社会的物质生产方式，影响和决定着精神产品的生产方式。而战斗的、杰出的、入世的、关心国家民族生存命运并以献身于它为职志的作家，其生产方式，更是深深地受到物质生产、物质世界，国家民族命运的、决定性的影响。鲁迅是为了唤醒民众以救国拯民而弃医从文的，是为了"呐喊"助阵以响应"五四"主将们的"将令"而从事文学创作的。他的小说创作一直是"为人生"的；他的杂文的产生和发展，完全取决于中国现代社会斗争的现实，取决于中国的命运，是中国社会和中国人的灵魂的镜子；他的杰作——散文诗《野草》——的产生，是中国社会、时代、时期在20世纪20年代中期的典型的、集中的、最富有特点和最具有艺术质地与成就的反映与反应，也是一位现代作家、现代灵魂受难的独白。所有这些，都反映了鲁迅所有的文学文本的特殊的生产方式。

鲁迅艺术世界的生产方式研究，主要有两个方面：（1）鲁迅艺术世界产生的物质与精神的条件；（2）鲁迅对于这些客观条件所作出的"反应"——写什么和如何写。第一项是基础，它决定文学、艺术、文化生产的内涵，"产品"品种的种类、性质和范型。"五四"的社会状况和思想、文化革命，20世纪20—30年代的社会发展条件和总体状况——资本主义经济的一定的发展、某些大城市的现代性的增长、广大农村的破产和落后，民族危机日亟、共产党领导的人民革命斗争的展开，以及文学革命的发展和革命文学的发展，整个文化的现代性的增长，等等，就是鲁迅的作品即精神产品生产的社会、历史、时代条件。这些条件是鲁迅作品的内涵、品种、性质和范型的基础。比如，中国现代社会的矛盾和斗争广泛化、复杂化、尖锐化，现代城市的产生和现代报业、印刷业的发展，以至现代城市小资产阶级和学生阶层的产生，等等，便是鲁迅杂文这一文学产品生产的基础。第二项，是作家对这种生产条件所作出的主观反映。这是个体性的、个性化的，富有个人创造性的。这里包含作家对客观现实的认识、选择、反映与反应。鲁迅正是如此。同样以杂文为例。具有上述客观生产条件，而只有鲁迅作出了他那样的选择，进行了那样的创造，才产生了鲁迅那样的杂文。

从生产方式的角度、层面和理论界域来研究鲁迅的艺术世界，能够更好地从外部世界，从"外在世界→内在世界"的视角来剖析和解读鲁迅文学文本的产生机制，社会、历史背景，文化语境和它的艺术气质、审美特征，以及这个艺术世界里的一切素质特征、奥秘和范型。

（五）鲁迅艺术世界"内在世界"的研究

这里，是把鲁迅的艺术世界拿来与它的外在世界相对应地进行研究，牵涉到外在世界如何作用、影响鲁迅，鲁迅如何接受外在世界，如何将其改造、内化、构筑自己的内在世界。"外在世界（接受——改造——内化）→鲁迅内在艺术世界"是研究的主体链条；"联系—关系—对流—互动—内化（→外显）"是逻辑发展系列。

在研究了以上诸端外在世界的状况及其作用机制之后，研究工作便自然地进入内化——内在世界。首先是它们如何普遍地，又个性化地，侵袭、侵蚀、装备、改造鲁迅；其次是鲁迅在何时何种条件下以及如何地接触、接近、接受这个"外来的袭击与装备"，他的内心的认识、理解、反映与反应，他在"文本"→"内心"的过程中，被动或主动地改造对象，特别是以自己特殊的文化、心理结构，特殊的心理汁液，再"酶化"对象，以特殊的创作心理（它一直在形成、发展、建构、重构的过程中）去捕捉、"俘虏"、改造对象。在这样的不断进行并发展的"视界融合"过程中，鲁迅的内在世界——内在艺术世界，便逐步形成、建立、发展起来，并建构了自己具有特色的创作心理。在这个过程中，第一项是外在世界，特别是它的文化、文学、艺术方面；第三项是鲁迅既有的内在世界，他的"先在知识结构"和"期待视野""接受屏幕"；中间项则是"过程""读者的工作"，鲁迅如何理解、解读（含有意的误读）、接受、改造、酶化对象，然后选择、过滤、吸取、扬弃、改造，达到"视界融合"，最后便是内在世界的变化与重构。这样三项，都是极广泛丰富的研究领域，不仅要作三项孤立的研究，而且要作综合的研究，特别是两者"关系"的研究更为重要。

（六）鲁迅艺术世界"外显世界"的研究

这当然不是鲁迅世界的外显世界的"全景式研究"，而是只在与外在世界的对应关系中的研究，亦即在研究中所探究的只限于"外在世界 → 艺术的外显"这种"联系—关系"的研究。即使如此，这也是一个非常广阔的研究领域。这里所说的"外在世界"包括前面几节中所有涉及的方面，当然，尤其是它们的文化的、文学的、艺术的方面，这包含古今、中外、东西等多个方面及它们的综合，自然又包含它们"进入""内化"于鲁迅的内在世界时的"各自"与"综合"，然后才是这一切的"外射""折射""辐射"等各种方式、形态的外显——在外显世界，即在鲁迅文学、文化文本中的显现。

这在与中国传统文化的对应关系方面，常常是影响、传承、接续、发展、改造等各种内涵与形态的追索探究，也就是渊源研究。比如，关于鲁迅对古典小说的研究与继承，《古小说钩沉》《唐宋传奇集》《小说旧闻钞》的编纂和《中国小说史略》的研究、讲授与撰写，其他方面对于中国传统小说的研究，以及这一切与鲁迅之创作小说，与《呐喊》《彷徨》《故事新编》的创作，两者之间的思想、审美素质、艺术气质与意境、叙事方式、语言、结构等方面的继承传袭与突破创新。关于鲁迅杂文与先秦诸子、中国传统散文、佛经等的思想、艺术、文学渊源等。不过，渊源研究并不是终点，而是起点。接着需要真正探究的是鲁迅的文学文本中，在哪些方面，以何种方式、何种形态，或隐或显地表现出这种"渊源"，并且形成了怎样的一种具有深厚中国传统的，然而是"鲁迅式"的艺术气质、审美特性，创造了怎样一种艺术世界。其中，特别是鲁迅在哪些方面抵制、反抗、"背叛"了传统。

在鲁迅与外国文学、文化，与外国艺术思潮流派的对应关系及其外显世界的研究方面，所探究的则是"外国文学、艺术、文化→鲁迅文学文本的外显世界"这样一个研究路径。关于小说，鲁迅的作品、艺术形式，尤其是思想、人物，除了现实生活的基础和艺术文化方面的传统之外，有相当的成分来自外国近代小说，尤其是俄国和东欧被压迫民族的文学作品。《呐喊》《彷徨》中的小说，《野草》的整体和一些重要篇章，都能发掘出外国文学、文化的渊源。但重要的不仅在于这种比较文学中的影响研究，更重要的是鲁迅如何创造性地吸取、改造了它们，并加以创造性地运用，从而创造了新的形态、新的气质、新的审美价值。当然，还要进一步探究和论证，鲁迅如何在他的文学作品中显示出这一切。

这一课题的研究，其意义与价值，同样不止于鲁迅个人和鲁迅学。由于鲁迅在中国现代社会和中国现代文化中的地位，作为一位杰出的代表人物，他与中国传统文化和外国文学、文化的关系，其继承和发扬、创造的业绩和经验，也就是中国现代文学、现代文化在这方面的业绩与经验的重要的、宝贵的部分。在这里，也同样显示了鲁迅学的"越过"鲁迅的意义与价值。

四、鲁迅艺术思维与创作心理

正如前节所述，鲁迅的外在世界的一切和内在世界的一切，以及这两个"一切"的以鲁迅的独特方式的"结合"，形成了鲁迅独特的艺术思维与创作心理。这是鲁迅艺术世界产生的总根源。当然，这是直接的根源、切近的根源，而这个根源又是源于前述"外在""内在"世界的。只有进入这个内在的、内心的、心理的世界，才算真正进入了鲁迅的艺术世界。这个"鲁迅心理世界"，是一个广博丰富、奇异诡谲、风光旖旎的世界，万千艺术瑰宝出自其中。因此，这是一个广阔丰富而深邃的研究领域。这种研究，在鲁迅学中具有十分重要的、关键性的意义。因为，正是这种心理、心灵、内在、思维特征的研究，才能更深入鲁迅的心理，更准确地解读、诠释鲁迅文本。

艺术思维与创作心理是紧密相联的。它们联体而存，互相区别又互相关联。艺术思维作为人的思维的一种形式，而与整个思维方式共存，与其他思维方式一起，共同为人的思维活动服务。而作为创作心理的内容之一，它又是创作心理的核心和基础。在形象思维的基础上，创作心理的其他因素与之共同活动，共同起作用，来支撑和决定作家、艺术家的文学、艺术创造。

人类拥有两种思维方式：抽象思维（逻辑思维）和形象思维（直觉思维）。按钱学森先生的划分，还有一种思维方式：灵感思维。[①]不过，在性质上，它与形象思维（直觉思维）属同一类型，只是把它单独分出，强调它的灵感的思维方式，更有利于认识它的特性，了解它的巨大作用。特别是研究作家、艺术家的创作时，更是如此。列维·布留尔在《原始思维》中，把思维分为"原始思维——原逻辑思维"和"逻辑思维"两种。列维·斯特劳斯在《野性的思维》中，则把思维分为未开化人的"具体性"与"整体性"思维和开化人的抽象性思维；也提出"巫术"与"科学"两种思维。但是，他们在其学术名著中都指出，这两种思维既不是"关山阻隔"、互不相通，也不是高下优劣、质量有异；不同的只是思维的性质与方式；而两者倒是互补的，人类不能脱离任何一种思维方式。列维·布留尔指出："在人类中间，不存在为铜墙铁壁所隔开的两种思维形式——一种是原逻辑的思维，另一种是逻辑思维。但是，在同一社会中，常常（也可能是始终）在同一意识中存在着不同的思维结构。"[②]列维·斯特劳斯则指出两种思维并没有"原始"与"现代"、"初级"与"高级"之分，它们不仅是互相平行发展的，而且彼此渗透和补充，分别与人类的艺术活动和科学活动相符合。他说："两种不同的科学思维方式"，"不是所谓人类心智发展的不同阶段的作用，而是对自然进行科学探究的两种策略平面的作用：其中一个大致对应着知觉和想象的平面，另一个则是离开知觉和想象的平面"。"这两条途径中的一条紧邻着感性直观，另一条则远离着感性直观。"[③]

据此，我们可以总括为几点：（1）人类的思维方式基本上有两种，即抽象（逻辑）思维和形象（直觉）思维，或者，细分之，第一种思维方式中再分出灵感思维来；（2）一种思维运用直觉形象、灵感；一种思维运用抽象、逻辑、理论；（3）两种思维自人类思维产生开始，就是平行发展的；（4）两种思维在人的思维实践中是互相沟通、彼此渗透的；

---

① 钱学森. 科学的艺术与艺术的科学 [M]. 北京：人民文学出版社，1994：23-28.

② 列维·布留尔. 原始思维 [M]. 丁由，译. 北京：商务印书馆，1985：3.

③ 列维·斯特劳斯. 野性的思维 [M]. 李幼蒸，译. 北京：商务印书馆，1987：20-21.

（5）两种思维没有优劣高下之分，而是各司其职，各有功能与功用。

鲁迅思维方式的结构，是抽象（逻辑）思维、形象（直觉）思维和灵感思维三种思维方式的结合，而且三种思维能力都很高，但他的思维的基本属性是形象（直觉）思维—灵感思维。他具有艺术家的秉性。正因为三种思维方式既平行发展，又互相沟通、彼此渗透，所以，鲁迅的逻辑思维能力和形象思维能力，在他思维能力正在发展的幼年、少年时期，就平行地发展着；而同时，又互相影响、渗透。在以后接受现实、社会和教育、书籍的培育过程中，这两种思维方式又不断得到发展和加强。

鲁迅经历了自己独特的、与别的任何作家不同的"心路历程"。在这个历程中，他实现了作为作家的"三个觉醒"，即人生觉醒、艺术觉醒和性觉醒。他的家族与家庭的败落，他作为长子长孙在这个败落中所受的人生打击与心灵戕害以及他自己感受的沉重、痛苦，都是超常的，甚至连他的仅年少几岁的弟弟们，都不能与之相比。这种家庭、个人的不幸遭际，同国家民族的衰落同步发展，不能不使"大宇宙"与"小宇宙"，社会、国家、民族与家族、家庭、个人，双方面的感受与感应都强化了，并且彼此推进、强化、深化。即使在以后，在国内南京和日本东京的观察、体验与感受，也没有脱离这个"少年—青年"情结，只是更扩大、更加重、更深化了，而且更向社会、国家、民族，人民、人类的大范围、大方向、大主题发展了。

不幸的童年起到了最好的"作家训练"的作用。童年的经历，深深地影响了作家的人生觉醒和艺术觉醒："规定"了他们的发展方向、性质与特征。而且，童年和早期生活经验，是作家今后心理、人格"成型"与创作类型的基础。鲁迅的家庭"从小康坠入困顿"的不幸经历和他自己的独特感受，形成了他的种种创作心理和艺术思维的特征，决定了他的艺术世界的状貌。

形象记忆和情绪记忆，是作家记忆家族中对于创作具有重要意义的记忆类型。鲁迅的不幸的家世给他留下了许许多多这样的记忆。败落家族、衰敝家庭，多的是苦难、病痛、灾祸、不正常的死亡，破落户子弟的可悲的命运和穷愁潦倒的故事，以及可笑可鄙可怜的种种人事。这一切，在周作人的《鲁迅的故家》，周建人的《鲁迅故家的败落》和观鱼的《回忆鲁迅房族和社会环境35年间（1902—1936）的演变》中，有详细的描述。他们记述的种种人事，在鲁迅的记忆中，当会更鲜明、突出、沉重，刻痕深、创痛重、反应强。他对于绍兴农村与农民凄惨生活的记忆，也是如此。他对于绍兴古城旧乡的落后、封闭、沉滞，也是刺痛→感应→创痛深沉。人们在沉沦命运中的痛苦呻吟与哀叹，对于脱离苦难的希望与企盼，内心深处的抗击与复仇心愿的萌芽，以及其内在强烈、外在表现微弱，遇挫无告而至扭曲的种种表现，也都侵入他的视野，沉入他的心田，震撼他的心灵。苦痛、呻吟、抗争、复仇，也就成为他的"记忆家族"成员和心理情结。

这样，在他的艺术思维和创作心理的构成中，败落、沉沦、无望恋情、无告苦痛、死亡、丧葬等就成为形象记忆与情绪记忆的主要"事象"，成为他的创作心理中主要的情节与情结。由此而幻化出的象征、意象与原型，也都与此有关。这一切，也酿成和构筑了他的悲剧心理和悲剧意识，以及"悲为美"的美学心理结构。

他少年时代的寂寞孤独，也使他耽于冥想、喜好独处，寄情书画与自然，并乐在其中，用想象的驰骋填补生活的空虚，抚平心灵的抑郁，而由此也就诱发、培育了他的直觉力和想象力。当然，这个时候，文学艺术（包括图画书、小说以及民间艺术等）也成为最佳的养料，培植了他的直觉力与想象力。

以后，高层次的教育经历和他的广博的阅读，又使他的艺术思维和创作心理为中外文化所浸润装备，从而高度发展起来。

他的这种艺术思维与创作心理的基本素质与特征，同他以后所形成的救国救民的崇高理想和志愿结合起来，同他对祖国与人民的出路的不断探索结合起来，就成为他创作时选材视角、人物典型创造、叙事方式确定等的圭臬。这些决定了他为什么写、写什么和怎么写。他写乡村，写农民和潦倒的知识分子，写痛苦、不幸、死亡、丧葬、沉沦，写微末的希望、软弱的抗击、激愤的反抗。他内心里活动的是这样的人和事、感情和理性，而这一切都奔向"唤醒民众，改造国民性"的总目标。

在鲁迅学中，这方面的成果还不是很多的。只是20世纪80年代以后，才陆续出现了一些研究论著。今后鲁迅学的发展，在这一领域是大有可为的。

五、鲁迅艺术世界特征研究

这里是指鲁迅艺术世界的总体特征研究。每一位作家都有其特有特创的艺术世界，并且这个属于他自己的世界具有独特的个性。鲁迅的艺术世界尤其如此。由于上述种种原因，他的艺术世界具有高思想质量、高艺术素质、高文化含量所包容的高度独特性。

（一）特征

丹纳在他的名著《艺术哲学》中，专辟一章论述艺术的特征。他认为，特征是本质性的、稳定的、不易被侵袭改变的"质"。它"更能抵抗一切内在与外来因素的袭击，而不至于解体或变质"。因此，"最稳定的特征……是最基本、最普遍，与本体关系最密切的特征。""一部书的精彩的程度取决于它所表现的特征的重要程度，就是说取决于那个特征的稳固的程度与接近本质的程度。……文学作品的力量与寿命就是精神地层的力量与寿命。""因此特征的价值与艺术品的价值完全一致，艺术品表现了特征，就具备特征在现实事物中的价值。特征本身价值的大小决定作品价值的大小。特征经过作家或艺术家的头脑，从现实世界过渡到理想世界。"①

丹纳的这番论述，强调了文学艺术作品特征的决定性意义，而文学艺术作品反映客观世界的特征时，便自然地决定了自身的特征。这是因为，艺术品只有达到了"主体—客体/主观—客观，外在世界—内在世界"的统一时才是美的。对客观世界特征的成功反映，就形成了文学艺术作品自身的特征。这样，一部文学作品就具有两种相区别又相联系的外在和内在的特征。当然，内在的艺术作品自身特征的形成，除了来自客观世界的特征的根基和源泉之外，还有作家、艺术家自己营造的艺术特征。鲁迅学对于鲁迅艺术世界的特征的研究，就是关涉这样两种特征的研究，并以其自身的艺术特征为重点。

---

① 丹纳. 艺术哲学 [M]. 傅雷，译. 北京：人民文学出版社，1963：358，373.

（二）鲁迅艺术世界总体特征的形成与构架

鲁迅文学文本的特征是最为突出、特别、鲜明、具有个性色彩而不与任何人雷同的。它是传统的、中国的艺术精神、审美特性的继承和发展，但又是现代的，具有同世界文学潮流、艺术精神沟通与一致的气质。他的作品特征，既不同于任何中国现代作家，也不同于任何外国作家。他的杂文文本，更是他的独创，为古今中外所未有。杂文文本的特征是他的个人性、独创性的集中表现，完全是他的创造。连文体也是他的创造。他的散文诗文本《野草》，也是他的独创。其艺术特征，也是独特的、鲜明的、突出的，从未有过的。所有这些文学文本的综合整体，汇聚成鲁迅艺术世界的总体特征。简练、冷峻、泼辣、深沉、悠远、象征。这些特征，凝聚了中国现代精神气质、时代特征、社会状貌，又潜隐着鲁迅自身对这一切的内化、反映与反应，还有他广博深厚的艺术蕴藏与修养的作用。

他的文学文本——艺术世界——的特征，首先是中国社会现状的反映。穷困、落后、饥饿、流离、挣扎、死亡、专制、高压、反抗、斗争、挫折、牺牲，更英勇也更残酷的斗争，更残酷也更严密的镇压……这一切都被爱国爱民的鲁迅内化于心，化为己意，并且与众多的人事，情绪化、情感化、形象化地，化为自己的思想、情感、心愿、意志，成为他的艺术特征的外部世界的根源。

鲁迅的心，对于这一切的反映，特别是反应，即"鲁迅式反映、反应"，必欲抗争、反击、斗争，为民族生存、为人民解放而斗争，为改造国民性而努力，高高举起"社会批评"与"文明批评"两面旗帜，"横眉冷对千夫指，俯首甘为孺子牛"。这成为他艺术气质的内心根源。当然，这一切要以艺术的心性和艺术的气质呈现。它的根源，则是他得之于中国优秀传统文化，得之于中国民间艺术，以及得之于外国思想、文化、文学、艺术的广泛厚博深邃的艺术营养。

当然，这些还只是渊源。有其源，未必就会有其流。这里需要个人的创造，需要独创性，需要艺术才能的发挥。这则是"纯粹"属于个人性的了。思想家与艺术家的统一，形象性与逻辑性的统一，情感性与理性的统一，形象思维与理论思维的统一，这是鲁迅艺术特征的基本性质。作家、艺术家中，具有这种特质者当然不乏其人，尤其杰出的作家、艺术家都是如此。鲁迅的突出和独特之处在于他的这一切都契合无间，达到了完美的程度。他的这一切都表现得炽烈、强劲、深沉，而同时，又冷静、严峻、坚韧，与众不同。而高度的责任感、高度的敏感、高度艺术素养和文化修养，以及艺术上的创造性，又给予他以强大独特的创造动力、源泉和技巧。

鲁迅艺术世界特征的研究，由四个方面构成，它们是：艺术特征的形态、思想特征、艺术特征、审美特征。

"艺术样式是对世界的艺术掌握的这样一种具体方式。"艺术形态学的术语系统，即分层级命题是：类别、门类、样式、品种、种类、体裁。艺术门类特征的划分标准是：（1）材料特点；（2）知觉方式；（3）创作方式；（4）反映方式；（5）艺术形象存在方式。①鲁迅的文学文本属于文学类别，其门类有小说、散文、散文诗、古体诗、杂文等。而每一门类，又有几种不同的样式和品种。他的小说，《呐喊》不同于《彷徨》，两者也不同于《故事新编》。而《呐喊》与《彷徨》中的诸篇小说，又可以由各种不同艺术气质而分为若干个样式品种。这种情形在杂文中也同样存在。在数目众多的杂文中，有不同的样式、品种、种类和体裁：有的是散文式，有的是小杂感式，有的是论文型，有的是散文诗型，有的是学术型，有的是书信体，有的是日记体，如此等等。

从门类特征划分标准观察鲁迅艺术世界的特征，有许多方面相当有个性和独创性。他的小说、散文和杂文，其知觉、创作、反映诸种方式，都是如此。他的知觉方式，表现了他的思想家的特点，热情而深沉、睿智而悠远、挚爱而冷静、关怀而严峻，"泪痕悲色"，"寄意寒星"。他的创作立意深远，情在"哀其不幸，怒其不争"，意在促其觉醒；创作中形象思维与逻辑思维完美统一，思想深寓于形象之中，意到笔到，笔到意不止，象征、意象、原型蕴藏其中。其杂文，以独特的样式、多样的体裁、深刻的类型、生动的形象，组成一种思想、文学高度结合的艺术品。

鲁迅艺术世界的特征包含：思想特征、艺术特征和审美特征。思想特征很突出，它及时、深刻、准确地反映了中国社会、历史、时代的特

---

① 莫·卡冈. 艺术形态学 [M]. 凌继尧，金亚娜，译. 北京：生活·读书·新知三联书店，1986.

征，而自己又构成一种独特的艺术性思想特征。他的小说是如此，大不同于其他作家。尤其他的杂文，更是如此。而他的散文也不同于"五四"一代众多大家的散文。他的文学文本的艺术特征，紧紧地同思想特征相结合，充分地发挥了它的"艺术/思想"的整合功能，为阐发思想、发挥其思想的功能而发挥艺术的传递、感染作用。这一切，构成了他的文学文本的高度审美特征。

这些艺术特征所构成的鲁迅的艺术世界，是一个八宝玲珑塔式的庞大、繁复、深厚的结构。如何深研这个艺术世界的特征渊源，它与客观世界的特征的对应关系，鲁迅的特殊的思想、文化、艺术渊源；如何研究这个"艺术特征群"的整体及其各个分部；如何在分析具体作品中来追溯、剖析这些艺术特征；如何研究这些艺术特征的审美素质、功能与效应；如此等等。这些都是鲁迅学的极具价值而又有特性的研究课题。过去，在这方面的研究做得很不够。鲁迅学今后在这方面的建设任重而道远。这一部分的研究，是鲁迅学的重点和关键部分，是鲁迅学中最重要的学术板块。

第六章 "鲁迅艺术世界之表现"
研究（1）：鲁迅小说叙事学

前章所述，还只是鲁迅艺术世界（鲁迅诗学）研究的抽象层面的概述和划分。基本上还只是涉及鲁迅艺术世界的外在世界，鲁迅艺术世界的内在世界与外在世界之对应、反射、反应部分。鲁迅艺术世界的外显世界，即他的艺术世界如何表现了他的"外在、内在"相合的内在世界，以及这种外显世界的特征——这种特征的形成、构架和种类，等等。——这一切都是为了在本章所要述及的内容而做的准备和铺垫，是为本章和以后诸章之所述开路的。具体的内涵，都将在本章和以后诸章展开叙述。

一、鲁迅小说叙事学（小说诗学）研究的意义

鲁迅的小说，是中国现代文学的第一批产品，而且是其中的最佳篇章。他的小说反映了整个时代，反映了中国近代特别是现代社会的情状，反映了中国国民性格。"'镜子'：中国民主革命的镜子、思想革命的镜子、文化革命的镜子、中国国民性的镜子。"——这是总体一致的普遍评价，虽然具体诠释不同。这不仅是一面伟大的镜子，而且是一面特殊的镜子。作为镜子，不仅"反映什么"是重要的，而且"如何反映"也是重要的，甚至更为重要。正是在这两个方面，尤其后一个方面，反映了、表现了一个作家的特点，反映了他的独特的艺术气质、审美特性，以及艺术创造的成就。

鲁迅的小说，还是中国国民精神的火花，是中国国民精神在近代特别是现代凝聚之后，在他们的一位代言人、民族的思考人的伟大作家的

作品中所作的独特的反映；同时，他的小说又是国民精神的火把，足可点燃国民精神的奋起与燃烧，几十年来在鲁迅活着和逝世以后的众多事实证明了这一点。

鲁迅小说极具独创性。无论是其立意的宏大而深远，还是主旨的切实而深邃；无论是风格的独特而多样，还是结构的精巧与多变；无论是叙事的特别而清纯，还是语言的精到与独创：他都是唯一的、超前的、现代的。他的艺术技巧，他的艺术构思与气质，他的审美理想，以至他的艺术观念、创作意识和所提炼的母题与主题，都是现代的，同他那个时代的现代派文学艺术思潮相一致、相呼应和相媲美。他是中国现代作家第一人。他开创了中国现代文学和现代文化的第一批坚实的基业，开辟了创获中国文学、中国文化现代性的发展道路。鲁迅的现代小说，就是中国文学创获现代性和中国文化获得现代性的最主要的优秀代表和证明。

几十年来，研究鲁迅的小说，成为研究鲁迅的重要方面，也成为研究中国现代社会（以至研究中国），研究中国现代小说、现代文学和现代文化，以及中国文学理论等方面的重要内涵。

小说不能仅仅当作个人档案，当作个人的思想的寄宿主，也不能仅仅当成某种生活和时代意义的文本；"文学总需有趣味；总需有一个结构和审美的意义，有一个整体的连贯性和效果。"①仅仅具有社会的、政治的、思想的意义，而缺乏甚至没有审美意义，就不是艺术品；而且一旦如此，那所谓社会的等等的意义也都不能成立，都不存在了。文学必须是文学，才有其他。因此，鲁迅学的发展，必须有鲁迅叙事诗学——小说诗学——的建立和发展；否则，鲁迅学就失去了它的主要的学术、文化内涵。

把鲁迅的小说进行全面的理论剖析、艺术的与审美的探究，逐渐地、自然地从实证研究进到理论研究，从艺术探究到艺术理论的升华，从审美的追索进到美学的结晶，从而逐步形成鲁迅小说创作的哲学性的诗学和诗性的哲学。这便是鲁迅叙事学——小说诗学。这是鲁迅学的重要组成部分——基础部分与核心部分。

---

① 韦勒克，沃伦. 文学理论 [M]. 刘象愚，邢培明，陈圣生，等译. 北京：生活·读书·新知三联书店，1984：236.

鲁迅的小说在"五四"文坛上一出现，不仅立即引起了社会上广泛的注意，而且获得了一致的好评，被认为是开辟了中国文学的新道路、新天地，是当时的最佳作品。待《阿Q正传》问世，更是好评如潮，获得了高度的评价。再后来，《呐喊》《彷徨》先后结集问世，鲁迅的小说创作奠定了它在中国现代文学中的第一文本与范本的地位，公认没有一个其他文本可以与之比肩。在几十年的鲁迅研究史中，鲁迅的小说创作的这一地位从未动摇过。它已经成为中国现代文学以至中国文学的经典之作；阿Q这个艺术典型，已经成为中国以至世界文学画廊中杰出的、不朽的民族艺术典型之一。因此，研究鲁迅小说文本，就是研究和总结中国现代叙事文学与现代文学的整体，就是总结中国现代叙事理论与诗学。

二、鲁迅小说与中国社会、思想、政治

研究鲁迅叙事学——小说学，首先就是探索和揭示他的小说与社会的关系这个文学文本外部研究的重要内容。这一点，对于鲁迅的文学创作和小说文本来说尤其重要，更是首要课题。因为鲁迅正是怀着明确的"改造国民性""揭出民族的病苦以引起疗救的注意"的目的，怀着"文学为人生"的明确目的，来从事创作的。他是怀着高度的民族使命和社会责任感从事创作的，他是以高度的文学自觉来从事创作的。他的小说一出现，特别是从《狂人日记》到《阿Q正传》问世，其中包括《明天》《风波》《故乡》这些篇章，评论者就揭示和在一定程度上阐释了他的"革命的主题"意义，明确地指出他反映了中国现代资产阶级革命——辛亥革命——的失败，描绘了中国国民性。克里斯托弗·考德威尔评论弥尔顿的话贴切，适用于鲁迅："弥尔顿成熟时期的文学主题也总是从他亲身参加的革命中得来的。""弥尔顿的主题比他的文体更加富于革命性。"①鲁迅的小说主题正是从他亲身参加的辛亥革命和"五四"文化革命中得来的。他的小说的"格式的特别"，虽然引起了广泛注意和高度评价，的确显示了"文学革命的实绩"，创造了中国现代叙事文学的范本，

① 考德威尔. 浪漫主义与现实主义对英国资产阶级文学的研究 [M]. 北京：生活·读书·新知三联书店，1988：23-24.

的确具有革命的意义，但是他的主题比他的文体更具有革命性。

综观鲁迅的全部小说创作，在主题方面，评论者沿着两个相交叉又相区别的方面（途径），来予以揭示、剖析和论证：对于中国民主革命的反映和对于中国国民性的描画，而在总体上，都浸透、饱含着深刻的批判性。在鲁迅学发展过程中，随着前述接受世界的变迁、控制、导引和决定，两条线中的第一条线越来越发展得形成一个理论体系、一个自我完成的结论；而后一条线则相对显弱势。也可以说，这"两条线"表现为"两面'镜子'"：中国革命的镜子和中国人、中国国民性的镜子。正是从这"两面镜子"说中，提炼出鲁迅小说的主题及其意义。前一面"镜子"的意义和作用是革命性的，富有教育意义，表现了鲁迅的正确和伟大；而后一面"镜子"却被认为是人性论的，而人性论是"资产阶级的反动观点"，是"反对阶级论"的，尤其鲁迅所写的还是国民的劣根性，并且都是劳动人民，特别是农民身上的劣根性，是他们的落后、麻木、愚昧、沉沦，这同革命的主题是相悖的。"表现了鲁迅的局限性——思想的和历史的局限性"，他没有写农民的反抗斗争起义和革命。论者们为此感到惋惜。然而，这却是一种误解。

关于第一面"镜子"，经过几十年的发展、提高、锻炼，尤其是1949年以后，随着整个政治形势和文化语境的变化，受到当时的接受视界——先在知识结构和"文学批评的气质"[1]的决定性影响，对鲁迅小说的"主题"，以及由此而产生的政治、社会价值与意义世界，达到了这样完整的论证：

　　　　资产阶级不可能领导中国革命走向胜利，农民的被压迫的地位是必然走向革命化的，他们是中国革命在农村里的真正的动力，但农民本身却具有他们的弱点，而知识分子呢？他们许多人都是聪明、正直的，是每一个革命时期首先觉悟的分子，但当他们对现实还没有明确坚定的认识，当他们把自己"孤独"起来的时候，他们是软弱无力、毫无作为的。很显然，鲁迅需要找寻一种比上面这几个阶级都更坚强的力量，能够把上面这一切力量都团聚起来，带动起来的力量，这就是无产阶级这种力量；但对于这种力量，鲁迅在整个写作《呐喊》与《彷徨》的时期，还是没有找到，没有认识到

---

① 艾略特. 艾略特诗学文集 [M]. 王恩衷，编译. 北京：国际文化出版公司，1989：1.

的。①

这段评论全面概括了鲁迅小说的政治、社会意义和认识价值：在领导权问题上，在农民问题与知识分子问题上，以至中国革命的根本道路上，鲁迅的答案都是正确的，都是符合毛泽东思想的。作者在多处提出鲁迅思想与毛泽东思想的"对应性"正确表现。所有这些，在当时都是最高的评价和荣誉。

这在两个方面突出地反映了文学的外部研究中"文学与社会"的深刻关联。

第一，鲁迅的小说深刻地反映了中国的社会状况和社会革命的进程与问题，其深刻与正确，与革命领袖正确地领导和指导革命取得了胜利的理论，在基本精神和原理上达到了完全一致的地步。作为文学文本，达到如此真与善的境界，其美亦凭此产生和论证确定了。这是鲁迅小说诗学的突出表现：正确并且准确地表现革命的基本问题与正确道路。"鲁迅的这种彻底的革命民主主义的思想反映在文学思想上，首先便是要求文学自觉地服从于政治、服从于中国的革命斗争。"②这就是作者的，也是当时占统治地位的社会审美心态和美学标准、美学理想，被所有作家、艺术家和评论家、研究者奉为圭臬。

第二，同时也充分反映了接受美学的基本的原理：接受者的先在知识结构、期待视野和接受屏幕，决定了接受者如何在文本的"含义"的基础上，经过"读者的工作"，营造了"意义"。"阅读留下的痕迹既是一种自然行迹，又是一种人文话语；既有正确的读解，又会有误读。""因为阅读或诠释实际上是在写作另一个文本。"③由陈涌所代表的当时（20世纪50年代以至60—70年代）对鲁迅的民族接受，就是如此：既有此前于20世纪40年代形成的，由毛泽东作了总体概括的，先在知识结构和接受定势，又有当时占统治地位的民族的、时代的文学气质与批评气质，以及审美原则与审美理想。"我们必须同时期待着能发现潜藏在自己头脑中的前提观念，如果我们想揭示出隐藏在研究材料之中那些

---

① 陈涌. 陈涌文学论集［M］. 上海：上海文艺出版社，1984：220.

② 同①：222.

③ 泰特罗讲演. 本文人类学［M］. 王宇根，等译. 北京：北京大学出版社，1996：4.

不可见或者无声的观念并因而理解我们的研究对象的话。"①
接受的前提观念，决定了如何接受和解读、诠释鲁迅，正是社会的前提
观念——知识结构和期待视野、批评气质等，决定了对鲁迅的民族接受
的理论体系。这不仅突出地表现了文学与社会/鲁迅与社会的深刻关系
——不过是从接受的领域反映出来；而且，更反映了接受者的"前在结
构"在解读、诠释文学文本时的不可忽视的作用。

　　这样，我们可以说，这一切不仅是自然而然的，而且带有必然性。
这是社会、历史、时代所决定的。因此，不仅是有理由的，而且是合理
的；不仅是有依据的，而且是有权利的；并且，对于鲁迅的被接受，对
于对鲁迅的认识，对其文学文本的解读、诠释，也都是有益的。

　　同时，外部研究中，鲁迅与思想的关系，也在这同一个"阅读框
架"中解决了，完成了，实现了。

　　这些，在总体上，我们可以称之为革命的、政治的、社会的审美，
它从这一视角来寻绎、解读、肯定一部文学作品，特别是鲁迅作品的美
学价值和诗学性质。这是"鲁迅学：20世纪文本"的核心、基础和总
体特征。

　　但是，作为20世纪50—70年代，以至上溯到20世纪之初到40年
代，中国精神现象史的一种重要的表现，作为中国社会、文化现象和中
国现代文学、现代文化，以及文学气质、批评气质的必然反映，对鲁迅
小说的研究，也循着这种论证的思想、观点与方法，循着这种路径，按
照庸俗社会学、狭隘阶级论、"文艺为政治服务"和"左"倾教条主义
等的"理论思路"严重地发展下去，或者歪曲神化鲁迅，或者同样是歪
曲地批判鲁迅，两者离开鲁迅自身的形象、鲁迅文本的真相越来越远。
为了突出鲁迅作品革命的、政治的意义，而从细小的描写中寻出"微言
大义"的意义，对任何形象都进行阶级分析和"定成分"，以至对阿Q
的典型意义争论纷纭。把鲁迅写农民完全提高到接近毛泽东关于农民问
题的论述和新民主主义革命理论的范畴来论证。鲁迅关于知识分子的描
写，本有他独特的视角、独特的感受和独特的审美意义，但许多评论也
将其纳入毛泽东关于知识分子的论述和理论框架中。这样，鲁迅文学文
本成为一种政治文学读本。而鲁迅小说的艺术光泽就被掩盖了；它的政

①　泰特罗讲演. 本文人类学 [M]. 王宇根，等译. 北京：北京大学出版社，1996：4.

治含义之外的审美价值也被排除了。

这种情况，直到20世纪70年代末—80年代初才开始改变，到80—90年代更发生巨大变化。这是思想界精神解放的结果。好像原来被压抑的力量，由于压力的消除，一下子迸发出来。在1981年以后，对鲁迅小说系统的、全面的、比较的、综合的研究日益增多，取得了丰硕的成果。多元、多角度、多学科的研究也随之增多，审美研究也开展起来。这样，便消除了原来的偏狭，突破了原先的框架，接近鲁迅文本的"含义"，揭示了鲁迅艺术世界的底蕴。鲁迅小说的艺术世界，在总体上被定位到中国思想革命的镜子，其中折射出中国的政治革命。进入90年代，循着多种学科、多种文学理论学术的思路与视角，依照对鲁迅小说文本的固有"含义"，对文本进行按照其本意去细读、深读的研究思路，更进一步作出了90年代的解读、诠释。它进一步诠释了鲁迅，也显示了90年代中国的文学气质、批评气质和整个思想文化的变迁与面貌。

三、鲁迅小说的传记学研究

鲁迅小说的传记学研究，是鲁迅小说诗学的一个重要方面，也是鲁迅学中成绩突出的方面。

"从作者的个性和生平方面来解释作品，是一种最古老和最有基础的文学研究方法。"[①]在鲁迅学中，这种最古老和最有基础的研究，取得了不小的成绩。鲁迅生平—鲁迅作品，这种"对应"性寻根溯源、解释、解读自然是有意义的，能够帮助读者对作品进行有根据的和符合作品原意的理解。不过，对鲁迅作品的传记学研究，可贵的不是这种"'生平—作品'对应性研究"，不是一般的对作品的意义解读与诠释，即不是解释作品的生活素材来源，小说作品是以何种生活为摹本等等，而是要寻绎"生活"如何被采用并改造、重构后进入小说，成为"艺术"——小说的诗性、诗意的诞生；要探究作家如何把素材从"生活世界"，经过心灵的酶化，经过艺术的处理，而成为一个虚构的艺术世

---

① 韦勒克，沃伦. 文学理论 [M]. 刘象愚，邢培明，陈圣生，等译. 北京：生活·读书·新知三联书店，1984：72.

界，创造一个"第二自然"。"作品作为作品缔建一个世界"；"作品存在意味着缔建一个世界。"①美的存在和美的创造，就在于这个"缔建"和所"缔建的世界"。这就是艺术。非艺术的创立，只是一种一般的、日常的叙事，而不能创立一个艺术的世界。

作家的传记资料和作品的故事、情节之间，有着对应的、相似的甚至相同的地方，尤其存在细节一致的地方；但是，两者之间更多的，更值得注意，也是表现了艺术创造力和艺术价值的，是平行的、隐约相似的、曲折的反映关系。它们只是作为人生素材进入作品，而不是作品成为生活摹本；它们是被"化入"作品，而不是"照样进入"作品。"与其说，文学作品体现一个作家的实际生活，不如说它体现作家的'梦'；或者说，艺术作品可以算是隐藏着作家真实面目的'面具'或'反自我'；还可以说，它是一幅生活的图画，而画中的生活正是作家所要逃避开的。"②在鲁迅学的已有研究成果中，提供生活素材、人物原型、事件摹本的，颇为不少。尤其周作人在这方面提供了突出的、有用的具体资料。这对于解读《狂人日记》《孔乙己》《阿Q正传》等重要小说以及其他作品，都有不可忽视的作用。还有些作者，也在家族、家庭、个人经历、人物与事件等方面提供了宝贵的材料。不过，这些都只停留在"生活素材""现实摹本"的提供上，而缺乏深入的、贴切的艺术创造研究，还未达到诗学研究的水平，未进入诗学研究的格局。

鲁迅的大部分小说，特别是那些代表作，都以鲁镇——绍兴县的乡村和城镇——为背景，其中的许多重要典型，如"狂人"、阿Q、孔乙己、魏连殳、陈士成、祥林嫂、闰土等，都有生活在绍兴的人物原型。但是，鲁迅笔下的人物都是文学的典型，而不是生活的摹写。那些生活中的原型，都是"化入"而不是"原样进入"他的作品中，他们都已经"自然地"生活在鲁迅所艺术地创立的一个现实的、幻想的世界之中，而不是仍然生活在原先的自然的、真实的世界之中。鲁迅不是一般地改装了他们，而是进行了思想、灵魂、性格的改造，是"灵魂"已经从"现实的人"转化、幻化、酶化为小说中的人物、艺术的典型了；同

---

① 海德格尔. 人，诗意地安居：海德格尔语要 [M]. 郜元宝，译. 上海：上海远东出版社，1995：101.

② 韦勒克，沃伦. 文学理论 [M]刘象愚，邢培明，陈圣生，等译. 北京：生活·读书·新知三联书店，1984：72.

时，也是有机地化入他的艺术世界之中了。

这种"化入"有两个重要的方面。一是人物已经经过鲁迅创作心理汁液的酶化，即原来的个人性、具体性，经过"心理汁液"的浸泡、渗入、发酵，人物的思想、精神、气质、性格都发生了变化，其私人性、个体性、具体性，变为具有公众性、代表性和社会性了，具有典型性了。他们的思想、社会、文化内涵都大大丰富了，已经从"自然的、自在的现实人"变为"人所创造的、自为的、艺术的典型人物"了。二是他们已经生活在一个非现实的、虚构的、作家所创造的社会、文化环境之中，即作品所创建的一个世界之中了。

然而，鲁迅更重要、更具创造性的化入和酶化，是把中国社会现实特别是中国社会在近代、现代的变迁和实际情况（各阶级的生存情状、彼此间的矛盾斗争、各自的心理状况、社会病症的症候等）融入他的创作构思之中，以他的"文艺为人生——用文艺来唤醒民众，改造国民性"这样的创作立意，构筑他的艺术世界。这是他创作成功的基础。但这仍然不是保证，有类似他的这种创作立意的中国现代作家并不少。鲁迅的成功在于，他找到了他的"创作立意、主题思想"的"对应物"。但这里，仍然需要再深入、再具体、再个人化、再私人化：这个"对应物"来自生活，是他从自己的个人化、私人化的生活中提炼出来的，其中包含着他亲身经历的事件和他熟知的人物，更包含着他当时的印象、记忆、感受和情感的、理性的活动，包含着他当时的体验与感应和事后的反刍与反思。而且，所有这些，又同他对于广大的社会现实和深沉的历史背景的观察、感受、体验与思索结合起来，酝酿、发酵、酶化。在此基础上，才构筑了他的创作蓝图，才把广大的社会现实同深沉的历史内涵都融会于他的"私人生活经历和人物命运"之中，对"生活、历史、现实"进行了重构。而且，当他进行创作时，既是从这个"对应物"出发，更是将这个"对应物"加以酶化以后，实现了一种艺术性的转换："抽象 → 具体 / 逻辑 → 形象 / 知性 → 感性 / 知觉 → 直觉 / 公众化、普泛化、社会化 → 个体化、人格化、私人化（个人命运化）。"这样，他就由概念化、理性化、公式化转变为形象化、情感化、艺术化了；个性化的、独创性的、"这一个"的艺术世界和审美世界，就这样产生了。这就是艾略特所说的，"能用强烈的个人经验，表达一种普遍真理；并保持其经验的独特性，目的是使之成为一个普遍的象征。"①鲁迅，正像艾略特赞颂的诗人叶芝那样，"他不得不等待一个晚来的成熟，以表达早期的经验；我想这使得他成了一位独特而富有魅力的诗人。"②鲁迅也以晚来的成熟表达了他早期的经验，也同样因此成了独特而有魅力的诗人、作家。但鲁迅之为鲁迅，还在于他以这样的成熟、独特与魅力，反映了一个时代，反映了中国社会和中国人的心灵。这是因为他没有止步于前述"社会化（立意）→个体化、私人化、形象化、典型化→社会化"这样一个"社会化→酶化"的"艺术操作"过程，即"题材、生活、事件、人物"的诗化过程。他更加深入人的心灵、民族的心灵、人类的心灵，深入人性的深处，追寻他们的共性：共同的生存状态与生存困境，共同的人性与非人性的反映与反应，以至于对于人性的回归、发展提升、"净化"的前景。艾略特说："诗人必须深刻地感觉到主要的潮流"；"他必须明了欧洲的心灵、本国的心灵"，既比"他自己私人的心灵更重要几倍"，又"是一种会变化的心灵，而这种变化，是一种发展"③。鲁迅在获得早期的生活经验之后，经过南京求学时期，特别是日本留学时期对于欧洲及世界大势与历史的了解，又将其同中国的生活、心灵——他早期的生活经验——融汇合一，比照思索，达到了"深刻地感觉到主要的潮流"，也明了欧洲的心灵、人类的心灵，特别是本国的心灵，并知其为"会变化的心灵，其变化，是发展"；更重要的是，他把握了这个本国——欧洲——人类心灵变迁发展史中，在当代中国的发展状况、问题与需求。正是在人的心灵的深处，人类心灵当代发展的高度，来观照中国人的心灵——苦难而麻木、企求解脱的微末希望，但正在觉醒、意欲抗争的心灵。这样，鲁迅艺术世界的客观对应物，就不仅仅是某个历史进程中、某个革命阶段中的事件、人物和问题，即"现实"这一方面的对应（当然这是十分重要的，没有这种深刻的对应，就不会有鲁迅，就不是鲁迅）；还是对应于中国人的心灵，中国人现时的人性（现阶段的中国人性、国民性），以及人类的共性。这些普遍性、共通性，又是通过个体性、私人性、个性化的方式表现出来的，是通过"狂人"、华老栓、七斤、阿Q、祥林嫂以至孔乙己、陈士

---

① 艾略特. 艾略特诗学文集 [M]. 王恩衷，编译. 北京：国际文化出版公司，1989：167.
② 同①：167.
③ 同①：3.

成、魏连殳等活生生的、生动的、深刻的中国艺术典型表现出来的。这就是鲁迅在小说创作上、小说诗学上"超越现实"的超前性。这也就是鲁迅小说艺术世界丰富性、深刻性、悠长性、普遍性和典型性的"奥秘"所在。阿Q被公认为中国人的典型，也是世界性的典型，以及阿Q与他的时代或稍前稍后的世界名著的典型人物具有共同性、互通性，原因也在于此。

所有以上述及的鲁迅小说诗学的内涵，都是鲁迅学的重要的研究领域，其可以发掘的"潜藏"是很大的。鲁迅学今后的发展，将在这方面获取重要的成果。

四、鲁迅小说的心理学研究

荣格指出："人的心理是一切科学和艺术产生的母体。我们一方面可望用心理研究来解释艺术作品的形成，另一方面，则可望以此揭示使人具有艺术创造力的各种因素。"[1]

对于鲁迅小说的艺术世界的解读，必须有此处所说的两个方面的探索：他的艺术创造力的构成和他的艺术作品的形成。鲁迅学已有的成果中，这两方面的收获是不多的。这不免是一种缺憾。原因在于，我们过去不仅不重视这种"作家的创作心理与作品的心理学"的探索，而且常常以此为资产阶级伪科学或非科学。尤其对鲁迅的研究，过重的政治化、阶级化、社会化甚至党派化，把艺术创造的心理探源与探究淹没了。鲁迅学的发展，在今后需要加强这种研究。

"作家——某一种心理类型的人"，或"某个作家所属的心理类型"——以此为研究内涵和目标，是"作家与心理学"研究的第一课题。鲁迅诗学中的"鲁迅与心理学"研究，也同样以此为第一要义之题。鲁迅作为一个伟大作家，是一种什么心理类型的人？有论者说，"鲁迅就是他所写的小说里的人"，比如他就是"狂人"，他就是"阿Q"，他就是涓生（《伤逝》）之类。小说创作中的人物，往往有作家自身的经历、性格或某种成分的"自身影子"，在广泛意义上说，文学作

---

① 荣格. 心理学与文学 [M]. 冯川，苏克，译. 北京：生活·读书·新知三联书店，1987：124.

品都带有自传的性质。这在一般情况下是符合实际的，说得通的。但是，除了某些自传体、自传性小说之外，把作品中的某个人就坐实为作者本人则是不对的，不符合实际的；即使是自传体、自传性小说，据它来写作家的传记，也是很危险的。这里，把作家的一种心理能量——创作心理功能，即其中的悬想——虚拟能力，特别是那种"自居作用"（以理想中、虚构中的某个人自居的一种心理活动）完全忽略了，而这对于一个作家来说，正是一种特殊品性、特别心理能量。

　　就作家的个性和气质（也就是心理类型的一种表现）来分，有所谓"弥尔顿式"的、"济慈式"的气质①；就作品的分类，有所谓"外倾的"和"内倾的"类型②，与之相对应的，作家的心理类型也可以分为外倾型和内倾型。我们可以说，鲁迅是内倾型的，其气质是总体上的作家、艺术家气质，而且是具有充分独特性的一般作家所没有的"鲁迅式气质"。作为思想家与艺术家一体化的作家，鲁迅表现出"思想家气质的作家"类型的心理特征，他好思索，敏思、深思，抓住现象透视本质，善于抓住事物的特征，具有很高的逻辑思维能力；而作为作家类型的思想家，他又有很高的形象思维能力，善于和习惯于从形象来透析本质，以形象来表现本质，用形象来进行思维而达到逻辑的、理论的成果和结论。作家往往具有"一种形成逼真意象的能力"——正常的儿童很普遍具有这种能力，但许多人长大以后则消失了；而作家、艺术家则由于个人心性使然，以及后天得到的各种有意无意的培养而得以保留，并且得到培养，成长为一种带有知性指导的"初始能力"。它既不是后意象（after-images），也不是记忆意象（memory-images），而是"艺术家所特有的、将知觉和概念糅合为一的特征。艺术家保持和发展了民族的古老的特点，他能感受到，甚至'看到'自己的思想。"③他们具有创作心理中所看重的"内视力"。鲁迅正是如此。在儿童少年时代，由于社会、家庭、文化和个人心性的影响，他耽于幻想，性好冥思，绘画艺术和民间艺术又帮助了他的这种能力的成长，使他长大后仍然保留了儿童时代的心理特征，并得到发展，成为突出的心理特征和心理能力。他

---

① 韦勒克，沃伦. 文学理论［M］. 刘象愚，邢培明，陈圣生，等译. 北京：生活·读书·新知三联书店，1984：73.

② 华莱士·马丁. 当代叙事学［M］. 伍晓明，译. 北京：北京大学出版社，1990：27.

③ 同①.

习惯于和擅长于将知觉甚至直觉和概念糅合为一，能够感觉到和"看到"自己的思想。这一片"心理天地"极为辽阔深邃。心理学过去的成果中，在这方面的发掘是很不够的。

作家的"前逻辑心态"和"前逻辑思维"，亦即前述"野性思维"和"原始思维"，表现了一种人类思维发展和思维现象特征，即他们保留了民族历史的完整性，在精神上仍然同自己的童年和民族的童年保持着联系，在"个人潜意识"和"集体潜意识"中，保留着艺术思维与艺术创作的良好因子。这表明，"艺术家比其同时代的人更为原始，也更为文明"①。鲁迅在逻辑思维、理论思维能力高度发达的同时，并在其前提下，"前逻辑思维"、形象思维能力也得到高度的发展，他的个人潜意识和集体潜意识中保有他个人的童年记忆和民族以往的记忆。这是他的童年生活和民间艺术留下的记忆刻痕和心理刻痕。他的小说（以至散文）创作中，都潜蕴着大量的这种记忆。它们已经化为人物形象（典型形象）和场景，融入他所重构的艺术世界，并且成为组成这个世界的"故事素"。

作家不会是一个单一的心理类型。心理的复合型，"两面神"思维，特别两相区别和"对立"的心理、思维，能够在他们身上圆满地共处并结合。这便成为他们艺术素质、艺术才能和创作心理的突出优势。在类型学上，可以划分出"心神迷乱"型和"制造者"两类作家。前者如原始诗人、巫师，浪漫主义、客观主义和超现实主义诗人便是；后者则有经过训练、富有技巧的诗人，如古典主义诗人等（后者使我们想起中国的古体诗，是可以由"制造者"用技巧制造出来的）。但是，那些杰出的作家，却能够将两种极端性质的心理特征和能力统一起来，整合成为自己独特的心理类型和能力。弥尔顿、爱伦·坡、詹姆斯、艾略特、莎士比亚和陀思妥耶夫斯基等，都被认为是这样的作家②。"他们把心神迷乱时获得的对生活的幻觉与有意识的精心的安排结合起来，以表现这种幻觉。"③鲁迅正可以进入这样的作家行列。那种属于综合型的、最伟大的艺术家类型的作家，"终能战胜心魔，内心紧张达到平衡"④。鲁迅也完全可以列入这一类型，就像但丁、巴尔扎克、狄更斯、托尔斯

① 韦勒克，沃伦. 文学理论 [M]. 刘象愚，邢培明，陈圣生，等译. 北京：生活·读书·新知三联书店，1984：27.

②③④ 同①：80.

泰和陀思妥耶夫斯基这些被列为此种类型作家一样。他同样能够将直觉形象、幻觉，同有意识的精心的安排、同"制造"结合起来。有论者说，"鲁迅的小说也是主题先行"。其实，作家在创作之前，先酝酿成功一个意欲表现的主题，而后具体构思，将生活重构，将人物原型重塑，这是符合创作规律的。问题不在于主题是先行还是后建，而在于主题是如何产生的——是生活中酝酿、提炼出来的（它出自内心），还是外在地、外来地接受过来的。当然，更在于如何日实现和完成主题，是否用心理汁液酶化了素材，是否将"心神迷乱"和"制造"结合起来了，是否有那些重构和重塑，等等。鲁迅创作小说，是后者而不是前者。这是他的艺术世界产生的"奥秘"，也是他的小说诗学的重要因素。

潜意识在作家的创作中具有重要的作用，有时具有决定性的意义。作家们在谈论创作经验时，往往强调那些有意识的匠心经营，而忽视了或者没有觉察到那些非自觉的、潜意识的部分。研究者们也往往不注意这方面的研究。当然，正因为是潜意识，大多数情况下作家本人也没有觉察甚至无视其作用，所以研究起来是困难的。但是正因如此，其研究的意义更大，研究的价值也更大。荣格把潜意识也称为"个人无意识"。他认为，这种个人无意识"是所有那些失落的记忆，所有那些仍然微弱得不足以被意识到的心理内容的收容所"。荣格认为，联想活动和梦以及故意予以压抑的思想感情等都包括在内。①鲁迅的童年、少年时代，在家族、家庭的败落过程中，留下了许多"伤心事"的记忆，印象深刻。许多亲人不幸死亡，败落家族祸事丑闻不少，破落户子弟穷愁潦倒，百事可哀可悯可笑，如此等等。这些都成为失落的记忆，微弱的心理内涵，梦，以及故意压抑的感情，等等。这些，在他的心理上留下了强烈的反应和深深的刻痕，并沉淀于潜意识之中，成为荣格所说的"集体无意识"之外的"个人无意识"。这成为以后他从事创作的心理激活因素、素材源泉。这样，当鲁迅为了创作小说，以反映中国的现实和中国人的性格时，这潜意识中的积蓄喷薄而出。"诗人在心理上同化了这一素材，把它从普通地位提高到诗意体验的水平并使它获得表现。"②鲁迅创作的成功，这是决定性的一环。他的艺术世界的创建，若没有这

---

①　荣格. 荣格文集：第8卷 [M]. 北京：改革出版社，1997：5.

②　荣格. 心理学与文学 [M]. 冯川，苏克，译. 北京：生活·读书·新知三联书店，1987：127.

种心理素质、心理积淀、心理机制，是不可能的。这里，仅仅用现实主义如实地、深刻地反映现实，达到"现实主义的真实"，来解释鲁迅创作的成功，是远远不够的。或者说，只论述到浮出水面的"冰山"部分，而处在水下的庞大部分的冰山却未能揭示。

所有以上说到的"作家与心理学""鲁迅的创作心理与其创作"的几个重要方面，鲁迅学已有的研究是很不够的，今后在这方面可以做的工作和可能获得的成果很多。而这种成果，不仅是鲁迅小说诗学的重要部分，对于阐释鲁迅具有重要意义，而且对于阐释其他作家、阐释一般艺术规律和其他创作规律也是很有意义的。

最后，还有一个"作品本身的心理学"问题。这一点，鲁迅比其他作家更有可加研究之处。第一，鲁迅的小说很注意心理描写，《狂人日记》《明天》《阿Q正传》《补天》《祝福》以及其他一些小说，都有突出的、鲜明的、成功的人物心理描写。鲁迅小说被称为"心理小说"，是有充分理由的。而且，他的心理描写都简洁、明快而精到，不是叙述者（作者）大段的、琐细的客观介绍，而是结合人物心情、性格和境遇的和行动伴行或在行动中表现出来的心理。这种人物的心理活动和怀着某种心理的人物，都是活动在一个特定的虚构、重构的达到高度艺术真实的语境之中的，因此是真实的、活生生的、可信的。第二，鲁迅还特别擅长表现人物的变态心理——疯狂心理（迷狂状态）。用这种变态的心理来突出地、典型地、富有刺激力地表达了人物的心态、命运和使他遭到厄运的环境。第三，鲁迅学医的经历和医学知识，对于他的心理描写，显然具有重要的作用。他也成功地把心理学知识和原理应用于描写人物心理和人物之间的关系，从而获得创作的成功。他的小说在心理学上也是具有真实性的——一个具有真实的心理状态和心理活动的小说人物，因其心理的可信性而更具真实性。心理学上的成功，增强了他的作品的可信性和可读性。在这里，现实主义因描写的成功而获得助力。这方面的研究已经有了一定的成果，特别是在变态心理方面的研究成果较显著。但是，总体上的"鲁迅小说的心理学研究"，是颇为不足的。

五、鲁迅小说的叙事范型及其他

20世纪70年代以来，叙事理论已经取代了小说理论，成为文学研究主要关心的论题。①华莱士·马丁在他的关于当代叙事学的专门著作中，绘制了一个有意思的图表，用以表达五种文学批评理论的构架。它有益于我们借以分析鲁迅的叙事诗学。如图6-1所示。

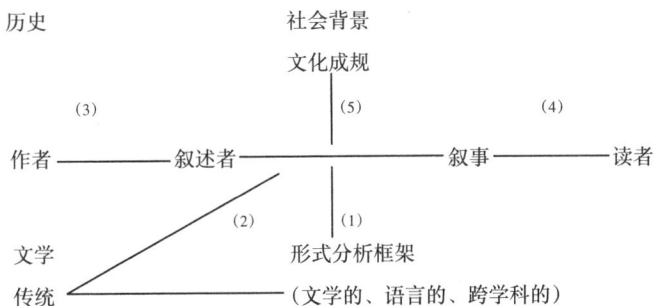

图6-1

图6-1中的几种文学批评理论为：（1）法国早期结构主义者；（2）俄国形式主义者；（3）视点批评；（4）读者反应批评；（5）社会学者和马克思主义批评家批评。②这五个方面、五种文学理论，都可以应用于鲁迅小说研究，并且由此能够更好、更深入、更贴切地解读和诠释鲁迅的艺术世界与艺术成就，以及他的小说（叙事）诗学的特质、构成等。不过，我们在这里不可能也不必要按此多种理论进行全面的论述，而只是作一个引导而已。

同时，这里按照叙事理论的几个主要方面——特别是足以揭示鲁迅小说诗学的内涵与特质的方面，稍作具体一点的提示。小说的叙事方法"具有压倒一切的重要性"③，作品之成败首先决定于此。小说的叙事，重要的不仅在于"讲什么"，而且在于怎么讲。

"怎么讲"的头一个问题就是视点。"叙事视点不是作为一种传送情节给读者的附属物后加上去的，相反，在绝大多数现代叙事作品中，正是叙事视点创造了兴趣、冲突、悬念，乃至情节本身。"视点的第一个环节就是人称：由谁来讲故事（叙事）。这可以有几种情况：一个人讲他人的故事；一个人讲自己的故事；一个人讲包括他自己在内的他人的故事。鲁迅曾经采用了多种视点（人称）来讲他的故事。《狂人日记》是用日记体来讲自己的故事，但这故事包含在另一个故事的封套中：某君之弟曾发狂，病发时曾写有日记，即故事中的另一个故事；以后，疯

---

① 华莱士·马丁. 当代叙事学 [M]. 伍晓明，译. 北京：北京大学出版社，1990：1.
②③ 同①：19-20，159.

病好了，又应试走科举的道路去了。这里，作者和叙述者是分开的，作者所讲的故事中"嵌入"了另一个故事，作者所讲的故事只是一个"封套"，里面"嵌入"的故事才是主要的故事，是故事主体，虽然表面上它是"后叙述"或"次叙述"。《孔乙己》也是作者与叙述者分开：叙述者是孔乙己命运的目击者，一个咸亨酒店的小伙计。这种"隔层"叙述，把作者和叙述者隔离开了，而叙述者又是外部地叙述他人的故事（目击者"我"在叙述），这是一种"我—叙述"模式。作家成为一个"躲"在叙述者背后的隐含作者。《阿Q正传》则是另一种叙述模式——叙述视点。它是作者与叙述者统一地讲他人的故事，是"他—叙述"。它采取了"英雄传略"的神话叙事模式。这用之于阿Q这个卑微的悲剧性人物身上，具有一种浓重的反讽意味。《祝福》又是一种模式。它也是"嵌入"式的。"我"先后几次来到鲁镇，目击、经历了另一个人（祥林嫂）的故事，但不同于《狂人日记》和《孔乙己》，"我"也是故事中人，"参与"故事了。但是，这是被"拉入"事件的，被动的。而《故乡》则不同，"我"是同他人（闰土）的故事"牵连"在一起的，同故事主人的"生平故事"交叉一起的。《伤逝》中的"我"则更深地"嵌入"故事之中，是故事中的两个主人公之一，是故事的主角，两个人的命运纠结在一起。隐含作者（作家）深深地隐埋在背后。如此等等。鲁迅在处理不同的题材时，为了达到不同的目的，实现不同的艺术目标，采取了各种不同的视点来讲故事，从而获得不同的艺术效果。这个效果可以包含，甚至主要包含他所要实现的"文艺为人生"的目的，文艺为革命、为解剖国民性、为唤醒民众，以至为文学革命——文化革命等社会、政治、文化目的服务。而从小说诗学来说，如果没有他所采取的这种叙事策略的成功——视点的正确选择，所有这些目的——社会效应——都会落空，或者能够取一时之效，而稍后即被遗忘，不会获得至今犹存的艺术生命。关于这个从小说诗学到艺术效果、社会效应的具体研究，应是鲁迅学的重要内涵。"小说诗学→美学素质→艺术效果→社会效应"这一分析系列和理论框架，在鲁迅诗学和鲁迅学中，占有重要的地位。

　　小说家"组建"他的"叙事楼阁"（小说作品）时，都有他的特殊的属于他个人的叙述的基本单位，这就是"母题"（托马舍夫斯基）和"功能单位"（罗兰·巴尔特）。他先把"主题材料的最小微粒"组合成分子结构，而后再把这些"结构分子"元件在更高层次上综合起来，形成一个完整的叙事，并表达和体现主题。①鲁迅小说经常使用的，因此形成他的小说叙事的"叙事元素"——"故事素"母题或功能单位是：艰困的生存状态、不幸的婚恋、不正常的死亡、丧葬、疯狂等。在这些叙事元素的特殊组合下，体现他的主题：落后、麻木、不安、不平、蠢动、抗击、斗争等，由此达到他的创作的根本宗旨：哀其不幸，怒其不争；揭出病苦，引起疗效的注意；改造国民性，使沙聚之邦建为人国。这一切，都是"鲁迅式"的。他没有去写农民风起云涌的反抗、斗争、暴动起义，没有展开阶级剥削、封建压迫、人世不幸的具体的、宏观的社会场面，而大都是婚事、家事、日常事，并且都是包含着不幸、痛苦、凄凉、悲伤，是悲剧式的，非悲壮剧或斗争剧。这是他的生活经历使然。他见过太多的疾病、穷愁、衰败、死亡，心灵的刻痕太深，由此也引起过他许多的梦。这些进入他的创作心理，形成他独特的心理世界，以后经他提炼、升华、结晶为母题和叙事功能单位。这些，一方面同他的社会思想、民族观念、革命认识相结合，并由母题提升到主题层面，也可以说是提高到社会、政治层面；另一方面，又深化到人生、人性的思想层面。这几个方面，又综合成为他构思的元素、叙事的元素。经过他的艺术思维的加工，形成他的特殊的叙事、特殊的思想与艺术世界。鲁迅小说"母题形成"，既是结构的或叙述的构成，又是心理的、社会的或哲学的理论的内在构成，它从后一层面体现了人物的心理和他何以会有所行动和"如此行动"（"狂人"、阿Q、祥林嫂、魏连殳等）。"在一部文艺作品中，母题形成必须能增加'现实的幻觉'即具有审美的作用。'现实主义'的母题形成是一种艺术的技巧。在艺术中，'好像是'甚至比'实在是'更为重要。"②没有鲁迅的这些艺术思维的加工和艺术技巧（叙事学的技巧）的运用，就不会有鲁迅的小说艺术世界，不会有他的艺术创造。这是鲁迅小说诗学的又一重要组成部分。

在人类从远古神话开始的精神史上，在其中的文学的发展史上，形成了众多的共同主题；各个民族也各自形成了自己的民族文学主题史和"主题单"。主题在实际上是无限的，但由于人类生活和精神发展的延续

①　华莱士·马丁. 当代叙事学 [M]. 伍晓明，译. 北京：北京大学出版社，1990：130–132.
②　韦勒克，沃伦. 文学理论 [M]. 刘象愚，邢培明，陈圣生，等译. 北京：生活·读书·新知三联书店，1984：244.

性、共同性，许多主题常常重复、延续、继承地发展，不过，每每又刻上时代的、历史的、民族的、文化的烙印，而产生变迁、变形、变性和重塑；并且，作家又作出了自己的补偿和解释。"人类神话与传说的主题是我们多价生活的反映，是人类的索引，是悲剧命运的理想形式，是人类状况的理想形式。"①后世的文学作品，特别是那些文学大师们的杰作，常常继承、延续这些母题中的某一个或几个。这可以说是他们的作品成为人类民族精神史中的篇章的原因，也是他们作品魅力的源泉。但这自然不是"我做了我就成功"，而是更决定于如何做。所以，研究者要揭示的不仅仅是某个作家仰仗前人的情形，更重要而有意义有价值的是，"研究他们自己的天才、理想、艺术在一个共同主题的各种变体中所起的作用。"②"题材可以浓缩为母题，母题可以上升到象征的层面。"③而主题在它的意义层，其意义内涵可以构成作品的哲学、思想、道德主旨。我们分析鲁迅小说的主题，可以寻觅到这样的路迹和"形态"，以及他的改造和创造："英雄-英雄受难"主题，"普罗米修斯"主题，复仇主题，死亡主题，等等。他的变形与发展、创造表现为将英雄受难主题改变为"'革命者'阿Q或英雄的受难""'狂人'的受难"；"普罗米修斯"也演变为"狂人""疯子"；复仇，不是血亲复仇与部族复仇，而是被压迫者对压迫者的复仇；如此等等。这里，鲁迅的创造和伟大，他的小说文化的现代性，在于对这些主题的继承、变形、延续、改造中，充实以真实的中国近代历史内涵、中国近代民族精神史内涵和中国民族性格的内涵，使他的小说的艺术世界成为丰富、深厚的中国社会思想史的镜子，成为国民精神的火花和照亮国民精神的火把——这也就成为他的小说诗学的重要内涵。

鲁迅是一位结构大师。对他的小说进行叙事结构分析，反映和总结他的叙事诗学，是内容丰富、很有价值的。叙事学研究一个作家在叙事中使用了哪些叙事的组成成分，以及采用何种方式、方法来组合它们，并因此单独地和综合地产生了怎样的审美效果。这种"组合"把许多叙事成分（"故事素""叙事的最小粒子"）看作语言学中的字、词、短语

① 乌尔利希·韦斯坦因. 比较文学与文学理论 [M]. 刘象愚，译. 沈阳：辽宁人民出版社，1987：128.
② 同①：125.
③ 同①：127.

与句子，而后寻绎作家用何种方式来组合他们，实现构建小说楼阁（艺术世界）的目的。这个方式、方法，就好比是语言学上的"语法"。因此，这种叙事方法分析便成为了"非语言学的'语言'结构"分析（罗兰·巴尔特）。这里有神话的叙事方法与可能的结构（神话原型批评），"民间故事'语法'"（费拉基米尔·普罗普），情节的基本成分及其组合（情节结构，法国结构主义者），通过破坏叙事的预期而可能产生的效果、叙述调动读者使其在阅读活动中诞生，不再是消费者，而是生产者（罗兰·巴尔特），等等。所有这些结构分析，都可用来剖析鲁迅小说的艺术构成：他的"叙述基本粒子""母题""功能单位"等，以这些"成分"构成的"词"、"短语"和"句子"；组建它们的"句式"；组建它的"语法"；等等。在《狂人日记》《孔乙己》《药》《明天》《风波》《阿Q正传》《祝福》《孤独者》《在酒楼上》等名篇中，都有这一切叙事诗学的表现。

以上提示，不过是择其要者而言，是"举例"，但即使如此已是很丰富的了。不过，在鲁迅学已有的成果中，这方面的收获却是薄弱的。今后的创获天地颇为广阔。

六、鲁迅小说的叙事语言研究

语言是存在的家园。小说存在于语言这个家园之中。鲁迅的小说则存在于中国现代语言这个家园中。然而鲁迅必须创造语言。他没有现成的现代白话语言可供遣用。他必须依据中国语言的基础，吸收古代语言和古文的营养，以中国现代用语为主体进行加工，并吸取西方语言的助力，来创造现代白话叙述话语，以构筑他的小说的艺术世界。他的创造，就是创造中国现代文学语言和创获中国语言的现代性。他的第一篇白话小说《狂人日记》，就成功地创获了这种现代白话叙述语言：具有充分的现代性。这篇小说和以后陆续出现的多篇作品，以至整个《呐喊》中的全部小说，以它们成功的创获，在语言上，也真正有力地显示了文学革命的实绩，显示了文学革命在语言上的实绩。鲁迅的特殊叙事语言以及它所构成的一种叙事范型，显示了一种特殊的语言风格与艺术风格，以后被称为"鲁迅风格"。直到20世纪70年代的文学新时期，还有年轻作家有意或无意地在作品中显示类似风格而被称赞为"具有鲁迅风",因而获得了成功。这说明鲁迅小说的叙事语言具有长久的生命力。当然,现在鲁迅学对鲁迅小说语言的研究,最终目的不是要人们仍然像鲁迅那样去写小说,去叙事、讲故事。语言随着社会的变迁而变迁,读者的阅读兴趣与语言兴趣也随着变化,还有整个语境的变化和文学气质的变化,在语言上"复古"是不可能的、不应该的。但鲁迅在创获现代叙事语言中所积累的经验和体现的美学规律,却是我们应该学习的。这是文学传统和文学遗产。未有不顾甚至抛弃传统和遗产,而能成功的作家。

鲁迅采用了——也是创造了——一种简洁、清纯、明晰、流利的言语来叙述他的故事。他总是极简明地去描画景色与环境,叙述故事和刻画人物的心理,把他的叙事的说明性创造性地转变为呈现性。他总是客观地呈现,甚至让人物自己用行动或心理或二者的结合,去呈现他们自己的内心。内心独白,是他的主要的语言手段。这使他的语言具有了双重性:作品中的人物的言语和作者在隐蔽的所在所使用的言语。语言具有多种成色,作品中的人物使用鲜明的、独特的个性语言,在塑造客体性的完成论证的人物形象时,具有重大的艺术意义。[①]鲁迅在创造他的艺术典型时,成功地运用了这种语言艺术的手法。鲁迅的小说语言,无论是叙述语言,还是对话语言——小说中人物的语言,都具有巴赫金所说的"对话关系"。按巴赫金的意见,这一点,是语言的生命力之所在。[②]鲁迅的小说语言,既有在作品内部的"对话性"——同作品艺术世界所构建的虚构–现实世界及其中的人物的对话;又有同接受世界,即当时的现实世界的对话。这种对话性,从鲁迅的创作宗旨和艺术审美理想的深沉源泉中引流而出。他的"为人生""唤醒民众"的创作立意,是这种语言对话性的牢固基础。而其艺术世界的感人力量,也由此而生。因此,语言的成功,并不仅仅在于(而且重要的不是在于)表层上对于语言的掌握和运用的技巧,即不仅仅在于语言学范畴的功力如何。

鲁迅小说中的人物,除了那些以主人公第一人称叙述方式来叙事的作品(如《狂人日记》《在酒楼上》等)之外,还有以叙事者的第一人

① 巴赫金. 陀思妥耶夫斯基诗学问题:复调小说理论 [M]. 白春仁,顾亚铃,译. 北京:生活·读书·新知三联书店,1988:251–252.
② 同①:252.

称方式来讲述另一个人（主人公）的故事的叙事方式（如《孔乙己》《祝福》等）。除了这两种情况，主人公或叙事者都直接出面来陈述自己的言语和思想（意识形态）。除了这两种情况之外，所有其他小说，作者以第三人称叙述的方式来叙事的作品，也都同样隐在地表露了自己的言语、思想（意识形态），因为他们都不仅有言语、对话，而且用自己的言语在无声的言说中思考——无声的说话、独白。因此，既有某一特定的社会阶层（具有独特个性的人物）所具有的精神面貌和看待世界的态度，又有作者的意图（蕴含着他的精神面貌和观世态度），体现在叙事人的语言之中——潜隐在主人公的思想、灵魂之中。因此，这里的语言不仅是对话性的，而且是双声语。

"语言说"，是海德格尔给出的命题。他一再论说这一点。语言一面是存在的家园，供人们运用它来言"说"；然而，实质上，语言自己也在"言说"。它具有一种双重的言说：一是你让它言说之"言说"；二是它自己的"言说"。它自身的言说具有丰富的内涵——一种历史、社会、文化的内涵。①作家成功的文学语言，不仅是作家营造的语言，直接为作家的言说而言说，而且语言自身也在言说。

鲁迅小说的语言，就因他的小说而长存，而那些小说中的语言自身也一直在"言说"：我们一代又一代读者，可以读到中国众多的历史、社会、文化内涵。而且，我们一代又一代人，可以读出各自之间的新的内容，营造新的"意义"。这些都不是"镜子说"所可以涵盖的。从这样一个现代语言学视角进行的鲁迅小说叙事语言的研究，而不仅仅是鲁迅如何遣词造句，如何修辞，如何运用方言、土语、古词汇等这样的"普通语言学"研究，能够揭示出许多原来的解读意识与方法所不能"见"到的内蕴。语言的"原义"和它随着社会发展变化的"意义"，都蕴含在原来的"鲁迅小说的'言说'"中。小说语言，会自动、自发、自存地"言说"出它自身所含有的内容和内蕴。这是很丰富的。

鲁迅小说的"语言世界""意义世界"，是一个广阔、丰富、深沉的天地，蕴含了许多深藏的意义。然而，鲁迅学在这方面的研究成果，实在太不够了。在鲁迅学今后的发展中，对这方面的"掘藏"，是会有许多重要收获的。

---

① 海德格尔. 在通向语言的途中 [M]. 孙周兴，译. 北京：商务印书馆，1997.

七、对阿Q的解读、诠释

阿Q这一不朽的艺术典型，不仅是体现了鲁迅小说创作最高成就的典型，而且是中国现代文学以至中国文学中，具有全民族意义的艺术典型画廊中出色的一员，他已经进入世界艺术典型行列之中。因此，如何解读阿Q，就成为鲁迅小说研究的重点，成为解读鲁迅小说艺术世界和小说诗学的关键。鲁迅学史中，研究阿Q的成果是最高、最丰厚的。这是因为，研究鲁迅小说，就必须解读阿Q；揭示鲁迅小说的艺术世界，就必须揭示阿Q性格的典型性及其意义。

阿Q是中国人的镜子，是中国民族性格的反映。这是阿Q这个典型一问世就形成的共识。这表明人们注意到这个艺术典型的普遍性、共同性和社会性了。不过，这不免空泛一些。鲁迅明确地把他写成一个典型的农民，连他头上的破毡帽都是确定不移地不可更改，与其性格、社会地位不可分。鲁迅认为，失去了这顶独特的毡帽，也就失去了阿Q。[①]一个乡下的愚蠢的农民典型，怎么会体现出民族性格呢？于是出现了"思想典型""精神典型"的论断（冯雪峰），认为在阿Q身上集合了各阶级的、各色各样的"阿Q主义"，也就是说阿Q是"民族劣根性的体现者"。由于不少外国研究者、评论者指出，他们那里"也有阿Q"或与阿Q类似的性格因素，[②]因此，就有论者指出，鲁迅是人性的共同典型。但阿Q究竟是贫苦农民，属于一定的阶级，他不是一个抽象的"人"或"中国人"。在特定的时代、特定的国家和民族，以至特定的地域（鲁迅明确地指出阿Q生活在绍兴）的特定阶级的特定人物，这是文学解读、艺术典型剖析的文本依据。因此，阿Q之为贫苦农民的典型，这是他的阶级属性。不过，作为"本质上是社会关系的总和"的人的一员，阿Q身上也有其他阶级阶层的共同的弱点、缺点，这是他的性格的

---

① 《鲁迅全集·且介亭杂文·寄〈戏〉周刊编者的信（1939年11月18日）》："只要在头上戴上一顶瓜皮小帽，就失去了阿Q，我记得我给他戴的是毡帽。"

② 罗曼·罗兰："在法国大革命的时期，也有类似阿Q的农民。"印度作家班纳吉："拿他的阿Q作比方吧，只是名字是中国的，但是阿Q的特质，他的心理状态，他对自己和别人的鄙视，他对于损伤他的事物的轻易忘怀，他用来安慰自己的'精神胜利法'，都是被奴役过的国民所共有的。这个人物在我们印度也看到过。"（以上引文见《文艺报》，1956年第20号附册）。

复杂性。阿Q的精神核心"精神的胜利法"，就是在农民阶级身上反映了全民族的性格缺点——国民劣根性；也是在20世纪初的中国贫苦农民身上所反映的中国人以至人类的共同性格弱点。这又反映了这个艺术典型的人类性和全人类意义。这应该是鲁迅写人性的胜利，是他的现实主义的胜利，他的思想、艺术的胜利，虽然他的本意并不在此。而如果在此，他从抽象的人与人性出发，他就失败了。对阿Q的"革命问题"，也有不同的解读。有人认为，阿Q不可能做革命党，他太落后了，他是落后农民的典型，从而彻底否定阿Q身上潜存的革命因素；有人则相反，把阿Q的一切行为，如偷盗等，都看作是反抗的革命的行为。其实，鲁迅明确地规定了是"阿Q式的革命"。他说："据我的意思，中国倘不革命，阿Q便不做，既然革命，就会做的。我的阿Q的运命，也只能如此，人格也恐怕并不是两个。民国元年已经过去，无可追踪了，但此后倘再有改革，我相信还会有阿Q似的革命党出现。"①这不仅说得明确，而且说得正确、准确，甚至预言了此后的中国的社会现实：出现了一批又一批"阿Q似的革命党"！

其实，事实说明了也证明了鲁迅的阿Q是一个什么样的艺术典型，他的意义又何在。真正认真品味他痛苦言之的话，意义是很明白的。"我虽然已经试做，但终于自己还不能很有把握，我是否真能够写出一个现代的我们国人的魂灵来……孤寂地姑且将这些写出，作为在我的眼里所经过的中国的人生。"②又说："……《阿Q正传》，大约是想暴露国民的弱点的……"③这些，说得够明确的了：写出"现代的我们国人的魂灵"——"暴露国民的弱点"——"在我的眼里所经过的中国的人生"。循着作家自己的明确的提示，只要排除狭隘的阶级论、庸俗社会学、纯政治解读和"左"倾教条主义的束缚，阿Q典型的解读是并不难的。

真正难的，是我们一直忽视了的艺术的、审美的解读：重要的不仅仅是阿Q是什么样的典型，更重要的是，鲁迅如何创造了这个不朽的典型，其艺术的、美学的成功之处何在，他的《阿Q正传》叙事诗学的基本规律是什么。回答和论证这些，就不仅是真正深入地解读了鲁迅，解读了阿Q，而且总结了鲁迅的创造，他的艺术经验，有利于人们真正认

---

① 鲁迅：《鲁迅全集·华盖集续编·〈阿Q正传〉的成因》。

② 鲁迅：《鲁迅全集·集外集·俄文本〈阿Q正传〉序》。

③ 鲁迅：《鲁迅全集·伪自由书·再谈保留》。

识鲁迅（包括那些没有或无能力了解鲁迅并在自己无知的基础上盲目但恶意地攻击谩骂鲁迅的人们在内），有利于后人从中学习艺术的经验。

以上，仅从几个主要的方面（主要是从叙事学视角），提示了鲁迅小说诗学的一些研究领域和课题，许多是我们尚未涉及或涉及不够的。鲁迅学的发展，期待着这方面的进展。

八、《故事新编》的特殊叙事

《故事新编》是一部特殊的小说。它写的是历史，但它却不是一般的历史小说。鲁迅明确地说过，他先是尝试多方面选取写小说的题材——"想从古代和现代都采取题材，来做短篇小说"①；后来，1926年在厦门大学，"这时我不愿意想到目前……仍旧拾取古代的传说之类……"②他称这些后来都收在《故事新编》集中的小说为"神话，传说及史实的演义"③。他认为，那种"博考文献言必有据者"，是历史小说。而他的"只取一点因由，随意点染，铺成一篇"的叙事，又没有展开描写，所以是"速写居多""游戏之作居多"，而不能算是小说。这里有鲁迅的谦逊，也有实情；这不是历史的小说，它不是写历史的；这也不是严格意义、规范意义上的小说，即"文学概论"之类，文学理论书中所规定的"小说"。但它归根结底还是一种小说叙事，是一种特例，是鲁迅的一个创造。他以历史为题材，为"因由"，来写他的思想、哲学、"意义"——"主题"，也体现了他的美学思想和叙事诗学。

当他像从"现实生活"中选取题材一样，把眼光转向古代生活时，一样是拿来做题材，寻求到一种叙事"因由"。因为他意不在写历史，所以并不打算收集史实、博考文献，言必有据地据以叙事，所以没有也不想铺陈开去，展开古代生活和环境的描写，而只是借此因由而"速写"一番。但他却在"现实／现代"和"历史／古代"的交叉点上，也在历史人物思想性格和他自己的哲学思想的交汇点上，提炼了他的主题。这是较之《呐喊》《彷徨》更为远离也是超越现实层面的主题，但也是折射到和折射于现实的。而在揭示人性的层面和哲学、思想的层

---

① ② 鲁迅：《鲁迅全集·故事新编·序言》。

③ 鲁迅：《鲁迅全集·南腔北调集·〈自选集〉自序》。

面，则同前两部小说贯通而同声同气。他自己明确申明了创作意图的有：（1）《不周山》即《补天》。"取了茀罗特说，来解释创造——人和文学的——缘起。"①"原意是在描写性的发动和创造，以至衰亡的。"②（2）《出关》。"那《出关》，其实是我对于老子思想的批评，结末的关尹喜的几句话，是作者的本意，这种'大而无当'的思想家，是不中用的，我对于他并无同情，描写上也加以漫画化，将他送出去。"③"老，是尚柔的；'儒者，柔也'，孔也尚柔，但孔以柔进取，而老却以柔退走。这关键，即在孔子为'知其不可为而为之'的事无大小，均不放松的实行者，老则是'无为而无不为'的一事不做，徒作大言的空谈家。要无所不为，就只好一无所为，因为一有所为，就有了界限，不能算是'无不为'了。我同意于关尹子的嘲笑：他是连老婆也娶不成的。于是加以漫画化，送他出了关，毫无爱惜……"④

鲁迅学中，有关《故事新编》的研究并不很多。在前期研究中，大都讨论它的"性质"是历史小说，还是"非历史小说——讽刺小说"；也有考稽它的史实依据的；同时，还涉及《出关》"将现实写入"，是否反历史主义。对这些问题的展开讨论，事实上都涉及如何解读鲁迅文本的问题，而这又同当时的社会、政治、文化背景有关，是"大背景"在其具体创作上的反映和反应。但在总体上是肯定的。"用历史事实为题材的文学作品，自'五四'以来，已有了新的发展。鲁迅先生是这一方面的伟大的开拓者和成功者。他的《故事新编》，在形式上展示了多种多样的变化，给我们树立了可贵的楷式；但尤其重要的，是内容的深刻。"⑤这一评语，基本上反映了共同认识。关于鲁迅自谓的"油滑"，也多有争议。主要有认为是"自谦"的和认为是"缺点"的，但真正从艺术上来分析评断者不是很多。下面这种意见，是在众多争议之后，又在进行了艺术分析之后得出的较为深刻准确的分析：对"油滑"，"鲁迅所以坚持运用者，就因为这种写法不仅可以对社会现实起揭露和讽刺的作用，而且由于它同故事整体保持联系，也可以引导读者对历史人物作

---

① 《鲁迅全集·〈故事新编·序〉》。

② 《鲁迅全集·南腔北调集·我怎么做起小说来》。

③ 《鲁迅全集·书信·致徐懋庸（1936年2月21日）》。

④ 《鲁迅全集·且介亭杂文末编·〈出关〉的"关"》。

⑤ 宋云彬. 玄武门之变 [M]. 杭州：浙江人民出版社，1983.

出对比和评价。""这种古今杂糅于一身是会产生矛盾的，但一则它是穿插性的，对整体不会有决定性影响；二则它集中于喜剧性人物身上，而'鼻子涂白'的丑角式的人物本身就是有矛盾的，这是构成喜剧性格的重要因素。"①

此外，《铸剑》自说"确是写得较为认真"②。它明显地是写"复仇"主题的。这是鲁迅思想中的一个重要内涵。而在《奔月》中，有的描写有高长虹的影子。

所有以上所述及的，我们从主题学、传记学、心理学，以及"文学与社会""文学与思想"的研究角度，从"时期、时代、代、运动"等方面，都可以进行多方面的深入的研究，不仅是可解读、诠释鲁迅的小说《故事新编》文本；而且也可从中发掘、揭示鲁迅小说诗学的一般原理的构成因素。比如，他的《补天》《奔月》《铸剑》的主题的产生，他在这部小说集中所涉及的种种哲学、思想、道德、文化的主题，同当时的中国社会现实、斗争形势、文化语境的关系；他的个人生活、思想状况和心理态势，在这些小说中的折射；如此等等，都是大可研究的。关于历史与现实糅合的问题，关于"油滑"问题、漫画化问题，关于"速写——非小说"问题，关于"把现实写入"的问题，等等，都涉及鲁迅的小说叙事学、美学选择与美学理想，以及小说艺术等问题，也是大可研究的。其意义，于鲁迅小说诗学研究，于中国现代小说美学，都具有价值。鲁迅学中，有关这一问题的研究已有不少。关于"油滑"的阐释，以及它同京剧、目莲戏等中国传统戏曲艺术中的"二丑艺术"——"插科打诨"的关系，并由此探讨鲁迅之所谓"油滑"的审美特征、美学性质等，都有颇具见地的论证。

《故事新编》就是故事新编，是"新编"的"历史故事"。这个最早的似乎过于简单的说法，也许倒是启发人们去思考一个问题：鲁迅在20世纪20年代开启这个创作动机，而在30年代才完成的其"历史的现实叙事"，并且明确地宣布这是"神话、传说和事实的演义"，是否透露了一个可能存在的"现代主义文学中神话的复活"的创作意识与创作立意？"'神话主义'是20世纪文学中引人注目的现象；它既是一种艺术

---

① 王瑶. 鲁迅作品论集 [M]. 北京：人民文学出版社，1984：186-187.

② 鲁迅：《书信·致增田涉（1936年3月28日）》

手法，又是为这一手法所系的世界感知（当然，问题不仅在于个别神话情节的运用）。"①叶·莫·梅列金斯基在论述现代派文学创作中的"神话主义""现代神话"时，把托马斯·曼、乔伊斯、卡夫卡和加西亚·马尔克斯都纳入论述之列，说明这是一个普遍的、一贯的现代主义创作意识与创作手法。其意义在于，"神话、神幻故事和历史三者的界限已不复存在，人物性格的不稳定性则随之而生——人物性格有时让位于'面具'，即戏剧中的面具。"②另外，还在于神话具有"文化符号性"，象征主义借此得以萌生。弗·施莱格尔还指出："神话凭借象征描述为幻想和爱所笼罩的周围世界；它主要不是从可感知的世界出发，而是从心灵深处出发。"③据此，可否推测，作出这样的阐释：可能鲁迅并未明确地意识到，但他的现代创作意识与世界性现代派艺术潮流隐通，同声相应，也采用了"现代神话""神话主义"的创作手法；不过，他不是把神幻故事穿插于自己的叙事–现代故事中，不是"历史、神话、现实"三者相对应叙事，而是直接地、完整地叙述、重构神话、传说、历史，反而是将现实生活插入，同样有对应、反讽、古今融合的艺术效应。他不必与西方作家的创作同一模式，他可以创造，他独立地创获了自己的"现代神话形式"。如果这种推测能够成立，那么这些内容就很可研究了。同时，古代主题与现代主题的融合，人物与故事的象征性、"文化符号性"，以及"从心灵深处出发"的叙事立意与象征，等等，也都是很可发掘、研究的。"极度随意地、有时甚至戏谑地运用传统神话中的形象，将种种神话因素与个人文学创作中类似神话幻想的尝试相合"，这被认为是"德国浪漫主义派神话创作的特征"。④那么，可否探索：鲁迅《故事新编》中使用的"油滑"，是否在艺术精神上也与之相同？

事实上，鲁迅对自己创作中的"油滑"，既不以为然，却又是肯定的。不过，对这种新的创作尝试，他还没有充分的把握。但不管鲁迅自己肯定还是否定，我们都可以作为一种创作手法——"神话叙事学"——来加以研究，并且是作为中国现代文学发展史与发展格局中的

---

① 叶·莫·梅列金斯基. 神话的诗学 [M]. 魏庆征，译. 北京：商务印书馆，1990：334.

② 同①327.

③ 同①313.

④ 同①321.

一种艺术现象来研究。

捷克汉学家普实克，站在西方审美与艺术观念的立场上，并从世界现代文学视角来观察，所得出的结论，倒是值得我们注意的。他说：

> 鲁迅的作品是一种极为杰出的典范，说明现代美学准则如何丰富了本国文学的传统原则，并产生了一种新的结合体。这种手法在鲁迅以其新的、现代手法处理历史题材的《故事新编》中反映出来。他以冷嘲热讽的幽默笔调剥去了历史人物的传统荣誉，扯掉了浪漫主义历史观加在他们头上的光圈，使他们脚踏实地地回到今天的世界上来。他把事实放在与之不相称的时代背景中去，使之脱离原来的历史环境，以便从新的角度来观察他们。以这种手法写成的历史小说，使鲁迅成为现代世界文学上这种流派的一位大师。[1]

总之，鲁迅的小说集《故事新编》是一部特殊的叙事作品，鲁迅在其中进行了独特的创造和探索，无论是成功还是失败、是经验还是教训，都值得我们去研究。而且，现在提出了一些新的课题，更值得我们进一步深究。

---

[1]　西北大学鲁迅研究室. 鲁迅研究年刊 [M]. 西安: 陕西人民出版社, 1979.

第七章 "鲁迅艺术世界之表现"
研究（2）：鲁迅散文诗学

散文诗是"五四"以后新创的文体、新兴的文学样式，这在中国是一个未曾有过、无直接传统的新文学形态。在"五四"产生的新文坛中，散文与新诗，都是艳丽的鲜花，创作成就很大很高，既继承了传统，又吸收了外来的影响，更有新文人的创造。而散文与诗相结合的，既是散文又是诗的散文诗，却是完全新引进的文学样式。而且，运用这种新兴体裁、进行这种创作的作家并不很多。鲁迅是这少数作家中的一员，而且是创作成就最高者。他写了一个"散文诗系列"，后来结集为《野草》出版。

一、《野草》产生的时代和个人背景

《野草》中的作品起自 1924 年，止于 1926 年，而多数作品则集中在 1925—1926 年的几个月时间内。产生这部作品的时间很值得特别注意。在"时期、时代、代、运动"的时间概念上，它具有特殊的意义；在鲁迅个人的生活、思想经历中，这也是一个生活遽变巨变、思想震荡飞动、矛盾尖锐复杂的时期，新与旧、"生"与"死"在激烈搏斗。在这样的时代、时期和这样的生活、思想中，他选取了一种最能表达其情感、抒发其心理、倾诉其心声的文体来进行创作。此时此地此情此意，创作与心的搏斗、情的激荡、意的跌宕同步一致。创作是为抒发，创作之日就是搏斗之时；作品是搏斗的产物，但先是搏斗的"现场"。"抽写哀思，郁为奇文"，语言、语意、语境，原型、意象、形象、场景、风物，都是奇特的、诡谲的、变幻的。这是鲁迅的一抹"越轨"之笔，是他的想象飞动、意象飞扬、灵感迸发的创作。他勇敢地大量借鉴了当时西方现代派作品，又大胆地进行了独特的创造。他取得了出类拔萃的艺术成就。《野草》是鲁迅全部作品中艺术成就颇高的几部作品之一。历来对《野草》的解读、诠释很多，争议也很多；争议多半产生于误读，或者为了给鲁迅辩白和辩解。其实，作品是最好的见证，它足以说明一切。问题主要在于，我们曾经只注意社会、政治层面的阅读、解读和接受，对于思想的矛盾、情感的起伏、意志的跌宕，不是看作创作的良基与良机，而认为是消极的负面的，是鲁迅的局限性的表现。但事实上，鲁迅在《野草》的创作中，最集中而凸显地表现了他的思想的现代性、艺术视野与艺术创造力的现代性、艺术气质的现代性，总之，表现了他真正不愧为中国现代作家第一人的气质。

总结鲁迅的散文诗学，是鲁迅学的一项重任，是研究的可宝贵的领域，也是中国文学史的重要一节。《野草》是鲁迅的"离骚"，是中国现代文学的"离骚"。它进入世界散文诗作品之林，进入世界文学的艺苑花坛，以至进入世界现代文学的优秀作品之列，都当之无愧。

《野草》是最具有时代性、社会性、思想性的作品，同时也是最具有私人性、个人性、心理性和艺术性的作品。它的社会品性的突出、鲜明，它的时代性的凸显、尖锐，它的思想的广袤丰厚深邃，它的艺术的高超奇幻，都是超前的、超越性的。正因为如此，我们对《野草》的诗学研究，首先应该进行的是它的社会性、时代性、思想性以及它的私人性、个人性、艺术性的剖析，也必须以此为背景、为前提、为基础。只有这样做，才能收获真正的诗学果实。以前的《野草》研究，往往只注意前者，而将像血肉一样，像精神气质一样存在于社会、时代、思想中的私人性、个人性、艺术性抛却。这不仅割裂了完整的艺术品，而且就是对于所"注重"方面的研究也是片面的，不符合实际的，丢弃了最重要、最真诚、最准确的事实。

二、《野草》的时代性研究

在把作品纳入文学史的长河中来观察和研究时，我们必须把"时期、时代、代、运动"纳入视线和研究框架之中。对于《野草》的产生和它之所以成长为这样的艺术奇葩，从外部关系、外部研究来看，首先和重要的有两个方面需要纳入视野。第一，把《野草》纳入中国、世界的总体文学格局中来观察；第二，把它纳入文学史长河中的一段来考察：两者是互相结合、互相依存的，一个是空间的、垂直的发展，一个是时间的、水平的发展，它们交叉形成的坐标，就是《野草》产生的最重要的历史、时代、文化、语言的条件和背景。"个别唯有在整体的框架内才能被正确理解。"①《野草》也只有纳入当时中国和世界的文学、文化的整体框架中，才能被更好地理解。同样，文学史上"时期"的形成，既是某个作品，特别是杰出的、代表性和象征意义作品发生的背景和土壤，又凭借这些代表性作品来体现其文学特质和时代特征。"从任何有意义的角度看，历史都绝不仅是一堆散乱的材料的总和，而是由以某种特定的方式发生于特定时间、地点的事件以及我们对这些事件的认识构成的。对历史的正确理解在于重建这些历史事件，并力图解释在可能发生什么事件的背景中究竟发生了什么。"②如果按此段引文所说的去了解中国当时的历史事件与文学、文化态势，再求索在可能发生什么的背景中究竟发生了什么，以及《野草》是如何产生的，那么，对《野草》的性质、思想、内涵、艺术、审美素质的认识，对它的解读、诠释都会得到更丰富、深厚的思想、文化资源和准确解读的依据。鲁迅学向来在这方面的研究是不够的，有缺陷的。它不是没有做这方面的研究，但更多的是宏观的、一般性的"眺望"式的扫描，更重要的是未能更密切、更贴切地同《野草》及其作者的个性、独创性结合起来。

这个"时期、时代、代、运动"的空间概念，也可以看作是——事实上也确实是——外在的客观世界。这个"世界"也是时空结合的，即在"空间"中蕴含着"时代、时期、代、运动"的内容。因此，这个"世界"涉及时空、涉及许多其他文化因素，特别是语言的历时性与共时性的特性也都包含在其中。而作家、文本和受众都存在于这个包罗万象的"世界"之中。而且这个"世界"庞大的知识体系被称为诗人和读者据以探索世界的"文化球体"（cultural sphere）。③

鲁迅的《野草》就是在这样一个包含着"时代、时期、运动"在内

①　埃米尔·施塔格尔. 诗学的基本概念 [M]. 胡其鼎，译. 北京：中国社会科学出版社，1992：5.

②　乌尔利希·韦斯坦因. 比较文学与文学理论 [M]. 刘象愚，译. 沈阳：辽宁人民出版社，1987：66.

③　厄尔·迈纳. 比较诗学 [M]. 王宇根，宋伟杰，译. 北京：中央编译出版社，1998：24.

的，被"文化球体"包围的"世界"之中诞生的。而这些"背景"，不能不深深地刻下他们的烙印，影响以至决定作品的思想性质与艺术气质。

鲁迅在有关《野草》写作的自述中，曾经明白地说过：

这二十多篇小品，如每篇末尾所注，是一九二四至二六年在北京所作，陆续发表于期刊《语丝》上的。大抵仅仅是随时的小感想。因为那时难于直说，所以有时措词就很含糊了。

…………

后来，我不再作这样的东西了。日在变化的时代，已不许这样的文章，甚而至于这样的感想存在。我想，这也许倒是好的罢。①

后来《新青年》的团体散掉了……我又经验了一回同一战阵中的伙伴还是会这么变化，并且落得一个"作家"的头衔，依然在沙漠中走来走去，不过已经逃不出在散漫的刊物上做文字，叫作随便谈谈。有了小感触，就写些短文，夸大点说，就是散文诗，以后印成一本，谓之《野草》。②

我的那一本《野草》，技术并不算坏，但心情太颓唐了，因为那是我碰了许多钉之后写出来的。③

这也可以说，大半是废弛的地狱边沿的惨白色小花，当然不会美丽。但这地狱也必须失掉。这是由几个有雄辩和辣手，而那时还未得志的英雄们的脸色和语气所告诉我的。我于是作《失掉的好地狱》。④

这些自述，很明白地说明了《野草》的"时代、时期、代、运动"的背景和作者"身外"的"文化球体"的状况，以及他自己的看法、反映与反应。只是过于简略罢了。此外，作者还有重要的对于一些篇章的

---

① 《二心集·〈野草〉·英文译本序》。

② 《鲁迅全集·南腔北调集·〈自选集·自序〉》。

③ 《鲁迅全集·书信·〈致萧军〉》（1934.10.9）。

④ 《鲁迅全集·二心集·〈野草〉英文译本序》。

主旨说明。这些，对于我们解读《野草》都是重要的依据。

1924—1926 年，是中国在整体上的一个转折、转型期。政权、政治、社会、思想、文化，都在这样一个巨大的转变之中；而鲁迅，不仅作为战士和作家，处在这个时期的背景之中，他个人的战斗和生活，有些直接同这些"背景"中的事件相联系，而且在个人生活上，也出现了大的动荡。军阀统治盘踞北京，作垂死挣扎；南方革命势力向北发展；工人运动兴起，学生风潮涌动。女师大事件、"三一八"惨案，鲁迅均亲身投入其中。五四运动时期的统一战线破裂了，以胡适为代表的自由主义知识分子反对学生爱国运动，"主张躲进研究室""整理国故"。鲁迅坚持"五四"精神，一面与胡适、陈西滢、徐志摩等展开激烈论战，一面写文章抨击军阀段祺瑞，通过法律手段与教育总长章士钊正面斗争。其家庭生活也发生剧烈变化：与周作人失和，迁居西三条，情绪受刺激极深；同时，与许广平产生恋情，诸多压力不小。在这期间，还大病两次。

这个时期，文学却处于一个发展成长时期，自 1922 年至 1926 年，新文学发展第一个十年的后五年，文学社团、期刊不断创立，文学流派涌现，创作旺盛。文学研究会、创造社、新月派、语丝派、莽原社、沉钟社先后成立，集中地体现了文学创作与流派的发展。鲁迅和他的战友们、同道者，是语丝的创办者与支撑者。在这个时期，他一面译厨川白村的《苦闷的象征》，一面译俄国文艺理论，其文艺思想、艺术气质、创作心理都发生了划时代性的变化。

总之，这是一个政治革命、社会革命、文学革命的时代，而革命的形势、社会情势则进入到新的民主革命时期。封建军阀统治已经维持不下去，进到临终阶段，而新的有共产党参加的民主主义革命正蓬勃发展。文学革命正进一步走向革命文学的建设。"五四"时期的文化革命统一战线破裂了，鲁迅形容自己是"两间余一卒，荷戟独彷徨"。但新的文学力量成长起来了，比鲁迅、胡适、周作人等晚一辈的创造社、新月派登上文坛，表现了旺盛的创作力。他们以南方为重镇，掀起了新的文学运动。一方面是"时代、时期、代、运动"的推进、促动、刺激与激励，一方面是新的文学运动的兴起和鼓舞；一面是客观的、社会的、公众的斗争压迫，一面是私人的、个人的、生活的刺激。这些在他的心中激起斗争的波涛。而新的文学理论启示与文学气质、创作心理，又促使他用独特的形态与技巧、形象与意象来表达这如潮的思绪与意态。

在这样的新时代、新时期的新一代作家群与文学流派产生了新的文学运动（创建革命文学）的"风云际会"中，《野草》诞生了。方生与未死、今天与明天、前进与倒退、希望与绝望、灵与肉、友与敌，都交织在一起，它构成了《野草》的主体与主题。这是鲁迅散文诗学的基础。正是这个外部世界的"文化球体"，决定了《野草》的文化意识、文化品格和艺术气质。但更具有决定作用的，仍然是鲁迅的内在世界。这个内在世界，当时正发生着、激荡着急遽的变化和心理的波涛。兄弟怡怡堪称楷模、令人欣羡的长兄与二弟之间的关系破裂，更导致家庭的大变故。他自言"被逐出"，称故家为"盗窟"。创痛之深，于此可见。正在此时，迟到的爱情令他欢欣，而已死仍在的婚姻及由此带来的舆论压力，又使他痛苦无地。正其时也，对《苦闷的象征》的接受，又给他以创作的触动、激发与契机：

> 生命力受了压抑而生的苦闷懊恼乃是文艺的根柢，而其表现法乃是广义象征主义。①

他正是生命力受到多方面的压抑：社会的、政治的、文化的、家庭的、个人的、理性的、感情的、心理的。他也正是因此采取了广义的和狭义的象征主义。

因此，《野草》研究，有两个重要方面应予以注意和探究。第一个方面，鲁迅的所谓"消极思想"所反映的问题的实质是什么？他所流露的寂寞、孤独、哀怨、仇雠、悲喜、歌哭，固然是他的"苦闷的象征"，有他自己所说的心中的"鬼气和毒气"的成分，但是更重要，更值得注意、值得研究的是，这是一位具有现代观念、现代意识、现代心理，为现代理论所装备的作家，具有极浓烈的艺术家气质、艺术心性的，感觉敏锐、反映强烈的作家的"现代心灵"，在前现代的、封建的、古老落后的社会环境和文化语境中的"灵魂的受难"。《野草》是这个"受难的灵魂"的呻吟、独白、抒发、移情、升华、幻化……人们从中感受到一种海德格尔式的对"存在"的感受："存在的不可定义性并不是叫我们取消对存在的意义的追问，而是逼使我们去正视它。"在

---

① 转引自鲁迅《译〈苦闷的象征〉后三日序》。

鲁迅学导论 彭定安文集 ⑨ 148

《野草》中鲁迅表现出的，一面是存在的荒谬与不可究诘，一面是他执着地追问"存在"的意义，并由此"逼使我们去正视它"。"我们总已经生活在一种存在的领悟中，但同时存在的意义又归于晦暗。""在出场的同时，它总是又把自己扣留在遮蔽之中。在者处于其中的开放空间本身同时又是遮蔽。遮蔽正以一种双重方式在众在者中间支配一切。"①《野草》正是表现了这种"开放／遮蔽""领悟／晦暗"的二相悖反的状况和自我的感受与感应。

三、《野草》：从生活到艺术

这个时期，正是世界现代派文学的兴盛期。这些作家中，无论是早期被称为"旧"中有"新"的陀思妥耶夫斯基，还是"新"中有"旧"的波特莱尔，都是鲁迅欣赏并研究的对象；尼采的思想、作品，特别是《查拉图斯特拉如是说》，对他产生了久远而深刻的影响。而中国现实中的某种程度的现代成分和他所观察到的世界性现代现象与病症，以及由此产生的他内心的现代文化意识，汇总起来在他心中涌动，由滋生、堆垒、积蓄、翻搅到迸发，世界的荒谬、思想的震撼、情感的危机、人的异化、心理隐曲与意识流动，奇诡的幻觉、飞动的想象、联翩的意象、飘忽的意念，由心头到笔端，由情愫意绪、心理到文字语言，凝聚为新奇瑰丽的表现形式。《野草》在中国文苑发出它的异响，显出它的奇异的光彩，同世界现代文学遥相呼应和媲美。

这是中国现代文学一抹绚丽的阳光。这便是《野草》美学构成的基础。

字、词、句的多元多义性、模糊性、象征性、隐晦性，给予整体意义的多元多义性，构成作品的"空白点""未定点"，成为读者的想象空间和进行罗兰·巴尔特所说的"读者的工作–创造"的天地，若即若离，似是而非、似非而是，意在言外，"象外之意、弦外之音、言外之旨"，言简而意繁，"空中之音、相中之色、水中之月、镜中之像"，等等，构成许多幻觉的画面、感觉的印象、知觉的意念。语言的形象化、

---

① 海德格尔. 人，诗意地安居：海德格尔语要［M］. 郜元宝，译. 上海：上海远东出版社，1995：3，16.

意象化、陌生化，词语奇崛而有力，句式怪异而撩人想象，句子构造变幻跌宕，含有音乐美。中西审美因素汇集，构成华美的篇章。《野草》中众多的意象，蕴含着反映复杂繁乱社会现象与思潮的思想、意念、心理，披着凄艳的外装，包裹着美丽的素质，充分显示出"废弛的地狱边沿的惨白色小花"美丽绝伦的光彩。

因此，对于《野草》总体精神的把握，以至于每个篇章的诠释，如果只作社会背景、政治事件、个人遭际等事实的考稽，以及在鲁迅的思想、情绪、心理上的反映，在文字中的表现，只能是一种资料、事实的汇集和文学社会学的研究与诠释，对理解《野草》、诠释《野草》是有切实的功用；但是，却不是文学内在本质的解释，不是诗学的了解，说明不了"文学之所以为文学"——"《野草》之所以是《野草》"。不能否认，文学社会学的考稽与诠释的意义有助于读者了解作品的思想内容，掌握作品的"含义"。但是，文学之为文学，尤其是像《野草》这样艺术性极强、审美素质丰厚深邃的艺术品，这种过于求实、切实的文学社会学的诠释，反倒在具有积极效用的一面之外，还存在限制了、狭义地诠释了作品艺术、思想、意蕴内涵的消极影响的另一面，特别是无法阐明《野草》的审美素质——它的内在文学本质，而无此则不能说明《野草》的艺术价值与作为宝贵文学遗产的意义。鲁迅学中有关《野草》研究的部分，包括争议之产生，其重要原因之一，就是这种过于偏重文学社会学研究而缺乏甚至无视诗学研究所造成的。

更有甚者，或者局限于文学社会学的诠释，或者从庸俗社会学以及"左"倾教条主义出发，论证确定《野草》中鲁迅思想的消极面——虽未批判，但甚惋惜，在惋惜中含有责备。

事实上，对于所谓《野草》中的和《野草》创作时期的鲁迅思想的消极面，更值得和更应该研究的是，这种思想情绪的时代的、社会的以至世界的背景和原因，以及鲁迅个人、私人、心理等方面的原因和这种种原因的意义。而更为值得研究的是，鲁迅为什么和如何地在《野草》中表现了这种"原因"和"意义"：其中的文学的本质是什么，美学构成是什么，美学规律和美学经验是什么，等等。

从生活到艺术、从事实到幻觉（"生活→艺术/事实→幻觉"），也是特别重要、特别值得研究的。《野草》的诗学、诗学的《野草》，正在于此。正是在这个过程中，体现了鲁迅的艺术创造功力和经验：他的艺术创造的特殊手法、想象与意象的功能运用与发挥，艺术性的构建，语言的运用，等等。

直到20世纪80年代初，连提一点《野草》中有一些象征手法的运用，都令提者提心吊胆，读者疑窦顿生，"左"者予以斥责，生怕与鲁迅的革命现实主义抵触，毁了他的崇高声誉。思想与艺术的束缚由此可见。这自然阻滞了对鲁迅文学文本的解读、诠释。80年代以后，这种情况才逐渐改变。人们才从文学社会学以至庸俗社会学的束缚中挣脱出来，在"文学之所以为文学"，在文学内在本质上、在诗学的领域和层面上，来深入地研究《野草》，解读、诠释这个"中国现代文学第一文本"之一的作品，并取得可观可喜的成就——"本世纪20年代世界文坛上出现了《荒原》和《尤利西斯》，而在中国，鲁迅的《野草》可能就是独一无二的成就，它显示出一种与西方现代主义的趋同。"[1]这种趋同的重要表现，就是作为现代文学的"典型现象"和主要手法的象征、意象、隐喻和神话的运用。《野草》有许多篇章以"我梦见……"开始。"我梦想，因此我存在……"[2]加斯东·巴什拉与笛卡儿相对抗，提出了这样一个与"我思故我在"相对立的命题。这是他的"梦想的诗学"的基本命题。他把梦和诗的意境渗透于思想之中，突出"想象"和"形象"在认识论上的价值。鲁迅的"梦想的篇章"，正是以"梦想"、"想象"与"形象"的诗意与诗情相结合，而实现了他的诗情、诗的创造。《野草》中大量运用了意象、隐喻、象征，确实不仅使用了广义的象征主义，而且运用了广泛的象征手法。这是《野草》的艺术气质、美学构成的主要方面。就它的大多数篇章来说，它是意象、隐喻、象征和神话所构织成的艺术云锦。它的艺术价值的寄宿主，就是这些意象、隐喻、象征和神话。意象、隐喻、象征和神话，代表了两条线的会聚：一条线是把诗歌和音乐绘画联系起来，而同科学—哲学分开；另一条线是运用借喻、隐喻、转喻和象征，把对人事的一般性表达转换成其他表

① 乐黛云. 当代英语世界鲁迅研究 [M]. 南昌：江西人民出版社，1993：93.
② 加斯东·巴什拉. 梦想的诗学 [M]. 刘自强，译. 北京：生活·读书·新知三联书店，1996：290.

现，从而赋予诗歌以精确的主题①。意象给人一种形象的把握，更勾起多元的联想和想象，其中有感觉和幻觉的联合与统一。象征在特殊的具象中反映着一般种类的特性，并"在短暂中半透明式地反映着永恒"。叶芝所说的"核心象征"更有深意和诗意："象征的意象"②这里具有双重的意蕴，是象征，又是一种通过象征来表现的意象——不仅是"意象"，而且是象征性的意象。双重的阻隔和模糊（不确定，未定点）勾起双重的联想和想象，构筑更宽泛深邃的意义世界。鲁迅在《野草》中创造和使用了众多的意象、隐喻和象征，它们形象优美凄艳而奇崛，内蕴广袤丰富而深邃。高级的意象中，包含"潜沉"的意象和"扩张意象"。它们富有文学性和内在性。它们是《野草》中富有的意象类型，有力而美丽地表现了鲁迅的思想和心灵。"潜沉"意象，总是潜存在全部视角之下，诉诸感官以具体的意象。扩张意象是预言和进步思想的意象，表现着强烈的感情和创造性的沉思，包括了广大的哲学和宗教的隐喻。③前述《野草》中的诸多意象，都具有"潜存"意象和扩张意象的特性和功能。"虚空""虚无""虚妄""大欢喜""大乐""大光辉""无物之物""无物之阵""无血大戮"，奇异而深邃、朦胧而引人追思、绮丽而启人想象的，寓意性观念性意象；"地火""死火""窘得发白的月亮""地狱边沿的小白花""没药调和的酒""孤独的雪""死掉的雨""冰冻的火焰""颓败线的颤动""口唇不动的言说""神之子""人之子"等，凸现新鲜、鲜明、凄艳、矛盾、奇诡、象形、独创的象征。它们统统含有隐喻、转喻和借喻。《野草》将这些意象、隐喻、象征，镶嵌、纠结、渗透、组织、网络化地纳入文章的整体之中，赋予形象，赋予意念，赋予含义，深深地、形象地表现了一颗受难的心在颤动，一颗中国现代心灵——民族现代魂灵，在前现代、后现代、现代、传统、西方文化、国粹混杂在一起并互相拼搏的社会现实与文化语境中的挣扎与奋斗、悲叹与歌吟、呼号与战呼。这些艺术手法的创造与运用，具有广泛渊博深厚的中外文学、艺术、文化的资源。它的诗性构成、美学素质，可资挖掘的宝藏是很多的。鲁迅学在这方面可做的研究工作还

---

① 韦勒克，沃伦. 文学理论 [M]. 刘象愚，邢培明，陈圣生，等译. 北京：生活·读书·新知三联书店，1984：203.

② 同①：第204.

③ 同①：第221.

很多。

四、《野草》语言—言语研究

《野草》的语言是极为特殊的，富于表现力，形象地、优美地、绚丽地、奇诡地表现着种种意象。它的行进，时而迅疾、短促、激越、高昂，时而舒缓、悠长、低沉、徘徊，是呻吟、浅唱、低吟、沉思式，是斥责、呼号、喊叫、抗争式；它的句式时而如行云流水，时而又沉迟阻滞。总之，是陌生化的。这是在中国文学语言的基础上吸取西方语言，句式的穿插、融汇，而形成独特的语言。它以一种独创的语言，构筑一个"意义"的家园。海德格尔说："语言是语言。""我们现在在诗歌中寻找语言之说。所以我们所寻找的东西就在所说的诗意因素（dasdich-terische）之中。"①诗意因素，就是这种能"说"的"语言"，成为了"语言"的"语言"。"一首诗就是创造。甚至看来是在描述的地方，诗也在创造，诗便为我们的表象活动想象出如此这般被构想出来的东西。在诗之说中，诗意想象力道出自身。诗之所说是诗人从自身那里表说出来的东西。"②

《野草》正是如此，是用创造性的语言"说"，诗意的想象道出自身，又是从诗人自身那里表说出来。罗兰·巴尔特对于日本俳句的赞语，完全适用于《野草》："你的句子，不管它是怎样的，将阐述一种寓意，将放出一个象征，你将变得深厚：以可能有的最小的代价，使你的作品变得内容充实。"③《野草》亦是如此：阐述一种寓意，放出一个象征，以最小的代价使作品充实。语言富有隐喻性、寓言性、象征性，使作家收获了这样的艺术效果。

语言的多元多义性、模糊性、歧义性、生成性，被《野草》的许多篇章充分地运用；尤其是中国语言的意象多而富暗示性和词性的自由性，更被巧妙地运用。这些"玑珠"被串联、衔接、组合、镶嵌而构成广泛的、流动的、多义的形象、象征和意象，它们组成了美妙而富于情意的"意义网络"。这种被休默称为"视觉的具体的语言"，其视觉、知

①② 海德格尔. 在通向语言的途中［M］. 孙周兴，译. 北京：商务印书馆，1997：8-9.

③ 罗兰·巴尔特. 符号帝国［M］. 孙乃修，译. 北京：商务印书馆，1994：105.

觉的效应正如休默所说：

> 一种直觉的语言，把事物可触可感地交给读者。它不断地企图抓住我们，使我们不断地看到一件实物，而不会流为一种抽象的过程。

> 这些意象分行并置时，会暗示及唤起其感受之状态……两个视觉意象构成一个视觉的弦。它们结合而暗示一个崭新面貌的意象。①

所有这些对鲁迅《野草》的语言-言语研究，都是鲁迅学研究中的重要课题、重要领域。

鲁迅学中的《野草》研究部分，真正属于非"文学社会学"而是诗学研究的成果，不说全部是，也绝大部分是在1981年以后，特别是20世纪80年代中期到90年代出现的。这同整个社会背景、文化语境和时代的文学批评气质有关。80—90年代《野草》研究方面的进步，以及此时创获的有价值的研究成果，是鲁迅学的一个重大发展。

以上的若干提示足以说明，《野草》的"文学的内在本质"式的、诗学的研究，是很不够的，而对象的可研究的内容却极为丰富，我们可以做的事情还很多很多。

五、鲁迅的散文与诗研究

鲁迅散文，绝大部分收集在《朝花夕拾》中。从内容上说，它是一本"回忆性散文"。它的思想内涵和审美素质，都大不同于"五四"新文学中成绩卓著的散文创作，不同于"五四"时期诸多散文大家的作品。它充分反映了一个时代——由一个人、一个家庭的衰落反映了一个时代的面貌。这也是一部自传性系列散文，对作者的寂寞的童年、不幸的少年和成长的青年时代，作了系统的记叙。这里有深沉真挚的抒情，有撼人心魂的追忆，有无情的谴责、无比的愤怒，也有委婉的哀怜悼念和真挚的追思怀想：事与情、情与思，紧紧地结合，水乳交融。它比"五四"时期的其他散文篇章，具有更广大的时代内涵、更丰富的思想

---

① 叶维廉. 比较诗学 [M]. 台北：东大图书股份有限公司，1983：59.

含量与更社会化、历史化的情怀。在"时期、时代、代、运动"方面，它的审美素质的构造，远远超过几代人的散文的、个人的、私人的抒情与说理，也不同于那种冲淡平和的文学。夕拾朝花，以现代人的眼与心，去回顾、复述、重构"往事"，从中重现了一个时代，实现了法国年鉴学派所说的使历史在现时代再存活一次，使死人为了活着的人重新活一次。这是《朝花夕拾》的诗性的重要表现。加斯东·巴什拉在《梦想的诗学》中，以一章的篇幅，专门论述了"想往童年的梦想"及其中的诗性与诗学。"童年如同遗忘的火种，永远能在我们身心中复萌。""为深入记忆的档案库，必须超越事实，重新找到价值准则。""为进行重建，必须美化。诗人的形象重新为我们的回忆加上光环。""经过沉思与梦想的童年，在孤独的梦想深处经过沉思的童年，开始染上哲学诗的色调。"①夕拾的朝花，正是这样的童年的梦想，这样的诗化了的童年的梦想和梦想的童年的诗化。

对于《朝花夕拾》的传记学价值和文学社会学价值的追寻、探究与运用，在鲁迅学的研究成果中所见多有。它是丰富的、有价值的，但缺憾同样是"文学的内在本质"的探究、诗性与诗学的探究太少了。人们只看重了它的历史文献、社会记录、个人档案的价值和意义，而诗学的构成，即这一切价值之所以得以实现的本质的、内在的、关键的原因，却被忽视了。今后的研究，这也是一片新天地。需要研究鲁迅如何展现、重构他的已逝的童年，如何描绘他的童年的梦。这个"童年的梦"，又像"遗忘的火种"一样，复萌而又燃起连通"历史、民族记忆"的火把，并赋予美化的光环与哲学的诗性。

《朝花夕拾》的语言——在社会变迁中不断变迁的"语言之流"中的语言，也是一个文学内在本质的，即诗学研究的重要方面。它不同于《野草》中的言说、言语，也不完全同于小说中的言说、言语，同样更不同于杂文的言说、言语；它与同时代人中的散文大家的言说、言语也大不相同，比如与周作人、落华生、冰心、俞平伯、朱自清、徐志摩等均不相同。

鲁迅的古体诗，也是一个诗性、诗学研究的特殊的天地。它主要的

---

① 加斯东·巴什拉. 梦想的诗学 [M]. 刘自强，译. 北京：生活·读书·新知三联书店，1996：129，131，145，159.

美学特征是：在典型的、成熟的、规范的传统古典诗的"躯体"中，装裹着一个现代魂灵；或者说，一个现代魂灵"安居"在古典诗的躯壳里。诗里运用了中国古典的，尤其是源自《离骚》的众多原型意象，如"春兰""秋菊""湘灵""芳荃""高丘""椒桂""荆榛"，都已是"编织"在中国古典诗词中的"符码"，同中国的、传统的、优美的、雅致的诗情画意融为一体，恒久地显示出固有的意象、象征和形象。但是，在这个优美的境界里，却跳动着一个现代魂灵。这里包含孤独、寂寞母题，真正现代意味的恐惧、焦虑、存在主义的空虚感等"'现代'的体验"。"诗中的'我'被困于传统中国与现代中国之间的某个无人之地"，"鲁迅显然是在'探索'一条新的文化途径，但诗中的情绪比Wandering（彷徨）和'寻找'有更丰富的意义"。"他将古典的意象和当代现实融为一体，生动地揭示出自身的极大苦痛和烦忧。"①这种"孤独"、寂寞、焦虑、烦忧，是他个人的、私人的、心理的，但是，其中又蕴含着广大丰厚的时代的、社会的、公众的内容：贫穷、灾难、战争、杀戮、流离失所、哀鸿遍野；统治者的投降卖国、镇压盘剥，思想的统制，文化的衰弊，进步的左翼文化内部的纷争。而这一切，都化为他个人的、私人的、内在的、心理的苦痛哀伤，他内心的无可告慰的感受。这里也包含整体的、民族的国民劣根性和个人"吾独醒"的矛盾，以及孤独的存在的矛盾。这里同样有着文学、文化现代性的创获。

鲁迅研究者们对于诗的"本事"多有考察，对词语的释义和诗的创作动机也多有研究，这对于了解诗的内容自然颇有益处。然而，更多的仍是"文学的社会学研究"，而诗学的探究不多。事实上，一切有关中国古典诗词的美学规律与内蕴，均可用以解读鲁迅古体诗的美之所在；而鲁迅的诗性创造的独特贡献，仍应多加研讨。鲁迅的诗中，众多的深沉的"感受心境"，既表现了他自己的内心感受，又反映了这"感受之源"的社会状态；在高度凝聚的意象中，蕴含着可感觉、感知、感应的情境与状态。所有这些，都表现了鲁迅运用古体诗的创作规律、规范，词语特征，象征意象等，来创造诗的意境的美学成就。

鲁迅诗学研究，在古体诗方面需要开辟有用、有益的领域，创获新成果，比如：鲁迅古体诗的整体美学素质，它的性质和构成，它的特

---

① 乐黛云. 当代英语世界鲁迅研究 [M]. 南昌：江西人民出版社，1993：99，103.

征；这些古体诗对传统古典诗词的继承、运用、突破、改造，特别是"传统的现代处理"——它们通向传统的艺术精神与诗性素质的渠道和方式；而同时，它们又如何通向"现代"，使现代观念、思想、情绪、感受，使一颗"现代魂灵"，妥恰地、融会地安居在一个传统的"艺术家园"之中。

这些，将会是鲁迅学中新的组成部分。

第八章 "鲁迅艺术世界之表现"
研究（3）：鲁迅杂文诗学

　　杂文是鲁迅进行主要批判、战斗和文化创造的文学领域与艺术形态，也是鲁迅思想、理论、人格和贡献的主要所在。杂文这个文学形式，是鲁迅的独创。这不仅表现在它是一种在传统文体基础上创造发展而成的新文体，而且更重要的是，鲁迅使这种文体发展到一种形式与内容高度统一、达到完美程度的"完成形态"，使它具有了丰厚的审美素质。人们能够从中接受重要的、丰富的思想资源，体验到多方面的、高度的审美愉悦。

　　然而，关于"杂文"是不是文学作品，鲁迅后期只写作杂文，是不是一种文学创作活动，这是否意味着他的创作力衰落了，等等，一直有争议。有人为此替鲁迅感到惋惜和遗憾；也有攻击者嘲笑鲁迅之所以如此，就因为他"趋时"、"左倾"甚至是"投机"；而有的外国论者，则以他们的批评理论为准则，论证鲁迅"丧失创作力了"，杂文完全不是文学作品。

　　其实，这种嘲骂和评论，在鲁迅还活着并活跃地以杂文进行思想文化斗争时，就早已经存在了。而鲁迅也早就表示了自己的决心：要从"文学概论"之类著作中去寻找"杂文"这个品种，是不会有的；而如果没有，因此杂文就进不了文学殿堂、写杂文的也就进不了作家之列；如果是这样，那么，鲁迅说，他宁愿写杂文，在风沙中战斗，而不进文学殿堂，同莎士比亚一起在上帝面前吃奶油面包。这里，不仅表现了鲁迅的一种文学态度，而且表现了他的文学认识。文学品种，必须符合"文学概论"中的诸多条条，才能被承认吗!？不被承认，就"为文学"、"为进文学殿堂"，而放弃来自社会需要和自己内心要求的社会责任!？这里确实是两种文学观、文学态度，也是两种价值观、人生观的分野。还有，如果一切按"文学概论"之类著作的条条来衡定新出现、新创造的文学体裁，那么文学就不能发展了：从古至今有多少文学体裁在变迁和创获？

一、鲁迅杂文："甜美"与"有用"的结合

在鲁迅杂文诗学中，首先需要论证的就是它的文学性，认定它是文学作品。鲁迅写作杂文也是创作——表面地看，这个问题似乎无须论辩：即使对上述疑问都持否定的看法，又如何呢？鲁迅并不靠此获得承认。承认者，即使杂文不算文学，仍然肯定崇敬之；不承认者，即使认定杂文是文学，照旧要否认鲁迅的价值。然而，诗学的研究和论证杂文的性质，揭示它的诗学构成，并不单纯为了"承认"，而是出于一种文学、美学上的需要和责任。一位伟大作家，开辟了这样一个新的文学领域，创获了一个新的文学品种。而且以它对中国的社会、文化、思想的发展，为中国文学文化创获现代性，作出了贡献，并且是中国奉献给世界文坛的一束美的艺术之花。我们应该阐明它的美学素质，从文学的内在本质上来论述它的文学素质。

韦勒克和沃伦在世界通行的文学教材《文学理论》中，以一定的篇幅来讨论文学的本质——文学性的问题。他们在一一列举了一些提法与"规定"，如"虚构性""创造性""想象性""不求实用目的""美感距离"等之后，又总能从另一个角度提出反证：有的文本具备某一种或几种品性，但仍然明确地被公认为非文学作品。因此他们指出，每一个术语、"规定"，都只能"描述文学作品的一个方面"或一个特征；结论只能是：

> 一部文学作品，不是一件简单的东西，而是交织着多层意义和关系的一个极其复杂的组合体。……现代的艺术分析方法要求首先着眼于更加复杂的一些问题，如：艺术品的存在方式（mode of existence），它的层次系统（system of strata）等。[①]

人们常常把"实用"同审美对立起来，似乎具有实用性，就损伤甚

---

① 韦勒克，沃伦. 文学理论 [M]. 刘象愚，邢培明，陈圣生，等译. 北京：生活·读书·新知三联书店，1984：16-17.

至拒斥了审美特质。然而，《文学理论》在讨论文学的作用时，作出了这样的论断：

> 一切艺术，对于它的合适的使用者来说，都是"甜美"和"有用"的。也就是说，艺术所表现的东西，优越于使用者自己进行的幻想或思考；艺术以其技巧，表现类似于使用者自己幻想或思考的东西，他们在欣赏这种表现的过程中如释重负，得到了快感。
>
> 当某一文学作品成功地发挥它的作用时，"快感"和"有用性"互相汇合，因此文学给人的快感是一种"高级的快感"。文学的"有用性"——"严肃性"和教育意义，是一种令人愉悦的严肃性，因此是一种"审美严肃性"（aesthetic seriousness），即"知觉的严肃性"（seriousness of perception）。[①]而且，文学具有多种作用（并不只是具有审美作用），文学趣味的多元性和文学批评的多种类型的存在，既反映了文学功用的多样性，又说明可以多元地来要求文学作品。[②]

这里论证了"甜美"和"有用"、"愉悦"和"严肃"是融会于文学作品之中的两种有区别而又并行不悖的品性，不能因为具有"有用性"和"严肃性和教育意义"，就否认作品的文学性。"审美的严肃性"和"严肃的审美性"，是一种作品本可具有的品性。以此来讨论鲁迅的杂文，应该得出别样的结论。鲁迅的杂文的"有用性"——"严肃性"，即它的社会意义、战斗作用、教育功能、思想价值，等等，使它优于使用者的幻想和思考，能够从中获得"高级的快感"和"严肃的审美愉悦"，使作品具有"审美的严肃性"和"严肃的审美性"。鲁迅杂文并不因为它的严肃的社会战斗作用、思想教育意义以及知识的、知觉的、科学的传播意义，而失去它的"甜美"和"审美愉悦"的作用和文学品性；而只是使它具有了一种特殊的个人独创性、文学类型学上未曾有过的"严肃的审美性"和"审美的严肃性"，具有一种独特的独创性的文学性。

这是鲁迅杂文诗学的"开宗明义第一章"：它具有审美特质，具有

---

①② 韦勒克，沃伦. 文学理论 [M]. 刘象愚，邢培明，陈圣生，等译. 北京：生活·读书·新知三联书店，1984：20-21.

诗性。

而且，在中国传统文学理论和批评原则，也是民族的文学接受意识——接受屏幕中，"文以载道"——"文学的有用性"，向来是重要的，甚至是首要的标准之一，重要的内涵之一。中国诗学，思想为上，载道为上。刘勰在《文心雕龙》中说："观天文以极变，察人文以成化"，"辞之所以能鼓天下者，乃道之文也。""道沿圣以垂文，圣因文而明道。"

他把宇宙（道）、圣人（作者）、文学（文）三者的关系，规定为一种循环推动作用的关系。刘若愚图解①如下（图8-1）。

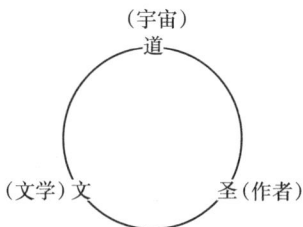

图8-1 "宇宙—作者—文学"循环关系示意图

这种理论批评原则，一直沿袭、发展到现在，仍是中国人文学气质、接受意识和批评原则的圭臬。

鲁迅杂文之所以一直受到中国读者的喜爱，不仅为他们所接受，而且被认为是一种民族文化文本而受到重视，同这种民族的文学气质和接受意识是分不开的。在这里，在接受世界里，"有用"同"甜美"是结合在一起、融为一体的。所谓杂文的"非文学性"这种审美阻碍，在他们的意识中并不存在。

鲁迅学在杂文研究上的成就，反映了中国民族接受的事实和心意。不过，过去的鲁迅杂文研究，往往比较偏重于"有用"的研究，尤其20世纪80年代以前更是如此。80年代以后，情况有了很大变化，对于鲁迅杂文"甜美"一面的研究大大加强了，论著很多。但是，限于"传统艺术性研究"的探究较多，而在"文学内在本质"的探索、杂文诗学的探索方面，仍然是很不够的。鲁迅学今后的发展，需要在这方面开辟新的领域，创获新的成果。

---

① 刘若愚. 中国文学理论［M］. 台北：联经出版事业公司，1981：43-44.

二、鲁迅杂文艺术本质的基础

鲁迅杂文的品性，首先决定于产生它的时代。因此，"时代、时期、代、运动"和"生产—存在方式"，是研讨鲁迅杂文诗学的基础。

鲁迅的杂文，是真正的时代产物。

丹纳在其名著《艺术哲学》中指出，种族、环境和时代，是决定艺术作品本质的三个主要因素。丹纳指出："要了解一件艺术品，一个艺术家，一群艺术家，必须正确地设想他们所属的时代的精神和风俗概况。这是艺术品最后的解释，也是决定一切的基本原因。"①他还指出：

> 只要翻一下艺术史上各个重要的时代，就可看到某种艺术是和某些时代精神与风俗情况同时出现，同时消灭的。②

精神的气候、环境的条件和群众的声音，这便是时代、环境的具体体现。这就是丹纳的艺术哲学、美学的历史主义原则。他特别指出，在隔了几个世纪之后，我们在听到艺术家的声音时，还能辨别出"群众的复杂而无穷无尽的歌声"，这是艺术家周围的齐声合唱。"只因为有了这一片和声，艺术家才成其为伟大。"这说明，"最大的艺术家是赋有群众的才能、意识、情感而达到最高度的人。"鲁迅杂文的艺术本质，即艺术品的美学性质，在这方面，具有非常突出的表现。它的时代性，它的"时代的气候"和"精神气质"，它所表达出的群众的"合唱"与"和声"，都非常突出。它是丹纳的"文学是社会表现"的最佳证明。文学是社会的再现，作家是社会的一员，拥有一个特定的社会地位，持有一种特有的社会思想，用文学对社会进行思考、予以反映，并得出明确的或隐蔽与潜在的社会思想结论，作品也会对社会产生一定的影响与效应，一定的社会读者会接受这种作品的或正或反的影响。文学的创作和接受，都是一种社会实践。总之，"文学与社会"这个命题的三个主要方面——"作家的社会学"、"作品本身的社会内容"及"文学对社会的影响"，鲁迅的杂文都集中地、典型地、几乎完满地反映出来了。这成

---

① 丹纳. 艺术哲学 [M]. 北京：人民文学出版社，1963：7.

② 同①：8.

为他的杂文的思想文化内涵的组成部分，也是审美素质的基础。他的杂文同中国当时的社会、经济、政治，以及以它们为基础构成的社会生活、社会现实，有着密不可分的，互相渗透、彼此影响的血肉联系。鲁迅杂文是中国现代史、中国人的现代心态史和中国现代思想、文化史的"文学版"。

中国从20世纪初到20世纪30年代的几十年间，巨大、急遽的社会动荡，尖锐复杂的民族斗争，思想文化上传统与现代的激烈的斗争，需要短兵相接、锋利精悍的投枪匕首式的文体，及时地、尖锐地反映时事和参与斗争。现代文学、文化的诞生，思想文化的新质新军的产生与发展，城市现代青年知识阶层的产生，以及现代新闻出版事业的发展，都给杂文的产生和发展创造了客观的社会、经济、思想、文化条件。以上这些，都是厄尔·迈纳在《比较诗学》中所说"世界–文化球体"所包含的"时代、环境"的具体内涵。而鲁迅本人作为创作主体，其改造社会、改造文化、改造国民性的思想战士的心性、斗争的精神，以及中外文化雄厚装备的知识结构，高度的文学修养，敏锐的艺术气质，幽默讽刺的才能，又使他能够体察客观的需要，以高度的民族责任感承担这样的时代的、历史的、文化的重任，并创造最适应时代需要的文体。杂文的产生带着时代与社会的使命；而作家创造、运用和发展这种文学样式，也正是适应时代之所需、社会之所求，表现了一位作家的社会责任感、丰厚深邃的思想和文学创造才能。鲁迅创获了杂文这一文学形态，正是他个人的特有的贡献，是对中国现代文学的贡献，也是向世界文坛奉献了一份中国式的艺术之花——就像法国的蒙田创造发展和奉献了他的"随笔"一样。

进步的、现代的知识群体和希求改变现实的群众的声音，推动了鲁迅去创造杂文这个文体；而"五四"时期活跃的思想、开放的时代精神、现代学术文化的变迁以及文化现代性的产生，促成了杂文的成长。杂文成为当时的一个适时适用的文体。保守的、顽固的、反动的营垒中人，也使用这个文体。他们在攻击新文化运动和新文化，攻击鲁迅时，也经常地和大量地使用杂文文体。这也刺激和推动、"帮助"鲁迅不得不使用杂文，"以子之矛，攻子之盾"，"即以其人之道，还治其人之身"。当时新兴的现代新闻出版事业的发展，也使鲁迅广泛及时地掌握各方社会信息、文化资源、思想动态、群众声音，从而给予及时的反映与反应，使他的杂文成为"感应的神经，攻守的手足"。这一切，便构成了鲁迅杂文在"世界-文化球体"、"时代、环境"的"气候"与"气质"等方面所酿成的美学因素和艺术品质。我们在解读他的杂文时，生动、深切、具体地了解到的时代气候、精神气质，所感受到的历史意蕴，所听到的鲁迅的深沉的民族之音、人民之声以及当时群众的"合唱与和声"，这一切，便给我们以一种既"有用"又"甜美"的美感享受。

以上所提及的各个方面，都是鲁迅学研究广泛、深刻、丰富的内容。现有的鲁迅学成果，在这方面是颇为丰富的。但是，其广度和深度仍然很不够，特别是诗学的范畴和主题学上的研究更不够。

三、鲁迅杂文"文学的内在本质"之基础

蒙田（1533--1592）以百万文字的《随笔集》独步世界文坛。他并没有其他"文学概论"之类著作中所称的"纯文学"如小说、诗歌、戏剧的创作。"随笔"就是散文的一种。蒙田的确是随笔写事，无事不谈，叙事带出议论，议论裹挟事实，借对日常生活、人际交往、伦理道德、传统习俗、人文学术、人生哲理等主题的述说议论，表达自己的思想观点、评论、批判，成为社会现实、时代精神以及他自己精神历程的反映，其中有广博的知识、丰富的思想、启人的智慧，也有现实的反映、时代精神的折射和生活的哲学。他自己说，这是"世上同类体裁中绝无仅有的"。的确，这是他的创造。对于蒙田的随笔，西方评论向来公认是蒙田创作的文学作品；法国权威性评论，也都肯定他的作品论题广泛、思想丰富、见解深刻、知识丰富、语言生动等；并没有也不可能有那些习见的文学创作所规定的条条，如形象、典型、情节、故事等方面的成就评价。当时，在蒙田出版他的随笔时，也有些人攻击蒙田，否定其随笔的价值。这种情况同鲁迅创作杂文颇为类似。应该说，鲁迅比蒙田晚了400年，又是在现代中国创作他的杂文，其社会状态、文化语境都大不相同。蒙田在社会虽急遽变化，但究竟仍属"正常、和平"的发展时期，时代精神、文学气质与鲁迅所面对者均不一样。鲁迅所处的时代，则是现代的、在苦难危亡中挣扎，民族、阶级、社会斗争都十分尖锐激烈复杂，是血与火迸射、刀光剑影闪烁的时代。因此，鲁迅杂文比蒙田随笔更少从容，而更多激愤；更少舒缓、娓娓的说理的展开，更

多的是激越昂奋的揭露、批判，语言更尖锐锋利，且多幽默讽刺。其广博知识的运用，也不是裹挟于说理过程之中，而是成为揭露、抨击、批判的一粒粒子弹、一支支箭矢。总之，"蒙田随笔"所具有的文学性，"鲁迅杂文"皆有之；而由于历史时期不同、时代精神不同、文化语境不同、文学气质不同，鲁迅杂文在许多方面更有优于"蒙田随笔"之处。这不是个人思想能力、艺术才华的差异，而是时代与文学、文化都发展了的结果。这足以说明鲁迅杂文文学性存在的合理性。

杂文，在文学形态学上说，应属散文之列，只是它的性质是议论胜于叙事抒情，是"议论性散文"，在中国传统文论上亦可称驳论文。这种体裁的文章，在中国文学传统中是很丰富、成就很高的，从先秦到明清，有一条深厚的传统之流，它养育了中国一代又一代文人和他们的创作。鲁迅的杂文，正是中国这一丰富深厚的文学传统的继承、发扬和发展。从中，我们可以寻觅到从先秦驳论文到唐代罗隐、皮日休的影响，以及历代议论散文的传统精神与文学气质。鲁迅杂文也广泛地大量地吸收了外国文学的营养，其中包括英、法、俄、日等国的各具特色的散文、随笔、小品文的艺术文化资源。当然，鲁迅杂文也容纳了大量的中国传统的和外国近代现代的思想资源。鲁迅的高层次的知识结构，容纳了中外哲学、美学、历史、社会、教育、伦理等学科的广泛丰富的知识，这是他的杂文生发百科全书式的思想、学术、文学内涵的知识基础和知识资源。这不仅给他的杂文以丰富思想文化含量的知识支援与"材料"，而且是他的杂文高度文学性的知识依托和美学素质的知识渊源。"知识宝库"和"审美资源"，成为一个文学内在本质的统一体。

鲁迅杂文的这种由广博、丰富、多元、多学科知识所"包裹"、融会、浸渍的思想、批判、评论、幽默、讽刺，以及通过各种知识来巧妙、深刻、幽雅、泼辣地表现，都构成了他的杂文的高度审美素质，构成了"在文学的内在本质上"的文学性、艺术性。这是鲁迅杂文诗学的雄厚基础和突出特质。鲁迅学在这方面的研究成果是比较丰富的。只是还缺乏在此基础上更进一步的概括、抽象、理论化、（美学）学理化。当然，现在这种研究的势头已经出现，也已经有了好的成果，以后还会继续发展、提高，创获理论上的建树。

四、零金细玉构筑的思想大厦

作为思想家的鲁迅，他的思想主要体现于他的杂文中。而杂文，不是长篇大论、高头讲章，而是就社会事件、日常生活、文化现象等"细小"的、"零碎"的、"普遍"的事情，针对性地进行揭示、抨击、批判，于其中表达了他的社会、政治、历史、哲学、伦理、美学、文艺、科学、教育等方面的思想。他的思想的一贯性、体系性、丰富性、深刻性，都是这样"零零碎碎"地表现出来的。但是，这却是一位具有极高思想能力、批判能力的思想家，在对于具体事物的揭露批判中所表现出来的。在他的思想中，这一切是一贯的、成体系的、完整的构造。艺术家和战士的品性、责任感和客观社会的需要，使他没有采取系统的思想著述的形态来表述，而是"随遇而发"地，在随机的战斗、遭遇中，在社会各类现象、事件、斗争发生时，就借具体的事件、人物、现象，于揭露批判中既照出对象的本质，又表述他的思想的一面、一角。这不仅表现了他的思想家的风貌、战士的品格，而且显示了他的艺术家的气质。他的思想是艺术地表现出来的，是寄寓、蕴含于艺术的制作之中的，因此不仅是启迪人、教育人的，而且是吸引人、感动人的。"艺术作品是具体思想在具体形式中的有机的表现。"（别林斯基）"诗是直观形式中的真理；它的创造物是肉身化了的观念，看得见的，可通过直观来体会的观念。"（别林斯基）①鲁迅的每篇杂文，正是通过具体的形式，把具体的思想有机地表现出来。他的"诗化的思想""通过文学性的杂文来表现的思想"，是通过直观形式表现出来的真理。他的思想，也是"肉身化了"的，即通过生动、具体、活泼、有趣、典型性的事件、现象、事物、人物言行等看得见、可直观的对象来表现的。这是他的杂文的思想性所在，也是艺术性之所在，即其诗性、文学性的表现。别林斯基说：

　　在有些作品里，观念延伸到形式里面去，从而在形式的全部完

---

① 中国社会科学院外国文学研究所. 外国理论家、作家论形象思维 [M]. 北京：中国社会科学出版社，1979：57.

美性中透露出来，温暖着并照亮着形式。①

真理同样也构成诗歌的内容，正像构成哲学的内容一样；就内容而言，诗情作品是跟哲学论文一样的东西；在这方面，诗歌和思维之间没有任何不同之处。然而，诗歌和思维远远不是同一个东西；它们因其形式之不同而显著地互相有所区别，而形式正是构成它们各自极为重要的属性。②

鲁迅的杂文正是蕴含着真理、思想。就内容而言，它是"同哲学论文一样的东西"，但是，杂文的形式方面，包括它的表现手段与手法，它的构造，它的语言，它的形象性、生动性、隐喻、反讽等，都是同论文不一样的。鲁迅的杂文正是这样一种具有丰富深厚思想与质朴真理，与论文具有同样的内容和同等价值，但却以文学形态表现出来的文学作品。第一，他的思想，不像哲学家、理论家、学者写作论文和学术著作那样，以系统的、专门的、逻辑的论著形式表现出来，而是个别地、具体地、"就事论事"地表现出来的。他的思想大厦，由零金细玉构成。第二，这些零金细玉又是通过生动的、形象的、文学的、艺术的手段来表现的。

鲁迅杂文的思想储藏，还表现了一个突出的特点：他的思想的整体，他的总体世界观、人生观、道德观、艺术观，他的哲学、科学、美学、历史、教育、社会、政治等的观念和理论，全都在这些"零金细玉"——杂文——中，表现、透露、"辐射"出来。部分中包含整体，具体中表现一般，"由一滴水看见大海"。这里也体现了鲁迅杂文的诗性。

这是鲁迅杂文诗学的根本特征。

从鲁迅的杂文中我们还可以看到、体察到，他在杂文创作中是运用形象来思考的。无论是短小的杂感、匕首式的杂文，还是各种形式的杂文，以及长篇文化批判杂文，虽然许多是夹叙夹议、叙议掺杂的，但他总是不断地提供场景、事件细节、人物言行和形象，或勾勒，或描画，或薰染，或铺陈，用的都是他所欣赏的中国绘画"铁线描"式的手笔。手法凸显出形象，跃动着形象。他的思维、观念、思想、理论，都是裹

---

① 中国社会科学院外国文学研究所. 外国理论家、作家论形象思维 [M]. 北京：中国社会科学出版社，1979：67.

② 同①：68.

挟在、潜隐在甚或深埋不见踪影地存在于这些叙与议中，存在于这些形象中。在叙、议和形象展现的行进中，他的思想形象地、艺术地表现出来，闪射、暗示出来，或者"神龙见首不见尾"，若隐若现，你可以意会、体察、品味出来。"思想、形象"密不可分，水乳交融。或者由思想到形象，或者由形象到思想，一而二，二而一。

鲁迅的杂文大量使用了形象、隐喻、象征和意象。"论时事不留面子，砭锢弊常取类型"①，他通过这种美学手段，达到了"通过短暂，并在短暂中半透明式地反映着永恒"②的目的。这些形象、意象，都是他从实际生活中提炼出来的，这里既表现了他的思想家的思想才能，又表现了他的作家的艺术才能。"娘儿们上街牵着的叭儿狗""留着胡子挂着知识分子铃铎的领路的山羊""吸吮脓血还要拉上蝇矢的苍蝇""吸人血还嗡嗡叫说明'有理'的蚊子""丧家的资本家的乏走狗""落水后爬上岸来依旧咬人的落水狗""洋场恶少""破落户子弟"……这些形象-意象，已经成为一种反映社会本质的典型形象而长留在人间，成为以后的人们认识世界、了解人生与人性的一种认识力量。它所能产生的文化效应，并不低于小说中所创造的人物典型。

五、激情——幽默和讽刺

鲁迅艺术地、形象地表达他的思想。其基本手法之一，其根本特征之一，其艺术才能的主要表现之一，就是幽默和讽刺。幽默和讽刺，原本属于艺术手法之列，是作品艺术性的重要属性和因素。幽默感是一切作家的重要思想才能与艺术技能的内涵，作品因幽默成分的存在而具有艺术魅力。讽刺也是如此。它以特殊的形态来反映、表达事物，使作品具有艺术魅力。鲁迅大量地、经常地、巧妙地运用幽默讽刺于他的杂文中，构筑了他的杂文艺术楼阁。

幽默、讽刺是鲁迅杂文的重大特点。这是它的文学性的重要表现，也是杂文审美素质和审美效应的重要方面。幽默是一种高级逻辑、高级智慧；讽刺是一种非常锋利而又有审美效应的战斗的批判武器。鲁迅在杂文中大量地使用幽默和讽刺，他或者是以锐利的眼光、敏锐的感受，把生活中具有讽刺意味和幽默情趣的人物言行、社会现象、各种场景，简练地勾勒出来，引得读者会心地微笑；或者是在叙事状物、议事评人时，使用幽默的笔调和讽刺的手法，来获得揭示本质或抨击批判的效果；或者是运用一种排比、组合、"对接"等手法，使本来平常的事物、社会现象，产生幽默讽刺的效果。这一切，都使接受者在阅读过程中产生一种多成分的审美愉悦。幽默、讽刺本身所产生的愉悦；作者幽默、讽刺的才能，使读者由于欣赏赞叹而产生的审美愉悦；或者，某句话、某个情节、某个画面、某个细节，引起幽默、讽刺的效果。所有这些都是鲁迅杂文美学构成的重要因素所取得的审美效应。鲁迅在杂文创作中，在幽默之风韵的运用中，表现了一种杰出的思想家艺术家的机智。这种机智表现了他洞悉现实、透析事物、观察人物的睿智、机敏和思想的光芒。"意想不到的正确构成机智。""机智的特征在于深入到事物的隐蔽的深处，在那里拣出显著的情况或关系来，注意到这情况或关系，则整个对象便在一种新的更清楚的光辉下出现。"①鲁迅的幽默讽刺所显示出的少有的机智，正是这样的。这具有产生审美效应的巨大深厚的能量。这能量正出自鲁迅杂文内在的审美素质。这是一个尚可大力挖掘的特殊的杂文的诗学本质源泉。

别林斯基很强调"激情"在艺术创造中的作用。他说："如果一个思想家……被他所研究的真理醇精般的情焰所渗透，有时提升到激情的高度，借助于想象的手段，用感情的火热的语言和想象的彩虹般的形象来说话。"②鲁迅正是这样，他不仅对生活、对人民、对理想具有一种炽烈的激情，而且对由生活而产生，由对生活、人民、理想的关怀而产生的思想，也有同样的激情；对表达这生活与思想也具有一种同样的激情。因此，他为这种思想所渗透，借助彩虹般的形象来寄托和表达他的思想，或者，在生活的形象中发现、提炼出他的思想。别林斯基关于诗人以激情创作的情景，完全适用于鲁迅创作杂文时的情景：

　　……有了激情，诗人就爱上观念，像爱上一个美丽的、活生生

---

① 乔治·桑塔耶纳.美感：美学大纲 [M].北京：中国社会科学出版社，1982：171.

② 中国社会科学院外国文学研究所.外国理论家、作家论形象思维 [M].北京：中国社会科学出版社，1979：68.

的人一样，就热情如焚地被观念所渗透……用他整个丰满的完整的精神存在来洞察它——因此，在他的作品中，观念不是抽象的思想，不是僵死的形式，而是活生生的创造物。在这创造物中，形式的活生生的美正是证明其中具有绝妙的观念，并且在这创造物中，丝毫也看不出缝合或者焊接的痕迹，观念和形式之间没有界线，二者正好构成一个完整而又统一的有机的构造物。①

鲁迅杂文正是如此：爱之弥深，激情如火，在思想、观念和"美的创造物"——文学作品——两者之间，没有缝合或者焊接的痕迹，他从生活中熔铸出的思想、理论、观点、见解和他所创造的"形式"（"绝妙的观念"和"艺术的形式"）之间没有界限，二者构成完整的统一的构造物。这就是鲁迅杂文思想性、文学性、诗性高度统一、高度融合的体现。这一点是鲁迅杂文诗性集中的、突出的表现。"生活"酝酿、提炼、转化、生成思想，思想熔铸、转换、"提升"、变幻为"形象"，现象、人物、事项、叙事、语言、幽默、讽刺再转换为"艺术的形式"——杂文。这，就是鲁迅杂文的构造过程与构造状况；也是他的杂文的"文学的内在本质"——诗性——的构成过程与构成状况。这也就是鲁迅学对鲁迅杂文诗学进行研究的主要之点。

六、中国现代诗史与现代中国人灵魂的镜子

鲁迅的杂文具有深厚的历史感。他评议批判"今天"，都是同"历史"紧密联系的，这就是如他所说的"挖祖坟"的工作，即揭示历史渊源、历史因素的工作；而且，揭示了"历史"作为"今天"的"传统"和"包袱"的"现实作用"，从而引起注意，并由此展视"明天"。这种广泛的古今中外历史事实、典故、教训的引入，不仅大大增加了杂文的知识价值、认识价值，因而也就增加了审美价值，而且在"历史"结合"现实"的运用中，在那种深深的历史感中，也同样产生欣赏的快慰、审美的愉悦，使杂文的审美素质、诗性构造又增加一个层面。

"历史"作为一个角色进入"现实"，活跃于"现实"之中，使"现

---

① 中国社会科学院外国文学研究所. 外国理论家、作家论形象思维 [M]. 北京：中国社会科学出版社，1979：71.

实"显示其隐蔽的意义——在"历史"的观照、透视、对比下，显出"原形"、丑陋、"新衣掩盖下的陈尸"。在鲁迅的杂文中，"历史、现实"是融合于一体的。"历史"在现实中"呈现"、"重新活一次"，而"现实"则在"历史"的照射下显出陈迹。但是，鲁迅杂文是"写"现实的，"历史"究竟是"配角"，是为"现实"而重现、而存在、而具有意义的。因此，鲁迅杂文系列，便自然地成为"现代史"。这种"历史"与"现实"的高度融合和意义的彼此触动、发现、对比、观照，就成为鲁迅杂文美学构成的重要成分。鲁迅学研究成果中，关于鲁迅杂文的"现实"与"历史"的分别的研究与意义阐释是很多的；但将两者结合起来分析，特别是从美学构成、诗学构成的角度来研究，却是很不够的。

从鲁迅的杂文中，人们可以"按序"地、"编年"地读到"中国现代史的'杂文地表现'"——中国现代社会变迁的"诗史"。鲁迅说，他不敢说他的杂文是"诗史"。但是，由于他总是及时地抓住了、反映了中国现代史上的重大事件、事变、人事，抓住了、反映了中国现代社会变革中的重大社会现象和社会心态，因此他的杂文集，一本一本地、一篇一篇地，排比着，按序列地、编年地反映了中国的现代史——从一些侧面，从一些视角，从人民的立场与角度；而且是那么生动、具体、细致，既有载入史册者，也有为史册所不载者。"鲁迅杂文文本"作为一种"文本人类学中的中国纪事"，其"纪事"不仅是艺术地完成的，而且是更侧重于从心态角度和心态史视角，从灵魂的窥视与揭示上来表达的。因此，更有了民族灵魂镜子的作用。正如他自己所说："现在，中国人的灵魂，就反映在我的杂文中了。"他是在高度自觉的基础上这样做的。

作为中国现代史的"诗史"和中国人现代灵魂的反映，人们在阅读鲁迅杂文中，了解中国现代演变和中国现代心灵。从他的揭示和批判中，深入它们的本质，理解它们的精髓。无论是揭露、批判，刨祖坟、揭疮疤，还是鞭笞、鼓励、愉悦，读来均有如暑天饮冰，如果再与现实诸端联系而思，则感慨更深。这是思想的启迪，也是艺术的享受，统一而成一种崇高的审美愉悦。

这正是鲁迅杂文诗性的最好证明，也是鲁迅学中杂文诗学研究的重要方面。

鲁迅的杂文"是在对于有害的事物，立刻给以反响或抗争，是感应的神经，是攻守的手足"。[①]他的讽刺都是属实的。他说："非写实决不能成为所谓'讽刺'，非写实的讽刺，即使能有这样的东西，也不过是造谣和诬蔑而已。"[②]"其中有着时代的眉目。"[③]他的大量的杂文，按照时序发展下来，及时地反映了每一个时期的社会生活、人民心态、政治状况、各种斗争。全部组合起来，就是一部"杂文形态的中国现代史"。这是一部特殊的历史，不仅有重大历史事件、政治事件的侧面的反映，而且有具体的、细微的、日常生活的"以小见大"，有社会心态的揭示，它构成一种特殊的社会学、文本人类学。如何揭示鲁迅杂文的这种特殊社会文化本质，以及这种本质是如何被鲁迅运用杂文这一特殊文学形态艺术地表述的，是鲁迅学中"鲁迅杂文诗学"的重要组成部分。

七、鲁迅杂文艺术的中外思想文化渊源

鲁迅强调指出，杂文是"仗着挣扎和战斗"而生存的。失去战斗，就失去了杂文。他说：

> 晋朝的清言，早和它的朝代一同消歇了。唐末诗风衰落，而小品放了光辉。但罗隐的《谗书》，几乎全部是抗争和愤激之谈，皮日休和陆龟蒙自以为隐士，别人也称之为隐士，而看他们在《皮子文薮》和《笠泽丛书》中的小品文，并没有忘记天下，正是一塌糊涂的泥塘里的光彩和锋芒。明末的小品虽然比较的颓放，却并非全是吟风弄月，其中有不平，有讽刺，有攻击，有破坏。这种作风，也触着了满洲君臣的心病，费去许多助虐的武将的刀锋，帮闲的文臣的笔锋，直到乾隆年间，这才压制下去了。[④]

这里不仅揭示了"挣扎和战斗"一直是小品文——杂文——的生命，而且揭示了杂文的中国文学传统渊源，说明传统在今天，在鲁迅杂

① 《鲁迅全集·且介亭杂文·序言》。

② 《鲁迅全集·且介亭杂文二集·论讽刺》。

③ 同①。

④ 《鲁迅全集·南腔北调集·小品文的危机》。

文中的反映。传统是鲁迅杂文的创造渊源，也是它之所以产生的"历史灵感"的渊源，同时也是它的民族性的突出表现。杂文，不仅是中国现代社会的产物，而且是中国文学、文化的产物。这也是鲁迅杂文诗学渊源的重要方面。

鲁迅在论到"五四"以来散文小品的成就时，除了指出它也是"自然含着挣扎和战斗"之外，还指出了它的外国文学的资源："但因为常常取法于英国的随笔（essay），所以也带一点幽默和雍容；写法也有漂亮和缜密的。"①

除此之外，也还有欧美讽刺文学的影响，特别是果戈理的讽刺传统，还有日本幽雅隽永的小品文、随笔，以及尼采的影响，等等。揭示鲁迅杂文这些方面的成就和美学构成，也是鲁迅杂文诗学研究的重要方面。

八、多重对立因素结合的思想诗

鲁迅杂文是逻辑思维与形象思维的结合，是多重对立因素的巧妙的结合，是多重矛盾的统一体。在他的杂文中，具体、一般，个体、群体，现实、历史，私人、公众，事实、想象，具象、抽象，形象、逻辑，这样几组对立的因素，都统一整合而成一个完美的审美对象。

鲁迅的杂文，总是从揭示、叙述、描绘一个具体的人事、事件、事物或现象开始，然后自然地而不是笨拙地，艺术地而不是勉强地转向、提升到一般。同样的，个体、群众，私人、公众，具象、抽象之间，也是这样地转换和提升，从而产生思想的效应。而杂文的艺术性，也在这里凸显出来。"事实→思想"这种过渡、转换，更表现出一种提升与结晶，一种对事实的揭示、剖析、抨击、批判，都既潜存着深厚的思想，又在这样思想的指导下完成了提升与结晶，从而在字里行间、语言运用之中蕴含深邃的思想，显示或暗示出来，供读者接受与品味。

当然，可贵的还不仅仅在于"其中有思想"，更为可贵的是鲁迅之所以成为鲁迅，鲁迅杂文之所以成为艺术精品，还在于更重要的两点：（1）在杂文中蕴含和表露出来的思想，是丰富的、多元的、多样的，是百科全书式的，而且是独创的、独特的，是"鲁迅式"的，深刻、精

---

① 《鲁迅全集·南腔北调集·小品文的危机》。

炼、切实，既有现实感又有历史感。（2）这样丰富深刻的思想，又不是一般地"说"出来的，而是艺术地表现、显示、暗示出来的。正如别林斯基所说，"是具体思想在具体形式中的有机的表现"，是"直观形式中的真理"，"他不证明真理，却显示真理"，是"对真理的直感的观察"和"寓于形象的思维"。①鲁迅杂文中的思想"零金细玉"式的存在，是借具体的事件、人物、现象，在具体的形式中有机地，即"事实"与"思想"完全契合地、血肉相连地、有生命力地"生长"在一起，表现出来。其中显示了具体的真理——直感地观察了蕴含于事实中的真理；思想寓于形象之中，形象中寓有思想。所有这一切充分地表现了鲁迅杂文的思想性、说理性、文学性、艺术性，说明它是一种文学创作。鲁迅杂文的诗学，充分地在其中表现出来。其成就是中国现代文学中最重大的创获之一，是世界文苑中的良葩异卉，至今在"杂文"这个艺术形态的创作上仍无出其右者。

鲁迅杂文，最突出的是形象思维和逻辑思维的结合，这是最重要的结合；而两者在杂文中的结合和两者"杂文式"地结合，是鲁迅的独创，其成就至今仍无人超过。"杂文的评论性和文艺性要求逻辑思维和形象思维在作者的创作过程中相互渗透、相互作用、相互生发地结合起来，从这里产生一篇完整的艺术品。"②鲁迅杂文的两种思维的结合，不是一般的结合，甚至不只是"用形象来思维"的同时也运用逻辑思维，而是在创作过程中两种思维互相渗透，你中有我、我中有你；又互相作用，在思维过程中，形象推动思维的运转，思维推动形象的活跃；并且互相生发——思想生发出形象，形象触发思想的产生。

在这种杂文创作过程中，逻辑思维起着重要的作用，因为杂文是思想的、批判的、文化的，这是它的一个特色。鲁迅曾经特别表示对杂文的社会作用、社会意义的重视，认为如果失去了它，就失去了杂文。③这一点，是杂文同其他形式的文学创作如小说、诗歌、散文诗、散文等

① 中国社会科学院外国文学研究所. 外国理论家、作家论形象思维 [M]. 北京：中国社会科学出版社，1979：57-59.

② 唐弢. 鲁迅的美学思想 [M]. 北京：人民文学出版社，1984：163.

③ 徐懋庸的杂文集《打杂集》出版后，天津《大公报》"小公园"副刊，曾有文章评其文笔如何如何，鲁迅特将此文剪报寄徐，并批道："这篇批评，竭力将对于社会的意义抹杀，是歪曲的。但这是'小公园'一贯的宗旨。"（夏征农. 鲁迅研究 [M]. 上海：上海生活书店，1937.

不一样的地方，也正是它的实质性特征之所在。而同时，形象思维在杂文中同样处在决定性的重要位置上。如果没有形象思维的作用，也就没有了杂文，它也就等同于一般社会评论、短评之类文章了。因此，杂文的形象思维与逻辑思维的结合，是"平分秋色"式的结合，是无主次之分的结合，不像一般文学作品那样，以形象思维为主要特征，逻辑思维在创作过程中处于"服从"的地位；也允许两者之间的分裂，即形象大于思想，如巴尔扎克和托尔斯泰，都是艺术高于思想的超越思想，艺术成就所显示的思想真理，超过作家本人所想到和理解到的。但鲁迅不是这样，他的杂文也不是这样。他的杂文中的形象和思想是平等的，彼此渗透式地结合的。这正是鲁迅的创造和贡献。

20世纪50年代中期以后，文学理论批评上的庸俗社会学和"左"的教条主义，导致对形象思维的无理的批判和摒弃，文学创作不敢再言形象思维。因此，对鲁迅杂文的研究，就形成表面上看来是跛足的，只谈思想的缺点，实质上是"失一足则双足皆失"，鲁迅杂文研究只剩下思维的评断了。从20世纪30年代就开始的对鲁迅杂文艺术性的探讨，本已取得了可喜的成绩，从瞿秋白到冯雪峰、徐懋庸，从李长之到巴人，都有各自的贡献；但是，到50年代中期以后，这些成果被否定了，真正的研究也就断裂了。直到80年代以后，鲁迅杂文研究才又扭转乾坤，回到原来走过并取得了可观成绩的研究道路上来；而且，大力拓展，突飞猛进，在总体研究上、在特征研究上、在艺术性揭示上、在单篇杂文的剖析上，都取得了突出的成就。今后，在鲁迅杂文创作和杂文作品中的"形象思维与逻辑思维结合"这个命题的研究领域中，还将开发前进，取得更大的成绩。而在这一领域中，可以继续进行的研究工作，也是很多很多的。

九、独创的新颖文体与杂文语言

"鲁迅精神""鲁迅笔法""鲁迅风"这三个已经固定的特有术语，是三位一体的。"鲁迅精神"很大的成分体现于"鲁迅笔法"和"鲁迅风"中；而"鲁迅笔法"和"鲁迅风"既是"鲁迅精神"的主要载体，又靠"鲁迅精神"灌注于其中而得以形成。两者也可以说是内容与形式的关系。因此，从形式——别林斯基很重视的"形式"，他所说的哲学与艺术的思想内容是一致的，而区别就在"形式"——来研究鲁迅杂文，就是很必要的。当然，不是脱离了内容、"思想"的形式的追求，而是探讨他的杂文的"形式"，如何最好地"实现"与"完成"他的内容、"思想"。这里，就涉及鲁迅杂文的"文体"（style）①与语言。正是这两个密不可分、二而一、一而二的内涵和范畴，决定了"鲁迅思想的杂文实现"，决定了"鲁迅笔法"与"鲁迅风"。

鲁迅的杂文，在文体上，也是"充分地'中国的'"。从它的渊源来说——从文学、艺术、文化和艺术气质、语言风范等方面来说，都是中国的。他充分吸取了中国文学、文化的传统和思想资源。而其所论之事，所抨击、批判的对象，又都是"中国社会"与"中国文明"，特别是中国的"现时/现实"和"现实"涉及的中国的历史，反映的是"我们国人的魂灵"，又加上鲁迅的思想体系、文化精神，他的心也都是属于中国的。这就从内容到形式，都决定了鲁迅杂文的"充分地中国的"性质。

同时，鲁迅的杂文，又是"充分地'现代的'"。同样，从它的渊源来说，他大量吸收了外国文学、艺术、文化的营养，吸取了大量的外国思想。同时，在内容上，他也常取外国的生活与史实、事物与人事，比较参照，以引外察内，揭示、抨击、批判中国的社会与文明。他是以现代意识、现代魂灵和现代眼光，来评议中国当代之现实与人事；以现代眼光观照封建落后的、前现代的事实和国民性，从而创获了一种思想——文化的现代性，并开辟了中国思想文化创获现代性之路。这样，也就是实现了他的杂文的，从内容到形式"充分地'现代性'"的性质和美学素质。

鲁迅的杂文，在文体上大量吸收了中国传统文学与文章的优长，大量吸收了中国传统语言的优长和特殊表现力。他纵观古今、博涉各家，撷华夏之精华，取先秦诸子之华采；既博采各家之长，又融于自身文化品格、艺术气质和文学个性之中，并于现实斗争中运用之。这使他的杂文文体，既继承了传统文化的精髓，又深深植根于现实沃土之中。屈原"抽写哀思，郁为奇文"，放言无惮，驰神纵意；庄子想象飞扬，思接万里，汪洋辟阖，仪态万方；嵇康反抗礼教与世俗；曹操的通脱无忌；

① 李国涛在《STYLIST——鲁迅研究的新课题》（陕西人民出版社，1986）中指出，stylist 译为"体裁家"欠妥，应译为文体家。"而文体，在英语里是style，指的是个人作品的格调、气派，也可以译为风格，总之是属于个人的特点。"

"三李"（李白、李贺、李商隐）神思奇幻、放浪不羁、语意奇崛；晚唐三家（罗隐、皮日休、陆龟蒙）的机锋讽刺；以及笔记、小说、野史的文笔种种、思想意趣，民间艺术的活泼、幽默、调侃、生机勃勃；如此等等，都以文学的、艺术的、语言的与文体的精华气韵，被融铸到鲁迅的杂文和文学个性之中，从而开辟了一种中国现代文学中的特殊文体——杂文，并形成杂文所特有的诗学——杂文艺术。

鲁迅杂文对于外国思想、文化、文学的吸取与运用，也是多元多样多方面的。他"横跨欧亚，取英美之新说，采外国之良规，引异域之故典，用他邦之文事，融会贯通"，然后在此基础上，创民族之新声：中国鲁迅杂文。他直接取法于尼采的著作、英国的 essay（随笔）、日本的小品随笔等。他的杂文有不少流泻着这些外域文章的风采神韵，使渊源于中国传统文体的杂文，又融进了西方和东方的多种文体的范型和叙事、议事风采，使杂文成为一种具有现代品性与现代精神的文体。

杂文是鲁迅为中国文学创获现代性的最重要表现之一。鲁迅的杂文采取多种多样的体裁来表现。评论、散文、散文诗、书信、日记、序跋，广告、告白、学术论文、译文等，在他的杂文集中，都被视为"杂文"。杂文之义，不仅在于"文集"是编年的，所有体裁的文章都收录在内，以其文章品类之"杂"，而为"'杂文'集"；而且，以文章思想、感想评论对象之"杂"和思想观念自身之繁杂，而成其为"杂"。这里正表现了鲁迅杂文的文体学上的创造与贡献。（当然，由于上述第一个原因，在"编年体"的杂文集之中，有些作品，其文章内容之性质和表现形式的特征，的确不是文学性评论，不具备杂文的一些特征，而为书信、广告、学术文章，故而在杂文研究中，在实际上的"定性分析"中，没有纳入"鲁迅杂文"的视野来研究。）

鲁迅杂文文体具有一种统一的特殊风采神韵，其总体特征可以概括为：尖锐、泼辣、辛辣、深刻、独到、含蓄、隽永。许多杂文恣肆汪洋，挥洒通脱：有的短小精悍、锋利敏锐，有的从容，有的峻急，有的洒脱，有的抒情，有的"雍雅、清晰而深沉"（李长之），有的"含蓄有余韵"，如此等等。这些，都各自产生了它们的审美特质和意韵，给人以审美愉悦。

鲁迅的杂文，有一种特殊的、创造性与现代性兼具的、融合中外文章气势的运思范型和行文风格。

他的笔常是扩张又收缩的，仿佛放风筝，线松开了，却又猛然一提；仿佛开水流，却又预先在下流来一个闸，一张一弛，使人的精神有一种快感。读者的思想，先是随着驰骋，却终于兜回原地，也即是鲁迅所指定之所。这是鲁迅的文章之引人的地方，却也是他占了胜利的地方。他用什么扩张人的精神呢？就是那些："虽然""自然""然而""但是""倘若""如果""却""究竟""竟""不过""譬如"……他惯于用这些转折字。这些转折字用一个，就引人到一个处所，多用几个，就不啻多绕了许多弯儿，这便是风筝的松线。这便是流水的放闸。可是在一度扩张之后，他收缩了，那时他所用的，就是，"总之"。①

　　这里既有鲁迅运思行文的特殊范型的概括，又有读者接受过程的描述，实际上是一个审美过程和审美愉悦产生和发展的过程。这里证明着鲁迅的"杂文的诗性"的存在。

　　鲁迅杂文的这种运思行文的美学构造，概括起来有几个组成部分：(1) 理论的形象化；(2) 语汇的丰富和适当；(3) 造句的灵活；(4) 修辞的特别；(5) 行文的曲折。②鲁迅在这种运思行文的过程中遣词造句，以特殊语法语式和构造，来创造出他的杂文言语，表达他的思想与艺术。他运用"辛辣的幽默"、"冷峭的反语"、"尖刻与婉曲"的话语，"从容的笔致"、"声调和对仗"、"丰富和贴切的语言"、"警奇的设喻"、"善用虚词"、"汲取古语"和意想非凡地"选语惊人"等高超的行文与语言技巧，实现和完成其杂文艺术创造。

　　鲁迅杂文的一切思想、艺术成就，他的运思、行文的成功，都建立在他对语言的运用上，即建立在他所创立的一种言语上。海德格尔说：语言就是"语言'说'"，即"语言"自身在言说，它具有言说的功能。它不是作者的工具，凭这工具，作者来言说，这样，语言是一种外在的价值。真正的诗的语言，是作者创造出来之后，它自己能够"言说"。作者通过字、词的选用、组合、排比，"创造"这种能够"言说"的语言。研究这种诗性语言及其构成，就是俄国形式主义学派所说的"内部研究"。什克洛夫斯基说："我的文学理论是研究文学的内部规律。如果

① 李长之. 鲁迅批判 [M]. 北京：北新书局，1936.
② 夏征农. 鲁迅研究 [M]. 上海：上海生活书店，1937.

用工厂方面的情况来做比喻，那么，我感兴趣的不是世界棉纱市场的行情，不是托拉斯的政策，而只是棉纱的只数和纺织方法。"①这就是说，诗性的构成要靠词汇和词汇的组合（"纺织"）方法。鲁迅的杂文语言，就是他采取了特殊词汇（"棉纱"）和词汇的组合方法（"纺织方法"）。这是所谓"鲁迅笔法""鲁迅风"的主要表现。

什克洛夫斯基指出，有的作品"作为散文被创造而被感受为诗"，这取决于这部作品"所具诗意的艺术性"；而这种作品是"用特殊的手法创造出来的作品"。②他在讨论这种"特殊手法"时，论述了"形象"在艺术和语言艺术中的作用和意义。他指出，从认识论方面来说，"形象"有两个种类：一种是作为思维手段的"思维形象"，它以部分代替（象征）全体，从具象达到抽象，因此是一种象征的手段、抽象手段，如以西瓜象征（代替）球体、脑袋等。第二种则是"诗歌形象"，是借形象以强化印象的手段。在强化对事物的感觉方式上，它与在语言使用上的排偶法、比较、重复、对称、夸张等艺术手法是相等的。什克洛夫斯基指出，艺术的目的是"把对事物的感觉作为视象"，而不是"作为认识提供出来"。他说："艺术提供的只是事物的视象，而不是认识。"③鲁迅杂文，却不完全符合什克洛夫斯基对于"艺术"的规定。他用语言所创造的形象，不仅提供视象，而且提供认识。这正是鲁迅杂文是一种特殊艺术品的原因。这也是鲁迅的创造和贡献。我们在前面所说的他的杂文是"形象思维与逻辑思维的结合"，正是具体地表现在这种"思维形象"和"诗歌形象"的结合上——他的杂文的语言，既提供"思维形象"、提供认识，又提供"诗歌形象"、提供"视象"。他在杂文中所创造的以动物为喻的"叭儿狗""媚态的猫""吃人血还要哼哼一通的蚊子""舐人油汗和伤痕疮疖，又喜欢拉蝇矢以玷污一切美好事物的苍蝇""脖子上挂着铃铎的带头羊"，以及以人为喻的"二丑""破落户子弟""暴发户""革命小将""革命小贩""猛人""绅士""青皮""吃白相饭的""做戏的虚无党""看客""无特操者""脚踩两只船的人""翻筋斗的小资产阶级""药渣"等；还有比喻性短语，如"麒麟皮下的马

① 维克托·什克洛夫斯基，等.俄国形式主义文论选 [M].方珊，等译.北京：生活·读书·新知三联书店，1989：14.

② 夏征农.鲁迅研究 [M].上海：上海生活书店，1937：16.

③ 同①：15.

脚""酱肉缸上的金盖""狮子身上的害虫""毒害革命的甜药";等等。这些,都是既有思维形象(思想),又有诗歌形象(视象)的,是两者混融一体的有思想的具象——视象、意象。它们一经在作品中出现,就是一种会自己"言说"的语言,成为瞿秋白所说的"普通代名词"。

鲁迅在行文中也大量地、经常地使用偶句、排比、叠句、连缀、反复、重复,使行文顿挫、抑扬、迅疾、徐缓,或者回环曲折,或者跌宕起伏,或者如涓涓的细流轻盈流淌,或者如汹涌的波涛恣肆汪洋。也还时有警句、格言、"炼话"、雅言、隽语出现。这种"语言自身的言说"——"语言'说'",使他的思想也如文字形象一样,起着各种各样的变化,折射出各种各样的形象。而读者,在阅读行进中,思想、感情、感觉、形象、意象也不断地在脑中、眼前出现、跳荡、跃动。它把"感性形式和理性形式结合","诗的意义即诗本身"①。读者在阅读过程中,不仅获得语言记号层次上的一级意义,而且获得从社会内涵、社会意义和习俗赋予的二级文化意义。②"最有吸引力和最有价值的文学是那种最有力地调动着读者的、有刺激力的又能促使人们注意结构化的阅读活动的作品。"③鲁迅杂文的语言,正是能发挥这种作用的文学语言。

鲁迅杂文的诗学,在语言学特别是现代语言学层次上的开掘,还很不够。而他的杂文在语言上的创造和成就,却又特别值得研究,是可供进行文学语言研究的最佳范本。鲁迅学今后在这方面的进展,还有很重的任务。

鲁迅的杂文,是鲁迅文学文本中最独特的部分,其思想意义与艺术价值都是独特的;它也是中国现代文学中最独特的文学文本。因此,对鲁迅杂文的研究历来是很重视的,取得的成果也是突出的。杂文研究,是鲁迅学最重要的组成部分。今后,鲁迅学的建设重点之一便是杂文研究。而在杂文研究中,鲁迅的杂文诗学,是鲁迅散文诗学的一个独立分支,一个具有独立价值的分支,又是尤为重要的部分。过去,这一部分是比较薄弱的。

---

① 玛·布尔顿. 诗歌解剖 [M]. 傅浩,译. 北京:生活·读书·新知三联书店,1992:10.

② 乔纳森·卡勒尔. 罗兰·巴尔特 [M]. 方谦,译. 北京:生活·读书·新知三联书店,1988:35.

③ 同②:91.

第九章 鲁迅的接受世界（国外）
与翻译文本研究

　　鲁迅的文学事业，可以说是由翻译开始的。1903年当他还在日本东京弘文学院学习日语时，就通过日文翻译了法国作家雨果的小说《哀尘》。《哀尘》在《浙江潮》上发表以后，鲁迅又陆续翻译并在东京出版了法国著名科幻小说作家儒勒·凡尔纳的《月界旅行》。1905年，他在仙台医专学医时，又翻译了美国作家路易斯托仑的《造人术》，该书在《女子世界》发表。1909年在东京，他意欲发动文艺运动，以唤醒国民，改革国民性，同二弟周作人共同翻译出版了小说译文集《域外小说集》。由此可见，他从事文学工作，是从翻译外国作品开始的。他在逝世前夕，才在报上看到所登此前不久所译果戈理长篇小说《死魂灵》的出版广告。由此可见翻译在鲁迅的文学生涯和文学、文化贡献上的重要意义，也可见鲁迅翻译文本研究和鲁迅翻译文学研究对鲁迅学的重要意义。而且，鲁迅对翻译一事，还进行了理论上的论述，参与了这方面的讨论。鲁迅的翻译理论与翻译艺术，也是很可以研究的。这种研究，不仅涉及翻译自身，涉及原作、译本和两国语言文字问题，而且涉及各自不同文化背景、两种文化传通、翻译的创造性发挥和"合理的误读"，以及外域文化的归化等问题。因此，这方面的研究，其范围、主题、意义都是多方面的；研究工作所能创获的成果也是多方面的。而鲁迅学过去在这方面的研究则显得不够。

一、鲁迅的翻译世界与翻译文本研究

　　鲁迅从1903年译《哀尘》起，至1936年译完《死魂灵》止，翻译了14个国家105位外国作家的作品，共计300余万字。可见鲁迅对翻译的极为重视。鲁迅的翻译主要有两个方面：一是文学创作；二是文学、美学理论。

鲁迅对翻译的重视和他的译事的重要意义，主要还不是表现在他译了多少作品和译作有哪几个方面。更重要的意义在于他对翻译的认识和他对作品的选择。

1903年翻译出版科幻小说《月界旅行》时，他撰写《辨言》，论述了小说"改良思想，补助文明"的作用，并指出他翻译此书的目的是"欲弥今日译界之缺点，导中国人群以进行"①。这实际是他在《文化偏至论》中提出的"取今复古，别立新宗"的宏大根本宗旨的践行。1909年他为所译的《域外小说集》写作序言时，又提出："异域文术新宗，自此始入华土。使有士卓特，不为常俗所囿，必将犁然有当于心，按邦国时期，籀读其心声，以相度神思之所在。则此虽大涛之微沤与，而性解思惟，实寓于此。中国译界，亦由是无迟莫之感矣。"②

这简短的序言说明了他从事翻译的多重意图：将异域文宗引入中国，以打开国人的视界和思想界域，打破中国译界的寂寞。此后，他虽然搁笔多年，但自五四运动以后，每一个时期，他都把注意力投诸世界文苑，选取佳花美果，移译过来，引入华土。这既是他自己研究世界文学、吸取艺术营养的重要方面，更是要把世界文林的佳品介绍过来，以帮助中国作家的创作，以创获中国文学、文化的现代性。20世纪20年代，他的目光投向日、俄及欧美地区的其他国家；30年代则比较专注于苏联文学和文学理论。翻译成为鲁迅在创作和教学之外的第三件重要的工作。他的译事，大体有几个方面：（1）各种小说作品；（2）文艺理论、美学理论；（3）一些自然科学方面的著述。他不仅自己从事翻译工作，而且大力支持年轻的翻译工作者，指导他们的译事，帮助他们出版译作，更全面地培养他们成长。20世纪20年代在北京时期，他帮助未名社李霁野等从事翻译；30年代在上海时期，帮助著名翻译家曹靖华翻译苏联小说，帮助孙用、黄源从事翻译工作，等等。这都是他帮助中国翻译事业发展、培养翻译家的著名事例。

他同茅盾、黄源一起创办《译文》杂志，对于中国20世纪30年代

---

① 《鲁迅全集·译文序跋集·〈月界旅行〉·辨言》。

② 《鲁迅全集·译文序跋集·〈域外小说集〉序言》。

文学翻译工作的发展起了很大的作用。

钱锺书曾经论述文学翻译的作用，说：它是个居间者或联络员，介绍大家去认识外国作品，引诱大家去爱好外国作品，仿佛做媒似的，使国与国之间缔结了"文学因缘"。①

鲁迅的翻译，正是起了这样的作用，使国人和作家认识了和去爱好外国文学，缔结同外国的文学因缘。而且，中国的作家还从中学习外国作品的思想与艺术，得以与世界文坛接轨，更好地成长。在这方面，鲁迅不但想通过翻译，使中国的作家学习外国同行的思想与手法，而且连外国新的较中国语言更严密的表达方法也要输入，以改进中国的语文。在思想方面的输入，他比之为普罗米修斯偷天火来人间。

值得注意和研究的是鲁迅的选择。他著名的杂文《拿来主义》中曾经大力提倡"拿来"。他说，拿来主义是要"占有，挑选"：

> 总之，我们要拿来。我们要或使用，或存放，或毁灭。……然而首先要这人沉着，勇猛，有辨别，不自私。没有拿来的，人不能自成为新人；没有拿来的，文艺不能自成为新文艺。②

在翻译工作上，他一直奉行"拿来主义"，占有、挑选，沉着、勇猛，有辨别、不自私，并希望以此来培养新的人、培育新的文艺。因此，他的挑选从来不是狭隘的、短视的，更不是自私的，也不求全责备。他广采博取，以应各种各样的、各方面的需要。他选译尼采，他译安特莱夫、迦尔洵，译阿尔志跋绥夫的《工人绥惠略夫》及他的其他小说；他译厨川白村的文艺理论著作《苦闷的象征》，他译武者小路实笃、有岛武郎、江口焕、夏目漱石、森鸥外、菊池宽和芥川龙之介等日本作家，他译俄国童话作家爱罗先珂，等等。大体上说，这些作家都不是著名的现实主义名家，他在译书的后记、前言中也说，他们不如托尔斯泰、屠格涅夫和高尔基著名和伟大，但是，他注目于他们的某一个特点，摄取其可用的方面。他赞赏安特莱夫的"神秘幽深，自成一家"，迦尔洵的"悲世至深""晚岁为文，尤哀而伤""文情皆异，迥殊凡作"。③他对人们批评阿尔志跋绥夫的《沙宁》"教俄国青年向堕落里

---

① 钱锺书. 七缀集 [M]. 上海：上海古籍出版社，1994：81.

② 《鲁迅全集·且介亭杂文·拿来主义》。

③ 《鲁迅全集·译文序跋集·杂识》。

走"不以为然，认为阿氏"表现深刻……达了极致"。

> 阿尔志跋绥夫的著作是厌世的、主我的；而且每每带着肉的气息。但我们要知道，他只是如实描出，虽然不免主观，却并非主张和煽动；他的作风，也并非因为"写实主义大盛之后，进为唯我"，却只是时代的肖像；我们不要忘记他是描写现代生活的作家。对于他的《沙宁》的攻难，他寄给比拉尔特的信里，以比先前都介涅夫（Turgenev）的《父与子》，我以为不错的。攻难者这一流人，满口是玄想和神闷。高雅固然高雅了，但现实尚且茫然，还说什么玄想和神闷呢？①

这表现了他的艺术视野的宽广和文化态度的宽容。他对于那些阿尔志跋绥夫的批评者的反批评，对于后来创造社和上海其他"革命批评家"们以及更以后的许多批评家们，都是很适用的。

他在谈到安特莱夫时，还说：

> 安特莱夫的创作里，又都含着严肃的现实性以及深刻和纤细，使象征印象主义与写实主义相调和。俄国作家中，没有一个人能够如他的创作一般，消融了内面世界与外面表现之差，而现出灵肉一致的境地。他的著作是虽然很有象征印象气息，而仍然不失其现实性的。②

这里，明白地表达了他对于"象征印象主义与现实结合"的创作方法的欣赏。

他在翻译其他国家作家的作品时，都作出这样简明扼要的评价与说明，表明他的文艺观点和翻译的态度。

在《苦闷的象征·引言》中，他介绍说：

> 至于主旨，也极分明，用作者自己的话来说，就是"生命力受了压抑而生的苦闷懊恼乃是文艺的根柢，而其表现法乃是广义的象征主义"。但是，"所谓象征主义者，决非单是前世纪末法兰西诗坛的一派所曾经标榜的主义，凡有一切文艺，古往今来，是无不在这

---

① 《鲁迅全集·译文序跋集·〈现代小说译丛〉·〈幸福〉译者附记》。
② 《鲁迅全集·译文序跋集·〈黯澹的烟霭里〉译者附记》。

样的意义上，用着象征主义的表现法的。"①

接着加以肯定：

> 这在目下同类的群书中，殆可以说，既异于科学家似的专断和哲学家似的玄虚，而且也并无一般文学论者的繁碎。作者自己就很有独创力的，于是此书也就成为一种创作，而对于文艺，即多有独到的见地和深切的会心。②

最后，他放眼中国文坛，思接艺术天地，感叹地写道：

> 非有天马行空似的大精神即无大艺术的产生，但中国现在的精神又何其萎靡锢蔽呢？③

鲁迅在移译异域佳卉，引入华土时，所写下的这些具有真知灼见的话语，不仅当时是学海译林的佳音，而且于后来在学术、文学、文化、翻译各界所发生的种种戕害文化生机的现象，是一种极有批判意义的诤言，至今仍然是金玉良言。

鲁迅的"翻译世界、翻译文本"，自然不限于他自己从事翻译，除此之外，还包括三个方面：（1）他热情地关怀、支持、指导青年作家和翻译家的翻译工作；（2）他全力倡导和指导全国的文学翻译工作；（3）文学翻译工作方面的理论建设。鲁迅的翻译工作，加上这样三个方面，构成了他的完整的翻译文本。这个翻译文本，在总体上，对于中国现代文学的发展，对于中国20世纪文学现代性的创获，以至对于中国现代文化的发展建设所起的作用是很大的。这一领域，也是值得我们从文学史、翻译史和比较文学的角度，来进行深入研究的。

鲁迅的翻译世界由上述四个方面构成。这样的"四相构造"的研究领域，非常广泛，内涵很多，意义很大。它不仅涉及鲁迅自己如何接受、如何选择、如何翻译，以及他的翻译在中国文学现代性创获和中国文化现代化进程中起了什么样的作用，而且涉及他所培养、团结的翻译队伍所创建的中国现代翻译文学的发展，以及这支文学劲旅和这一文学世界在中国现代文学发展中的作用，这一切，在鲁迅学中都占有较重的分量，具有重要的意义。

---

①②③ 《鲁迅全集·译文序跋集·〈苦闷的象征〉引言》。

但是，在过去的鲁迅研究中，对鲁迅的翻译世界，却是注意不够的。今后，在鲁迅学的发展中，应该大力开展这一研究。

二、鲁迅的翻译文学研究

文学翻译不只是一种语言文字符号的转换，它不仅仅是纯技术性的，也不只是语言性的工作。这是一种民族语言的文学、文化文本，转变为另一种民族语言的文学、文化文本。因此，它也是一种文学创作的形式，一种特殊的创作，也是文学作品的一种存在形式。它具有相对独立的艺术价值和文化价值。这中间，蕴含了众多的语言、民族、文学、艺术、文化、心理、习俗等方面的内容。它是一个广阔的研究天地。在这个意义上说，作家的作品整体，应该包含他的翻译文学。鲁迅的文化文本世界，应该包含他的翻译文学。而且，在这个意义上，中国现代文学史也应该包含中国现代翻译文学。^①因此，鲁迅学就应该包含对"鲁迅翻译文学"和对鲁迅翻译文学在中国现代翻译文学史上的地位与作用的研究。

在这个意义上，鲁迅的翻译世界还可以进行"翻译文学"性的研究。谢天振在他的关于翻译文学的论述中特别提出："皇皇二十卷的《鲁迅全集》，其中一半是译作，而且鲁迅又有很高的翻译成就和不少关于翻译的真知灼见。"^②

把鲁迅的翻译纳入译介学和翻译学的框架中，可以研究的方面很多。从严复的"信、达、雅"翻译三原则，到20世纪30年代，鲁迅与赵景深、梁实秋关于"硬译—直译"和"顺译—曲译"的争论，同瞿秋白关于翻译理论的讨论，直至50年代傅雷的"神似说"，60年代钱锺书的"化境说"，这些中国翻译理论，同鲁迅的翻译实践与翻译理论的比照和比较研究，可以导引鲁迅翻译文学研究的深入发展。谢天振在《译介学》中还提到当代西方翻译理论在新时期引入国内之后的情况。其中有奈达的"动态对等"理论、纽马克的"等同效果论"、卡特福德的翻译的语言学理论等。如果运用这些翻译理论之凿，去开掘鲁迅"翻译

---

① 谢天振. 译介学 [M]. 上海：上海外语教育出版社，1999：208-255.
② 同①：209.

彭定安文集 9
鲁迅学导论
186

文学"之矿，定然可以获得新的研究成果，进入新的研究境界。这将成为鲁迅学新的组成部分。它不仅对于研究鲁迅翻译文学具有作用，而且对于凭此以研究鲁迅的其他文本具有意义。

《译介学》中还提出了"文学翻译的创造性与叛逆性"和"媒介者的创造性叛逆"的"命题"；提出了"翻译中文化意象的失落与歪曲"与"翻译中不同文化的误解与误释"等命题，并作了详细的论述。这里包含跨文化传通与交流、转译中的一系列有文化意蕴的问题，如两种文化的生活、社会、历史、环境背景，两种文化的民族记忆与民族原型，两种文化的传统象征、意象、比喻等。还有不同文化意象的合理的、自然的误读、误释、误译，与有意的、无奈的误读、误释、误译，以及两种文化意象、词语的不可传译性、传译后的必然差异等。还有从语言学上、词源学上带来的必然的与合理的差异以至叛逆，等等。这些在文学翻译中均特别突出。如果以这些命题来研究鲁迅的翻译文学，是会有许多收获的。

鲁迅关于翻译的理论，也是他在中国现代文学翻译事业上的重大贡献。鲁迅认为，翻译外国好的文学作品和理论著作，可以引进新的思想、先进的精神，可以引进新的艺术观念、理论和思维，可以引进新的表现方法。他主张翻译与创作并重。在中国现代文学正处于发展建设时期，更是如此。他认为，"我们的文化落后"，"作品的比较的薄弱"，便"不能不时时取法于外国"。"所以翻译和创作，应该一同提倡，决不可压抑了一面，使创作成为一时的骄子，反因容纵而脆弱起来。""注重翻译，以作借镜，其实也就是催进和鼓励着创作。"[1]他主张"硬译"和"直译"，把"信"放在最主要的地位上，与其"雅"而不"信"，不如"信"而不"雅"。因为一个是"假"，一个是"真"，而"不雅"只是读起来困难而已。这自然是在两者比较的范围来论证，而不是一般地提倡"不雅"——"硬译"。他也赞同"重译"（从第三国文字转译原作，如他从日文译俄文作品）和"复译"（同一作品有两种或更多的译本）。对于鲁迅的这些翻译主张和按此主张所表现出来的翻译实践，从20世纪30年代梁实秋批"硬译"和与鲁迅的论争，瞿秋白与鲁迅关于翻译原则的不同看法，到近年来一些论者对于鲁迅批"牛奶路"的翻案和展开

---

① 鲁迅. 鲁迅全集 [M]. 北京：人民文学出版社，1981：553.

讨论，以及许多人对鲁迅译文的不以为然，都是十分值得研究的课题。

应该研究的不是抽象地来论定"直译"与"硬译"的对错，而在于研究鲁迅提出这个原则的文学、文化背景，以及在这个背景下鲁迅提出这些原则的意义。至于鲁迅的译文，则需要放在当时的语境中，研究当时的语言风习与语言实践，还要研究鲁迅的语言习惯，以及鲁迅"引进新的表现法"以改进中国语文的立意，等等。只有从事这些方面的研究，才能准确评断鲁迅译文的价值和意义。单一的"可读性"评断标准，是不可行的。因为"可读"，是一个不确定的、人言言殊的标准。事实上，鲁迅的译文，如果拿来同用今天通行的当代文学话语、表现法的译文相比较，自然是难读的，不吸引人、不习惯，因而感到是不可读的。情况可能会在一定程度上，有点像读古文作品。但是，如果放在当时的语境与话语习惯中，放在与原作精神韵味对照的情况中来体验，那么感受会很不一样。如果是一种"阅读"，而不是一种读文学作品时常有的休闲浏览状态，那么感受也会不一样。鲁迅译文自身的韵味，那种表现法的有益的、启发人的"内核"，在今天仍然是可供广大受众赏析的。——这一点，是鲁迅研究工作者的责任。

三、鲁迅的接受世界（国外）研究

翻译的选材和移译原文，关涉译者的接受世界。"阅读、过滤、选取、误读、改塑、接受、翻译（译文'制作'）"，这是一个按序的、系统的、完整的接受过程和接受世界。这里可供研究的领域是极为广泛的。

当鲁迅面对浩繁的现代欧美文学流派，面对近现代欧美、日本各家作品的纷繁世界时，他如何选取和接受？在决定"拿来"之前，他如何"工作"？这里，涉及接受美学和比较文学的一系列理论命题。这里有一个属于鲁迅所有的"接受世界"。

鲁迅的翻译世界和翻译文本，具体地反映了鲁迅对世界文学的接受。而且，作为一位伟大的思想家和作家，以及比较文学家，鲁迅对世界文学的接受，实际上是他作为民族的艺术代表和文化代表对于世界文学与文化的接受，反映了中国对"世界文学、文化文本"以及分别地对国别文学文本（如欧美各国和日本等国）的民族接受。这样，就涉及对世界文学、文化文本整体的和分期的以至具体作家的多种分体文本状况的了解、分析，对各个国别和民族的文学、文化文本的整体的和分期的以及具体作家的多种分体文本状况的了解、分析。这属于接受"对象"和"客体"的研究。另一方面，则是中国的整体的和分期的民族"文学、文化期待视野"和接受屏幕，鲁迅的整体的和分期的以至具体的（具体到某个时期，对某个国家、某个作家）的期待视野和接受屏幕。这属于接受主体的研究。这样两个方面——接受客体（对象）和接受主体——的研究，是很广泛繁复的研究领域，而且是很有价值的研究领域。这是鲁迅接受世界的首要部分；也是研究鲁迅接受世界的首要部分。

　　"'期待视野'显然指一个超主体系统或期待结构，'一个所指系统'或一个假设的个人可能赋予任一本文的思维定向。"[①]一个民族或一个作家，在接受一个选定的对象后，在阅读、接受之前，便已产生了这样一种性质的"期待视野"。在接受过程中，这一"视野"或者"满意"甚至"超出"，或者"失望"与"打破期待"。如果是第一种情况，就构成一种主体与客体的契合状态，即两者的"视界融合"。在这个"视界融合"发生之前，有一个非常有趣的主体、客体之间互动互促互生互克的过程。在这个过程中，有许多问题可供研究，而这种研究是一个广泛的发掘、发现过程。我们在这个探索过程中，可以从翻译对象的文本中"逆向"追溯到翻译主体的"思维定向"、他的期待视野和接受屏幕。我们可以从鲁迅喜爱、阅读、选取、翻译尼采、波德莱尔、安特莱夫、阿尔志跋绥夫以及厨川白村等作家的作品中，推断到鲁迅对他们的期待视野和接受屏幕。而且，每一个接受者，都是以自己的知识体系、文学观念、艺术气质从对象文本的"含义"中，去发掘和"创造"意义的。这中间，他们进行了大量的、想象和联想性的、如罗兰·巴尔特所说的"读者的工作"。像鲁迅这样的伟大作家，其所进行的"读者的工作"就更广大、深邃了。而且这种"工作"中，还包括有意的、合理的误读和创造性的改造在内。这里，主观的成分更大，创造性的发挥也更大，因此可以研究的内涵也更多。我们从鲁迅选译尼采的《查拉图

---

① 　姚斯，霍拉勃. 接受美学与接受理论［M］. 周宁，金元浦，译. 沈阳：辽宁人民出版社，1987：341.

斯特拉如是说》，波德莱尔的《恶之花》，欣赏《工人绥惠略夫》和安特莱夫的短篇小说，赞赏《苦闷的象征》，如此等等，都可以逆推追溯他的"思维定势"、"期待视野"和"接受屏幕"，从而具体了解他的文学观、艺术观，所持的文艺理论，所秉赋的艺术气质，所具有的艺术鉴赏眼光。而且，从他选取并介绍给国人这一点中，可以看到他对于中国新兴文坛的状况、缺陷和需求的意见。

在"作品→解读→过滤→接受→选取→翻译"这样一个系列过程中，接受者、翻译者不仅会用自己的"阅读"去把握作品文本的"含义"，用自己的决定于自身知识结构和艺术素质、艺术气质的"想象"，去"填充""充实""发挥"原作之中的"空白点"——"未定点"；而且会创造性地完成从"含义"到"意义"的过程，使作品最终获得"实现""完成"。这正是读者（当然更不要说地位超过读者的译者）对文学作品反应中的"定位功能"。因此，在这一"系列过程"中，作者和作品同读者、译者之间，并不是一种简单的、直接的因果关系，即具有多大功能和什么样性质的文学作品就在读者、译者那里产生同等同质的审美效应。事情倒往往是，"读者的乐于接受程度"同文学作品的"实际美学质量"之间并不等值，也不同质。正如霍曼所说："读者的作用并不只限于消极的接受，他们在很大程度上参与了写作"；"与生产不同，接受完全是读者自己的事，'在某种意义上'，艺术作品'在阅读人的意识里'才告完成。"①研究者从鲁迅的翻译实践中，从他的"阅读→解读→过滤→接受→选取→翻译"这一过程中，在他的解读和接受中，在他的"乐于接受的程度"中，可以看到他的全部文学观、艺术观、美学观、文学意识和艺术气质。我们可以从他的翻译世界——翻译文本中，明确地去探究明白这一切。这是鲁迅翻译文本研究的重要价值。惜乎，鲁迅学现有的成果中，这种性质的成果还不很多。

翻译的实践和翻译的理论，也反映着上述"翻译主体"的内在艺术世界。

翻译，意大利的一句俗话称它为"叛徒"，而有的论者则更称之为"创造性叛逆"，并认为这"几乎是不可避免的"。字对字的翻译几乎是不可能的，即使这么做也总不是无懈可击的，意义也肯定不可能完美

① 刘小枫. 接受美学译文集［M］. 北京：生活·读书·新知三联书店，1989：89.

地传递。但即使如此，翻译还是使一种语言的作品变成另一种语言来与新的读者进行新的文学交流。这对于原作来说是一个新的现实，可能有所损失，但又会有新的"丰富"，获得第二生命。①鲁迅的"直译"和"硬译"及他用适合当时的语言习惯和文化语境的，又是他自己风格独具和独创性地创造的言语，所"创造性叛逆"地译出的作品，正可以为研究者提供一个既可研究原作文本，更可研究鲁迅自身世界的一个重要文本。这是鲁迅的翻译文学比它的"可读性"价值更可贵的地方。

　　"我们必须同时期待着能发现潜藏在自己头脑中的前提观念，如果我们想揭示出隐藏在研究材料之中的那些不可见或者无声的观念并因而理解我们的研究对象的话。"②我们要理解现在在我们面前的"对象"——"鲁迅翻译世界：翻译文本、翻译文学"，就要去揭示在这个"世界、文本"中隐藏着的那些可见和不可见的，或者无声的"观念"，发现潜藏在鲁迅头脑中的前提观念。这样，研究工作也就从对译文的研究层面进入对"译文的译作者"的研究层面。如果进行这一层面的研究，那么至少有两大领域的研究工作要做：（1）鲁迅为何与如何选择他的翻译对象？（2）选定之后，鲁迅又如何"实现翻译"，即如何选定、"制作"一种话语来传译原文？

　　关于（1）需要研究后予以揭示的是，鲁迅面对的世界文学、文化形势，他的"文学世界"之外的"世界文化球体"的状况。他当时能够通过德文和日文接触到的这个"世界文化球体"，是非常繁杂、非常丰富、非常活跃，而又不统一的，有居于主流文化地位的，有传统的文学、文化流派，有新兴的文学、文化思潮，有新出现的文学流派，有新起的文学批评理论与美学流派，如此等等，风起云涌、众星闪烁。鲁迅在这个"繁华复杂的世界文化星空"之下，是如何反映、反应和接受的？他为什么选取这些作家、这些流派的作品或论著？这一"揭示"课题具有多方面内涵，可以研究和应予了解的"分支领域"又是很众多的。还需要揭示的是：当时中国文坛、学界——中国的"社会'文化球体'"——的状况，以及它在上述那个"外在的"世界性的"文化球体"面前的群体的、民族的反应、选择与接受。这又是一个庞大、复杂

---

① 乌尔利希·韦斯坦因. 比较文学与文学理论［M］. 刘象愚，译. 沈阳：辽宁人民出版社，1987：36.

② 泰特罗讲演. 本文人类学［M］. 王宇根，等译. 北京：北京大学出版社，1996：5.

的研究的"分支领域"。

由此,我们更需要研究"译文主体"即鲁迅的"前提观念",他的那些可见和不可见的观念——但不是一般的"观念",而是与他的对"世界文化球体"的反映、反应与接受和他作出选择相对应的"观念",即"观念→接受、反应"。这自然是一个很广泛而又具体的研究领域。

"只有在阅读中文本才开始展示其潜势。读者赋予文本以生命,即使'意义'早已成为历史,与我们无甚关联,也仍然有待阅读的生成。在阅读中,我们能够体验到早已不存在的东西,理解全然陌生的事理。正是这种令人惊异的阅读过程,方需要我们进行深入的研究。"[①]鲁迅面对众多德文、日文原著时的"阅读活动",更是一个可以进行多方面研究的领域和课题。"阅读活动→接受/选取→翻译"这一过程,可以向我们提供很多方面的信息。鲁迅在"阅读"中,展示了他的"潜势"——他的前提观念、前知识结构,他的艺术气质与艺术需求,甚至他的批评气质。而这些,都反映了中国文坛和文化界当时的民族性的状况和气质(这正是它们在一个民族代表人和代言人身上的表现)。鲁迅赋予他所阅读的外国文学文本以"意义"、以"生命"。那些在国外,在作品生长的本土,"意义"已成历史,而"生命"在一定程度上遭到戕害,然而,中国的鲁迅却能够体验到,并且予以接受,将其译为本国文字,介绍给国人,不仅供他们阅读,而且要使之帮助中国的作家,以提高他们的创作水平。而且,事实上,鲁迅已经以自己的"前知识结构"和"潜势",同他从所译外国作品的"含义"中营造出和体验到的"意义"达到"视界融合",即两相合一,然后,将其运用到自己的理论思维、文学教学,特别是创作之中去了。鲁迅这时期的这几个方面的创作和活动,都无不深深打上了他所译外国作品的烙印。《苦闷的象征》及它所论证的"广义的象征主义"对鲁迅的艺术思维和文学创作的影响,是十分明显的。他的小说创作和散文集《野草》中,都蕴藏着尼采、安特莱夫、阿尔志跋绥夫、爱罗先珂以及厨川白村与日本其他作家们的影响。这样,"鲁迅的翻译世界、翻译文本",对外同世界艺术大潮相沟通,对内反映了中国文坛的风貌;同时,又同他的"思想、世界、艺术世界、

---

① 沃尔夫冈·伊瑟尔. 阅读活动:审美反应理论 [M]. 金元浦,周宁,译. 北京:中国社会科学出版社,1991:27.

创作世界"相通。

关于（2）的研究中，则需要研究鲁迅在选定目标之后，采取了何种思想、文化策略、方式方法，来实现他的意图、立意、目的。这同样含有两方面的意义：①鲁迅如何理解翻译对象的内容、性质、"韵味"、中心意思、热点难点等；②鲁迅如何用本国语言将作品翻译过来，使之归化。这两项的内底又蕴含着主体、客体/译者、作品各自的内蕴，以及两者结合的意义系统。它们都是富有研究内容的对象。

四、"鲁迅'比较文学研究'文本"研究

翻译，是比较文学、比较文化研究中的"必有内涵"，也可以说是首要领域。鲁迅即使从翻译一途，亦可进入比较文学研究之学域。他的翻译文本，如前述诸端，便已是比较文学、比较文化研究的重要内涵。然而，从比较文学和比较文化研究的"正宗"领域、"重镇"领域，或者说从直接的具体的比较研究来说，鲁迅也是我国最早的比较文学、比较文化研究的开山之师与大家。他写于1909年的《文化偏至论》和《摩罗诗力说》，是我国最早、内容最丰富、写得最出色的比较文学和比较文化的研究论文。在这两篇论文中，他立足于中国历史、现实与时代的需要，立足于中国古老文化的现实，放眼世界，既广泛索求，又视点集中，对外不落后于世界之大潮，对内又不失民族固有之血脉，聚焦于世界当代新思潮，聚焦于"摩罗诗人"——浪漫主义诗人与文学、文化大师，表层意义是介绍这些新思潮和摩罗诗人，深层和隐在的层次中，拿他们同中国文学、文化进行了深刻的、从思想到艺术的比较研究。正如《摩罗诗力说》中所言，"思理朗然，如鉴明镜"，审己知人，"比较既同，爱生自觉"。这样既全面宽宏，又深入细密的比较文学、比较文化研究，至今仍堪称典范。

鲁迅每有译作，均认真写作序跋和题记、说明等文章。这些文字，既介绍原作，又评价其思想、艺术价值，并提示其艺术特征和对当时中国文坛理论与创作上的意义。所有这些文章，都是很好的比较文学研究作品。鲁迅译著所涉及的国家、地区、作家和作品，是很广泛的；所关涉的文学思潮流派也很多。鲁迅对它们的选取和译介以及评论，都反映了他的"解读、接受、选取、翻译"的系列过程，从中也可以进行前述

种种逆推式研究。

同时，在这里，还可以进行鲁迅比较文学研究的实践和理论的研究。事实上，鲁迅除了前面所述直接的关于比较文学、比较文化的写作之外，他的全部文学活动、文化活动和全部作品中，都贯穿着一个比较文学、比较文化研究的线索和思想。在他的其他文本（如书信、日记、学术文本）中，也都贯穿着这种精神，可供我们研究。

因此，在"鲁迅的比较文学文本"研究中，可以列出这样一些重要的研究领域：

（1）鲁迅的翻译实践；

（2）鲁迅的翻译理论；

（3）鲁迅与世界文学、世界文化的总体关系；

（4）鲁迅与外国文艺思潮流派；

（5）鲁迅与世界文学大师、文化名人；

（6）鲁迅与国别文学的关系；

（7）鲁迅的比较文学研究实践与理论；

（8）鲁迅对外国文学、文化的接受。

这八个重要方面是鲁迅翻译文本所涉及的领域，不仅其本身具有丰富的研究内涵和重要的研究价值；而且，从这八个领域入手，还可以进行上述一系列的逆推式研究，即既从主体到客体更从客体到主体地，去研究鲁迅翻译世界里所反映的鲁迅自身的世界。

这是一个十分广阔的研究领域，而且其研究意义不仅仅局限于鲁迅自身。作为民族的代表人、代言人和"民族的接受者"，鲁迅的"翻译世界"反映着"中国的'民族的翻译世界'"，即"民族的'解读→接受→选取→翻译'"的过程，这就成为中国现代文学、现代文化的研究领域了。因此可以说，这些研究的意义之重大，价值之高，远超出鲁迅研究。

第十章 "鲁迅'非创作文本'"研究

"鲁迅的'非创作文本'",就是他创作的小说、散文、散文诗、杂文和古体诗之外的写作文本,这是鲁迅创作世界之外的另一个世界。它们与创作文本、创作世界共存,同样是鲁迅的生活、思想的反映,只是形态不同。它们是:学术文本,书信、日记和"'鲁迅回忆录'文本"。

一、鲁迅学术文本研究

鲁迅是一位杰出的中国第一代现代学者,他的中国小说研究、中国文学史研究,既开风气之先,又奠定了中国现代小说史、文学史研究的基础,也奠定了中国现代学术文化研究的基础。他在大学讲授中国小说史和文学史,撰写中国小说史和文学史,收集、整理、考订小说史料以及其他多种古籍;为这些整理、考订的古籍撰写序跋或考订记;此外,他收集了大量古碑、汉画像;他还准备撰写大部头的中国文学史专著和中国文字变迁史专著。这些,构成了鲁迅"学术文本"有形的文字符号文本和无形文本。

但是,鲁迅作为中国第一代现代学者的重要代表,他的学者情结虽强,他的学者生涯却不长、不"纯粹"。他在"安静的学者生涯"和"飘泊的战士生活"之间,只有过短暂的犹豫选择,最终却决定走出学府、走下讲坛、走出书斋,走向"十字街头",走向战斗的疆场。他说:

> 但我对于此后的方针,实在很有些徘徊不决,那就是:做文章呢,还是教书?……我自己想,我如写点东西,也许于中国不无小好处,不写也可惜;但如果使我研究一种关于中国文学的事,大概也可以说出一点别人没有见到的话来,所以放下也似乎可惜。但我

想，或者还不如做些有益的文章。至于研究，则于余暇时做，不过倘使应酬一多，可又不行了。①

他对于当学者、搞研究、撰写学术著作，不仅是心有所系、"情结"依旧，而且是很有信心；而在大学当教授，收入丰厚、生活稳定、社会地位高，较之当战斗的作家，与社会、与当局斗争，收入与生活都不稳定，那要优越多了。但是鲁迅却最终决定选择后者。而定居上海十年，虽然他时常想着学术著述，并收购参考著作，但是，始终未能"于余暇时做"研究：直面惨淡的人生的斗争太迫切了。——这些，其实也是鲁迅用行动所"写"下的一部无字的"学术文本"。

对鲁迅学术文本的研究，应当是对他的有字和无字的、写出的和未写出的、撰写的和实践的这样两个学术文本的研究。

鲁迅的主要学术著作——有形的文字文本有：《中国小说史略》（1923—1924年出版）、《中国汉文学史纲要》（1923—1924年出版）、《汉文学史纲要》（1938年出版）、《古小说钩沉》（1909—1911年辑录；1938年出版）、《小说旧闻钞》（1926年出版）、《唐宋传奇集》（1927—1928年出版）。

此外，还有辑录、校订的《嵇康集》《会稽郡故书杂集》《云谷杂记》等古籍。

学者鲁迅和鲁迅的这一部分学术文本，历来有人研究，评价甚高，构成了鲁迅学的一个组成部分；但是，其数量不是很多，成果不是很显著。不过，鲁迅的学术文本，应该包括他在留学日本时所写的六篇重要论文在内。它们是鲁迅学术文本的重要组成部分。有五篇论文，写于1903年至1908年，它们是《说鈤》（收入《集外集》）、《人之历史》、《科学史教篇》、《文化偏至论》、《摩罗诗力说》（收入《坟》）；还有一篇未曾写完，收入《集外集拾遗补编》的《破恶声论》。

此外，鲁迅的杂文集中，还有为数不算太少的文章，既可视为杂文，又可看作学术文章，也是应该和可以归入他的学术文本的。如《魏晋风度及文章与药及酒之关系》（《而已集》）、《关于〈唐三藏取经诗话〉的版本》（《二心集》）、《门外文谈》（《且介亭杂文》）、《〈中国新文学大系〉小说二集序》（《且介亭杂文二集》）、《六朝小说和唐代传奇文

---

① 《鲁迅全集·〈两地书·六六〉》。

有怎样的区别?》(《且介亭杂文二集》)、《中国地质略论》(《集外集拾遗补编》)、《拟播布美术意见书》(《集外集拾遗补编》)、《破〈唐人说荟〉》(《集外集拾遗补编》)、《关于小说目录二件》(《集外集拾遗补编》)、《书苑折枝》(《集外集拾遗补编》)等。此外，还有不少文学论辩、批判文章，古籍碑志的考订文，等等，都可归入学术文本。

鲁迅的学术文本，最重要的是他在学术领域里所表现出来的方向、道路与方法（郭预衡），是他在中国现代学术文化建设上的贡献。而作为"鲁迅的"学术文本，对于研究鲁迅思想和思想发展的意义，是十分值得重视的。

鲁迅在20世纪初，从日本留学回国之后，就开始辑录整理古小说，进行中国古小说钩沉的工作。以后，在五四运动以前，又抄古碑、读佛经和继续辑录古小说，整理校订各种古籍。先后辑录校勘了《嵇康集》《会稽郡故书逸籍》等古籍。进行这些工作的宗旨何在？不是一般的整理古籍，也不是一般的挖掘传统，也不同于胡适在"五四"之后提倡的"整理国故"。鲁迅"钻进故纸堆"，具有深意。鲁迅在《呐喊·自序》中说，在日本提倡文艺运动失败后，他怀着寂寞的心情回到祖国，"我于是用了种种方法，来麻醉自己的灵魂，使我沉入于国民中，使我回到古代去"。这"沉入于国民中"，可以解释为，在失望之余和寂寞孤独中，一颗爱国爱民之心沉沉，于是沉入于国民之中，深入地观察他们，寻觅病症之所在。由此，才有以后那些反映这一历史时期的杰出小说创作出来。而所谓"回到古代去"，则似可解释为：他在日本数年，向欧洲、向日本寻求思想的武器、文化的资源，以拯救民族、唤醒国民，然而失败了。现在，又"回到"古代去，寻找两方面的答案：(1)民族落后的历史根源是什么？(2)历史中是否有积极可取的资源？这样，才有以后他对中国传统文化极富历史感又极尖锐的批判，才有他深刻的"挖祖坟"的批判意识和批判工作。而在当时，他的历史的探寻——辑录整理古籍，则向着两个方面努力：(1)中国古代（以至他的故乡会稽郡）体现反抗斗争复仇精神的古人古籍；(2)中国古代小说。前者是鲁迅从中国传统文化中发掘出来的积极成果，成为他以后思想中的重要资源，反抗、斗争、复仇，成为他思想的构成成分，也是他树立民族自信心，以后写出《中国人失去了自信力吗?》等文章的重要依据。后者则是他仍未放弃"文艺为人生"的初衷，继续从古代小说中去寻找文学创作的民族渊源。

从这里我们看到，鲁迅从事学术研究，固然有其重要的学术文化方面的目的和个人的心性需求（这是一直贯穿他的一生的："学术情结"一直是他心中的一个重要情结；"学术撰著"之意，一直是他未了的心愿），但是，与此同时，并与此相联，他还有更深沉更重要的目的，就是借此寻找救国救民的真理。鲁迅学术文本在这方面的意义的解读，是一个重要方面。

"五四"之后不久，鲁迅以其充实而独到的准备，走上大学讲坛，讲授中国小说史。在当时，这是一门全新的课程。这在思想、学术上，有两方面的意义：（1）在反传统、"打倒孔家店"的激烈战斗声中，鲁迅讲授和撰述了《中国小说史略》，这表明他以及"五四"其他的一些健儿们（如胡适等），并不是全面反传统的；他们在以彻底的战斗的科学的精神反对传统文化的保守、落后、腐朽的同时，挖掘、整理和传授中国文化积极的有益有用的部分。这种学术研究工作，其意义与作用不限于学术文化本身。（2）在这个冲破传统束缚，建立和促进中国现代文化发展时期，在这个创获中国文化现代性的时期，在这个中国现代学术研究和学术文化刚刚开始建设的时期，鲁迅的学术研究，成为一种与他的"五四"战友一起开辟草莱，规划领域，建设新规范，树立新学风，开风气之先和奠定基础的工作。这是中国现代学术的初创期，鲁迅的研究工作，他的《中国小说史略》，自然都成为一种示范和典范。

鲁迅学术著作都是资料详备、考订精审，各家比照考校而取其长，立论独到而有依据。取材皆自己搜寻而不依靠二、三手资料，但又不靠孤本秘本眩人耳目。"本受清代学者的濡染"，又"不为清儒所囿，而又有他方面的发展"，"《中国小说史略》《小说旧闻钞》《唐宋传奇集》等，已打破清儒轻视小说之习惯"①（蔡元培）。《中国小说史略》与王国维的《宋元戏曲史》"是中国文艺史研究上的双璧。不仅是拓荒的工作，前无古人，而且是权威的成就，一直领导着百代的后学"。②"《中国小说史略》是一部奠基的大著作。从这部大著作出版了后，研究中国古小说的人才能够有确切可据的基础。""近三十年来，研究中国古典小

---

① 鲁迅. 鲁迅全集：第1卷 [M]. 上海：复社，1938.

② 郭沫若. 郭沫若文集：第12卷 [M]. 北京：人民文学出版社，1992.

说的人很多，但像鲁迅先生那样气吞全牛，一举而奠定了研究的总方向，有了那么伟大而正确的指示的，还不曾有过第二人。"①至今，人们还认为，治中国小说史者，未有超过鲁迅者。

鲁迅的学术研究，总是具有一种全新的视角、独到的见解和恢弘而巧妙的结构，以及纵横捭阖、汪洋恣肆或析理透辟、行文缜密的话语。如关于中国文学史的提纲，表现了他对中国文学发展的独到的见解：

第一章　从文字到文章
第二章　"思无邪"（《诗经》）
第三章　诸子
第四章　从《离骚》到《反离骚》）（汉）
第五章　酒、药、女人、佛（六朝）
第七章　廊庙与山林（唐）②③

他的《魏晋风度及文章与药及酒之关系》，是他的文学史的断代表述，其见解之新颖独到，其分析之透辟尖锐，其行文运思之阔达恣肆，都是前无古人，今犹未见来者的。

对鲁迅这种学术文本的解读，对于解读鲁迅思想文本及其他文本均有助益；对于研读鲁迅特有的一种学术思想、学术文化，以此提高我们今天的学术文化建设水平，能起到很好的作用。

拿鲁迅的学术文本，同胡适、周作人、郭沫若等人"五四"以来中国现代学术文本的"代表作"进行比较研究，也是很有意义的。

鲁迅的杂文中所蕴含的学术思想、学术文化、学术话语，是很丰富的。他的许多序跋文——包括古籍、译作和文学作品的序跋，其内容属于文学理论批评的杂文，有关历史、科学、文学、艺术的一些杂文，其学术内蕴也是很丰富的。这些，可以说是鲁迅学术文本的潜在部分，或者称为"鲁迅的潜隐学术文本"。这些文本的思想、学术、文化内涵是很丰富的，也是很独特而富有价值的。鲁迅学向来的研究中，实在缺乏这方面的内容。如何开辟这一领域，开展研究，是今后的研究工作中一个有意义的方面。

①　郑振铎. 中国小说史家的鲁迅 [J]. 人民文学, 1949（1）: 56-57.
②　增田涉. 鲁迅的印象 [M]. 钟敬文, 译. 长沙: 湖南人民出版社, 1980: 63.
③　原文即缺第六章。鲁迅先生终生挚友许寿裳所记亦缺，可见原件是误记或笔误。

鲁迅的学术文本，实际上是一个未曾充分展开的文本。他关于中国文学史的撰写计划，关于中国文字变迁史的研究与撰写计划，他的丰富的汉画像的收藏及研究的计划，如此等等，都未曾实现。他为了现实战斗，为了做时代的"感应的神经，攻守的手足"，而压抑了学术研究的热情和兴趣。"研究-学术"和"战斗-杂文"两个领域，他不得不放弃了一面：放弃学术文化建设，留下丰硕成果，留存百世；而取速朽的杂文，为现实，为民族的生存和人民的解放而战斗。这是一种学术品格、学术方向。将之纳入一个特殊时代，来理解其学术文本的意义和价值，而不是以今天的现实去品评昨天的历史，这是在研究鲁迅的学术文本时必须注意的。

鲁迅的"'辑录古籍'文本"，也是一种丰富的文本，可以研究的文本。他先后辑录了《古小说钩沉》《小说备校》《唐宋传奇集》《小说旧闻钞》四部专著，都是小说方面的。这是他博览广搜多种古籍，从中选取辑录而成的。这里不仅有他付出的心血，更重要的是包含着他的学术识见，他的文学观念，他的治学方式、方法。这里当然更有他的小说观念与理论贯穿其间。当然，同他的小说创作也有很深的渊源。这些，都是值得深入研究的。

鲁迅还辑录、校订了多种古籍。其中有《后汉书》两种，有《会稽郡故书杂集》和《稽康集》等，还有《岭表录异》和《云谷杂记》等书。从这些辑录与校订中，也同样可以窥见鲁迅的学术识见、治学方法，以至他的"寄沉痛于悠闲"的心情。这些自然也是甚可研究的。

学者鲁迅和他的学术文本，有两个相反相成的方面和"力"，既彼此疏离，又互相沟通，并由此产生一种文化张力。这两个方面的张力就是：一面出于爱国爱民和"我以我血荐轩辕"之心，终生投入民族自由解放的斗争，而不得不压抑学者情怀、放弃学术研究；但是，另一方面，又在内心深处具有一种深沉而执着的文化情怀、学术胸襟。所以，在"现实斗争"和"学术研究"之间，既自觉地选取前者，放弃后者；又于斗争之中，争取片刻之闲，利用短短的间隙"偷顾"学术——注意动向、收集资料、积累图书，准备撰写学术著作，表现了对学术的藕断丝连、梦寐萦怀。值得注意的是，文化是更深沉、悠久的"现实-历史"功利，是非功利的功利，是"无用之用"。这里正透露了鲁迅"寄意寒星"，重建民族文化、改革国民性的文化情怀。这是鲁迅学术文本更深沉的意义，因而值得进一步研究。

因此，鲁迅学术文本的研究，拥有两个范畴、层面：（1）直接的、学术著述与学术活动的研究，学术著作的解读、诠释；（2）鲁迅的总体学术文本和他的总体文本相联系、相结合的研究，以及鲁迅的学术、文化情怀。

二、鲁迅书信、日记研究

鲁迅的书信、日记是一种特殊的文本。这是"自然"文本，不但不是创作，而且不是"写作"文本。它们不是为了公开发表，只是为了处理事务、回答问题、联系工作等目的和为了记事以备自己查用而写的。这在当时都是即时即逝、也不示他人的。但是，现在作为一种历史文献、个人档案和社会记录，它们却具有重要的意义。在鲁迅研究中，研究他的书信和日记，具有多方面的作用，能够获得多方面的信息，能够帮助研究其他文本，对于鲁迅的生平经历、人际交往、社会活动、家庭生活、心理状态等，都可以获得直接的、第一手的真实材料。因此，在鲁迅研究中，研究他的书信和日记，向来受到重视，取得了可观的成绩。不过，在总体上，对于书信、日记的研究基本上局限于几个方面。一是人物考订，即书信中的通信人和信中提到的人，以及日记中提到的人，是谁、其为何许人、与鲁迅是怎样的一种关系、交往情况如何，等等。二是事件考订，即考订书信或日记中所提到的事情是一件什么事情，其来龙去脉、于鲁迅之意义等，以及此次通信之缘由与有关事情等。三是与之通信的某人某事或日记中所涉及的某人某事，对鲁迅生活、工作、思想的影响等。所有这些研究，当然都是很有价值的，对于解读书信、日记，了解其文本内涵与意义，都是必要的、有益的。同时，在准确解读的基础上，正确使用书信、日记中的资料，以助其他研究，也是很有意义的。不过，这种研究还不是文本细读与深读，因此还有必要进一步研究。

所谓细读、深读，就是把书信、日记作为阅读文本来解读、诠释，不是"扫清外围"式的，对所涉人物事件说清楚（这当然是必要的前提，可以避免误读；但是，到此为止却很不够），而是需要再前进一步、深入一步，研究书信、日记的内涵，解读其深层的社会、家庭、个人、私人、心理、创作等方面的意义及其影响。在这些方面，书信、日记是极为宝贵的材料。

（一）鲁迅书信研究

鲁迅的书信分为两大部分：一是他与许广平的通信专辑，即后来公开出版了的《两地书》；一是他与其他师长、同学、朋友、学生、请教者、求助者以及外国友人等的通信。

《两地书》是一个具有丰富的思想、生活、婚恋、家庭、社会、时代内涵的文化文本，它所涉及的既有鲁迅与许广平通信期间（1925—1927年，北京—厦门；1932年，上海—北京）两人的思想与生活，又有这期间他们的关系所涉及的种种问题，以及在这些问题上所表现出来的世界观、价值观、婚恋观、妇女观等。这些信件还涉及鲁迅这时期对时代、社会、政治、教育、文化等的看法以及从中反映的他的一般的哲学、社会、文化观；也涉及这期间与中国革命的关系，与同时代人的关系，其中特别是同林语堂、顾颉刚、高长虹、韦素园等人的关系，等等。这里面，特别值得重视和可以重点研究的是：（1）鲁迅在信中直白地、集中地表述的他的基本思想；（2）信中所流露出来的鲁迅的心理状态。这两项，本来在相对的和比较的意义上来说，是一个隐蔽的世界，是一个秘不示人的世界，在某种程度上也是有时连当事者自己也不是很明确的世界。而恰恰是这个世界，不仅具有"现时性"意义（即反映了当时的状况），而且具有"历时性"和一般性的意义（即在"具体"中反映了"一般"，在"短时段"中反映了"长时段"）。而且，这两个方面，对于研究鲁迅的思想，研究鲁迅的创作，都是很有用处的；在诗学的"文学与社会""文学与思想""文学与心理学"等范围内，都是十分有价值的。

在《两地书》中，有许多属于鲁迅对于自己的思想体系核心的基本叙述，这是解读他的思想、创作的最可信的依据。比如：关于他的"人生态度"——遇到歧路如何走法，他的韧性的战斗——"壕堑战"思想的阐述（通信［一］，1925-03-11）；关于"对于根深蒂固的所谓旧文明，施行袭击，令其动摇"的思想（通信［八］，1925-03-31），主张与坚持"社会批判"和"文明批评"，以"继续撕去旧社会的假面"的思想文化批判战略（通信［十七］，1925-04-28）；关于中国国民劣根性，"最大的病根是眼光不远，加以'卑怯'和'贪婪'"，以及无论论者所论为可笑或可悲，"皆木然，都无动"（通信［十］，1925-04-08；通信［十五］，1925-04-22）；关于他自己的思想，"或者是'人道主义'与'个人的无治主义'的两种思想的消长起伏"的说明（通信［二十四］，1925-05-30）；关于他自己"平生言动"，多为别人着想，而反被诬，于利用之后反噬之；"即使青年来杀我，我总不愿意还手"的表述（通信［七十三］，1925-11-20；通信［九十］，1925-10-28），又说自己一生所经过的事，无不如"穿'湿布衫'"（通信［一〇八］，1925-12-16），以及关于"做文""教书"，"这两件事，是势不两立"，自己不愿当"做教授的文学家"，而决意"做文"而不"教书"的考虑，如此等等，都是很宝贵的思想资料；关于这些思想的缘由，其所反映的社会状况、时代精神、学府情态、文坛纷争以及鲁迅自身的生活，特别是他的心性、人格等，以及这一切如何反映了他的思想、人格，又如何反映于他的创作——特别是杂文创作中，都是很可研究的。

对于《两地书》的这种丰富的内容，开掘很不够。有的著作，专门研究了《两地书》，充分、细致、深刻地解读了这部著作①：除了校读、评点《两地书》文本之外，还论述了信中所反映出的鲁迅的婚恋观、伦理观、教育观、道德观和政治观等。这是鲁迅学中关于《两地书》研究的硕果仅有的一部著述。

如果进一步要求，鲁迅学的发展，还不应止步于这种文本的解读。还可以再深入地去研读、诠释这部文本的"外部世界"和"内部世界"，对其进行广泛的、多元的、多方面的外部研究和内部研究，进行社会的、时代的、历史的、政治的、家庭-家族的、婚恋的、私人的、公众的、人际关系的、心理的解读和诠释，挖掘文本的社会学、人类学、创作心理学、接受学和阐释学的内蕴，并进行这些学科领域的研究。自然，这些学科领域的研究，又不是"专科性"的仅属于它自身的研究，而是一个中介、一种桥梁、一个过渡，通过这些"学术中间地带"，再进入鲁迅学的本体研究，为鲁迅的各种文本的解读提供各方面的依据。

《两地书》1933年7月在上海出版时，信中所涉的内容，有些地方

---

① 王得后.《两地书》研究［M］. 天津：天津人民出版社，1982.

删削了，或改变了。所有删削与改变之处，都反映了两个方面的状况：社会的和个人的、私人的。这种"现象"在今天解读起来，又是具有多方面的意义的。"文本变异"，是一个社会学、文学学、心理学等方面的研究课题。展开这方面的研究，其意义自然远不止于对《两地书》研究有所裨益，而是多方面的。"《两地书》修删"是一个内涵很丰富的研究课题。

鲁迅书信，除《两地书》之外，还有大批信件。《鲁迅全集》（1981年版）共收信1333封，另有致外国人士的信112封。通信人士有166位，外国人士15位。这当然不是全部信件和通信人。可惜现在已经不可能收集全备了。但即使只是这些已有的信件，也构成了一个"书信世界"，它在许多方面与鲁迅的其他世界相沟通，反映着、说明着、证明着其他世界。它从特殊的方面，以特殊视角和特殊的叙事，向我们讲述了鲁迅的世界。

第一，这些写于不同时期的信件，向我们提供了不同时期的鲁迅思想、生活、工作、心理的状况。在早期的给友人蒋抑之的信中，反映了鲁迅留学日本，在仙台医学专科学校学习的情况，特别是思想状况，对于我们了解鲁迅这时期对学医的感受、对弱国学子身处异邦时的感受等，有直接的帮助。鲁迅回国初期与老友许寿裳的通信，反映了辛亥革命前后鲁迅的思想和生活情状，其中关于《狂人日记》的说明，对于解读这篇小说有着重要的意义："《狂人日记》实为拙作……前曾言中国根柢全在道教，此说近颇广行。以此读史，有多种问题可以迎刃而解。后以偶阅《通鉴》，乃悟中国人尚是食人民族，因此成篇。此种发见，关系亦甚大，而知者尚寥寥也。"[1]鲁迅写给李秉中的多封信件（1930—1932年），对于了解鲁迅在白色恐怖中如何既受反动统治压迫，又遭谣言恶意中伤，以及他在这种内外压迫中的心境，是极好的材料。鲁迅与未名社诸人（韦素园、台静农、李霁野等）的通信，详细地反映了鲁迅同这个文学社团及几位学生与作家的关系。鲁迅与曹靖华的通信，则反映了他对于苏联文学的热爱、对翻译苏联革命文学作品的支持，以及对曹的培养。在鲁迅与新兴木刻家们——郑野夫、李桦、罗清桢、陈烟桥等——的通信中，可以看到他如何支持、指导新兴木刻运动的发展，培

---

① 《鲁迅全集·书信·180820·致许寿裳》。

养了一代进步艺术家。从鲁迅在1934—1936年给萧军、萧红的信中，可以看到鲁迅当时的心境不佳，以及对于文艺界的纷争和"左联"领导人宗派主义的不满。如此等等。"书信世界"从一个侧面，直接反映了各个时期的中国社会状况，文化界、文学界的发展、斗争状况，以及鲁迅在这种状况下的生活、思想、工作、心理状况。这是最好的研究材料。

第二，在这些信中，清楚、明晰、具体、实在地反映了鲁迅的生活行迹和思想轨迹。这是最实际的记录。如果按序地，顺编年序号读下来，便可生动地看到鲁迅的"心史"。

第三，鲁迅书信中，反映了他的各方面的许多思想：哲学的、美学的、文学的、艺术的、科学的、社会的、教育的、历史的。这些都是直白地表述出来的，鲜明、突出、明晰、简要，对于了解、研究鲁迅的思想作品，有无可替代的作用，是最可信的证明。

第四，当然，这里还可以看到鲁迅同所有通信者的人际交往，又可从信中所涉及的人中进一步了解到他的社会交往，了解到他逐步地、按时期地在同哪些人交往，从事哪方面的工作。因此，这是研究"鲁迅与时代""鲁迅和他的同时代人"的重要而可靠的材料。

第五，也还可以从侧面了解鲁迅的文学创作和学术研究的状况。这是研究鲁迅的创作心理、解读某些具体作品的可靠依据。

当然，鲁迅"书信文本、书信世界"的价值，不仅仅表现在把它作为一种其他研究的辅助材料和"实证材料"来外在地阅读；更重要的意义和价值，也可以说是"真正的研究"，还在于把它作为一个"独立自在"的阅读文本来解读，让这个"独立自在的世界"直接地面对接受世界，来展开它自身的面貌和内涵。这是鲁迅的一种"言说"，与他生活、工作、创作同时的，另一种与之呼应的"言说"。这也是鲁迅的一种广泛的社会的、思想的、事业的、文化的对话。在这种"'言说'/'对话'"中，可以看到所表现出来的鲁迅的思想、心理、性格、人格；他这一"个体"——"言说主体"，反映了社会、时代、思想、文学、文化、政治的面貌；从"个人心声"到"时代之声"，即从鲁迅信中反映了20世纪30年代中国的"文化球体"的状况；而且鲁迅也用"书信"客观地"说"出了"鲁迅自己"。

这样的"鲁迅书信世界"是很可以研究，大有挖掘价值的。鲁迅学中的鲁迅书信研究，不仅数量不多，而且大多局限于人物、事实的考订上；在其他研究中，只有对于书信的不够充分的利用。改变这种对于鲁迅"非创作文本"之一的"书信文本"的研究状况，是鲁迅学发展中的一个待开辟的领域。

（二）鲁迅日记研究

鲁迅的日记是很特殊的。第一，从1912年到北京工作和教书时写起，直至逝世，从未间断过。第二，所记极简略，每天只有几行字。不像有的名人日记那样，长长的一篇，记事甚详，间有读书札记、思想记录等。他的日记，只是记些人事交往、书信来往、银钱支付、身体状况等。第三，这样的记载，却又很是宝贵，提供了多方面的信息。"但是假如从此可以看出一部分真的面目，那么这日记是最真不过的了，在研究一位在民族文化史上很关重要的人物，对这是不应忽视的。"①第四，虽然记事以人员和信件的往来为主，但是，时常来往的人的来访和通信，却不总是记上；同政治人物的见面和通信，也不记在日记里，这是在白色恐怖下，为双方的安全计，才这么做的。

鲁迅的日记之可贵，首先在于它提供了鲁迅从1912年到1936年的生活足迹的最可信的第一手资料。第二，他生平中的一些大事，包括生活的变故，婚姻、家庭的变化，主要的事件，这里都有记录，虽属简略且有不记者，但是凡所记均可靠。第三，他与同时代人的来往，包括晤面和通信，在这里都有记载，可以凭此部分地了解他的人际交往状况。第四，他的经济生活的状况，可以从日记中了解一个大体情况。第五，他的身体状况，也可以从中了解到。第六，日记中附有每年的"书账"，购买了什么书，花钱多少，均有记载。

总之，从日记中可以部分地了解鲁迅生活的大概，其中，有的事件是很重要的，对鲁迅影响至大。如与周作人的决裂，在信中有几次重要的记录，我们从日记中可以从鲁迅这一面来了解事情的真相。虽然缺乏细节，但是，事情的原委是清楚的。特别是周作人的恶劣作为和鲁迅的感受，可以看得很清楚。除了这种特殊的情况之外，一般地说，"我们可以得一概念，他的日记写的大约是不大不小的事。太大了，太有关系

① 王世家. 鲁迅回忆录：上册 [M]. 北京：北京出版社，1999：323.

了，不愿意写出；太小了，没什么关系了，也不愿意写出。"①

但是，在简略的记事中，也蕴含着重要的信息。许广平说：

> 日记里有时写出"夜失眠"三字，别人看看很简单，不大理会的，其实里面包含许多辛酸处。有时为了赶写文稿，期限急迫，没有法子，整夜工作了。但是有时并不因为工作忙，而是琐屑之事，或者别人家一不留心，片言之间，毫不觉到的，就会引起不快，可能使他眠食俱废。在平常人看来，或者以为这是大可不必的，而对于他就觉得难堪了，这在热情非常之盛的人，是会这样的。②

这里所说，从一个简单的记事，"开掘"出一种重要的信息，对于了解鲁迅的品性和人格以至于创作均有助益。从这里也可以得到一种认识和解读鲁迅日记文本的启示：可以从简单的记事，参照其他方面的记载、信息，来开掘"简单"中的"繁复"。这可能是发掘日记文本的资源，加以利用和解读、诠释日记文本的一个重要的方法。

日记虽然简略，仍然是一种心态的记录和侧面的反映。记载什么和怎么记载，都是一种心态的反映。

因此，关于日记文本的研究，有两个基本领域：一是所记何事；二是如何选择应记之事以及如何记法。

三、鲁迅回忆录文本研究

这是一个特殊的"鲁迅文本"，但却是一个十分有价值的文本。它不是鲁迅本人的创作，而是他人所撰写的对鲁迅的回忆。表层地、一般地说，这应是每一个撰写回忆录者的文本，而不是鲁迅文本；但是，深层地和特殊地说来，他们写的是鲁迅，写的是鲁迅的言行，是他的工作、生活、学问、事业、家庭婚恋、品性人格、思想作风、日常习惯、待人处事，以及他的喜怒哀乐、悲喜歌哭。而所有这一切，正是一个活生生的鲁迅，用他的行动、活动，所写出的一个重要的文本。我们从中看到一个活动着的鲁迅，他如何在生活、读书、教书、工作、写作、翻译，他如何在他的日常言行中表现了他的学问、思想和人格。这一切是

①② 王世家. 鲁迅回忆录：上册 [M]. 北京：北京出版社，1999：223.

从他的创作文本和其他文本中不能直接观察到的。"鲁迅回忆录文本"为我们提供了生动的写照。这是日常的鲁迅、生活中的鲁迅、自然的鲁迅、不带社会面具的鲁迅、隐在的鲁迅、"后院"的鲁迅。只有认识这一面，才能全面认识鲁迅，全面解读鲁迅文本。因此，"鲁迅回忆录文本"虽非鲁迅自己的著述，但却是别人记录的"鲁迅言行文本"，理应是鲁迅学的重要研究领域和研究内涵。"从回忆录看鲁迅——研究鲁迅"，这是过去注意得不够和研究得不够的又一个方面。

回忆鲁迅的文章，包括专门的回忆录和回忆文章，数量是很大的。各方面的人物，从各个方面，从不同的视角，用不同的眼光描写和记述了鲁迅在各个时期的生活和工作、言和行，各有侧重、各有特点，表现了他们所看到的鲁迅，也表现了他们眼中照见的鲁迅和在描写记述鲁迅中所照见的他们自己。这些回忆录中，最著名的有许寿裳、周作人、周建人、许广平、郁达夫、孙伏园、荆有麟、章衣萍、胡风、冯雪峰、萧红、许羡苏、俞芳，以及日本友人内山完造、增田涉等人。周作人、周建人的回忆录，对于了解鲁迅的家庭身世、早年生活、家庭生活，以及作品的某些本事与人物的原型等，有着重要的作用。许寿裳的两本重要的回忆录，对于了解鲁迅留学日本时期的生活，特别是思想成长，有特别重要的作用；对于鲁迅家庭生活、与周作人的关系和鲁迅品性、人格也有明确的介绍。孙伏园的回忆录，则侧重于介绍、记述鲁迅某些作品的内容和立意，以作者同鲁迅的师生情谊，特别是他的组稿人的身份，这些回忆内容特别重要而具有价值。荆有麟、章衣萍、许钦文的回忆录，对于了解鲁迅20世纪20年代在北京的生活、思想和创作，有重要的价值。许羡苏和俞芳的回忆文章，以一种特殊的视角反映了鲁迅20世纪20年代以至30年代的生活与家庭状况。当然，最全面、具体、细致地反映鲁迅生活、思想、性格、创作的，是许广平的几部回忆录以及散篇回忆文章。冯雪峰的鲁迅回忆录，则以深刻地反映了鲁迅30年代后期的思想、生活与创作动向而为世人注目，是研究鲁迅后期思想上酝酿又一次大的转折的重要材料。萧红的《回忆鲁迅先生》是一部优美的回忆散文，生动活泼地、令人动情动容地描绘了鲁迅的生活、思想和鲁迅的形象。

在外国友人的回忆录中，日本友人鹿地亘、内山完造和增田涉的回忆，具有特别的和重要的意义。尤其内山作为鲁迅在上海时期的挚友、增田涉作为鲁迅的"及门弟子"，他们对于鲁迅的回忆，在对鲁迅生平经历、20世纪30年代的生活、思想和学术等研究方面，都提供了重要的资料。

这些回忆材料汇集起来，构成了一个完整的鲁迅生活的特殊图景，塑造了完整的、生动的鲁迅形象。这些材料，不是纯客观的呈现，也不是鲁迅自身的记录，而是或者来自鲁迅的讲述，但却是"对鲁迅讲述的复述"；或者来自作者与鲁迅的共同生活或共处一起时的所见所闻，是"鲁迅的'表现'，作者的'反映'"。在这里，无论什么材料，都是作者当时观察、事后回忆的复述与再现。这里不仅有时空的距离与隔阂，而且有回忆的过滤和复述的"重构"。重要的不在于这里面的事实在真实性为主的前提下有多少"走样"，而在于这种"主观映照"本身所具有的价值。即这是一个真实的鲁迅的真实记录和反映，但又是一个在各个不同的"镜子"的"主观'镜面'和'质地'"映照下的鲁迅的生活与形象。这就具有两种文本的价值。一个是"鲁迅文本"，即回忆者所记录的真实的鲁迅用"言行"所"写"出的真实的文本；一个是回忆者对这个"真实文本"的"真实的、真诚的"，但肯定加上了"主观意识"的反映。"你所见到的东西实际上是你所阅读的东西，观察者所具有的先在知识结构决定着观察的内容。"① 每个回忆者都只能"看见"鲁迅文本的"一个方面、一些内涵"，他们各自的知识结构决定了他们的观察内容；对鲁迅的其他方面，他们就视而不见了。这样，所有这些回忆录，一方面，具有各人的面貌，而不是千人一面，只是一个"统一的鲁迅形象"；另一方面，在不同中又有"相同"，有一个"统一的鲁迅在不同镜子面前的一致的、一贯的形象"，有其"共同点"，这就是鲁迅精神、鲁迅思想、鲁迅人格在不同人面前、不同场合下、不同活动中的统一的体现。这就是我们在"鲁迅回忆录文本"中所读到的"鲁迅文本：鲁迅行为文本、人格文本和创作、著述文本"。这个"多项文本"，其真实性、意义、价值，都大不同于其他"鲁迅书写的符号文本"。因此，它是鲁迅学的重要研究对象和研究领域。

在这些回忆录中，人们可以看到鲁迅活生生的、日常的、直接的形象，可以看到鲁迅日常的言谈举止。特别是许多重要的言谈，是在他的

---

① 泰特罗讲演. 本文人类学 [M]. 王宇根，等译. 北京：北京大学出版社，1996：9.

作品中所不能见到的。例如他同许寿裳、许广平、冯雪峰和萧红等人的言谈，都十分突出地表现了他的思想与人格。他在东京弘文学院同许寿裳关于国民性问题的谈话，是表露他坚持终生、一以贯之的改造国民性思想的滥觞，十分重要、中肯，向为研究者所重视。他同冯雪峰关于"做一个小卒，我是能胜任的"谈话，许广平《札记》所记的鲁迅对保存自己的手稿和为自己写传记的不以为然，坚认自己是普通人的情景，真实地反映了鲁迅是一位"把自己看作普通人的伟人"，反映了他的真诚而崇高的心性。上述同一记事中，还记下了鲁迅对中国人性格的分析：

> 中国人对于某人的观察，因其偶有错误、缺点，即将其人之一切言动全行推翻，譬如有人找出高尔基一点不好，即将高氏全部著作不看。又或吴稚晖不坐洋车、走路，于是即崇拜之而将其另外行为，无论什么，都可抹杀不提。又如孙传芳晚年吃素，于是其杀人凶暴，俱可不算矣。①

关于这一类的言谈，在所有回忆录中，所在多有。这是"鲁迅在'用自己的言和行'来'叙述'和'描绘'自己"的真实记录，所以弥足珍贵。这是一种特殊的，又是特别可贵的"鲁迅文本"，是研究的最佳材料。

当然，作为回忆录，这些作品同时就是作者们同鲁迅关系的最好的记录和见证。并且，这里还直接记录了他们各自在一段时间之内，同鲁迅的具体关系和交往，其中有不少"故事"。这是研究"鲁迅和他的同时代人"的最好的素材。从这些素材中，人们可以看到，鲁迅在"活动"中、在"人际交往"中，如何一面展开了自己的思想和精神世界，一面又从与他交往的人中获取信息、帮助、支持与爱，接受影响；也有的是爱与怨、先爱后怨或只有怨的交往，这也同样给予鲁迅以影响（如周作人，以至梁实秋），这是"逆向联系"与"对抗性影响"，同样使鲁迅得到进步。

这些回忆录，也是回忆录的作者们自己的写照。他们写鲁迅、写与鲁迅的交往，是作为一面镜子反映鲁迅；但同时，在写鲁迅的过程中，

---

① 王世家. 鲁迅回忆录：中册 [M]. 北京：北京出版社，1999：524.

又写了他们自己——在反映他人中反映了自己。正是："不是我在说话，而是话在说我。"他们在言说他人时言说了自己。在许寿裳的鲁迅回忆录中，人们不仅直接看见了鲁迅，而且看见了一位严谨朴素的学者和忠厚长者——许寿裳。在周作人回忆鲁迅的文字中，人们也同样看到一个多面的周作人。林语堂回忆鲁迅的文章，具有十足的林语堂风格，而他的"幽默"笔调和调侃文字，虽对鲁迅而来，然而不是也同时活画了他自己吗？比如，做如此的描写即是表现了这一点：

> 鲁迅与其称为文人，无如号为战士。战士者何？顶盔披甲，持矛把盾交锋以为乐。不交锋则不乐，不披甲则不乐，即使无锋可交、无矛可持，拾一石子投狗，偶中，亦快然于胸中，此鲁迅一副活形也。德国诗人海涅语人曰，我死时，棺中放一剑，勿放笔。是足以语鲁迅。……
>
> ……鲁迅所杀，猛士劲敌有之，僧丐无赖、鸡狗牛蛇亦有之。鲁迅终不以天下英雄死尽，宝剑无用武之地而悲。路面疯犬、癫犬，及守家犬，挥剑一砍，提狗头归，而饮绍兴酒，名为下酒。此又鲁迅之一副活形也。[①]

这是"鲁迅的活形"吗？无论从鲁迅的所有文字中，还是从他的言行中，都看不出这种心态行迹。这里倒应该说，这些描写"是不足以言鲁迅的"，倒是"足以言林语堂"。但这些文字又是宝贵的，它反映了一个时代，一个时代的文化风习、批评气质和文化语境，也反映了"鲁迅和他的同时代人"。这段说词是"刺激"人们去研究鲁迅与林语堂的最好的诱因。

在高长虹的鲁迅回忆中，也同样看见了高长虹自己。在萧红的《回忆鲁迅先生》中，一个活泼而忧郁、富有才华而调皮，喜爱热闹却孤独寂寞的萧红形象，也跃然纸上。

鲁迅回忆录还有一个重要的价值，就是鲁迅直接对自己作品作出的"自我诠释"，这是解读那些被他提到的作品，以及连类而及或提供背景，帮助解读其他作品的"最佳教材"。这一点，在孙伏园的回忆录中，表现得最为突出。其中，有鲁迅关于《药》的比较文学研究的提

---

① 王世家. 鲁迅回忆录：中册 [M]. 北京：北京出版社，1999：663-664.

示：鲁迅说，在西洋文艺中，也有与《药》类同的故事。如安特莱夫的《齿痛》，写一人苦于齿痛，把它看得比同时发生的耶稣被钉上十字架还要重大。此外鲁迅说，《孔乙己》"是在描写一般社会对于苦人的凉薄"。而它是鲁迅自己最喜欢的短篇小说。写《腊叶》的感兴，是从许广平爱护自己得来的。刘半农赠鲁迅以联语"托尼学说，魏晋文章"，"鲁迅先生自己也不加反对"，等等。这些记载，都很宝贵。

　　章衣萍的回忆录中记载，鲁迅曾"明白地告诉过我，他的哲学都包括在他的《野草》里面"。这个回忆是很有价值的。周建人提供，鲁迅的《弟兄》是在与周作人失和之后写的，表示了"脊令之原"的意思；又，《牺牲谟》中，"有他自己在八道湾这段生活的体会在内。"胡风与鲁迅有过关于《孤独者》的这样的对话：

　　　　我问："《孤独者》里面的魏连殳，是不是有范爱农的影子？"
　　　　他不假思索地说："其实，那是写我自己的……"
　　　　停了一下又说："当然，也有范爱农的影子……"

　　所有这些记录，对于解读鲁迅作品，都是极有益处的。"夫子自道"，解读准确。特别是我们还可以从这极简略的解说中得到启发，"举一反三"，或多方考察，借以深入。

　　总之，"鲁迅回忆录文本"，作为别人写出的"鲁迅的特殊文本"，在鲁迅研究中，不仅是一份巨大的研究资料，而且它本身就是研究对象、研究领域。可以对它进行几方面的研究：（1）研究回忆录中鲁迅用自己日常言行所"写"出的"鲁迅文本"；（2）研究文本中所记录的鲁迅同他的包括回忆录作者本人在内的同时代人，以及鲁迅与这些同时代人的关系；（3）研究这些作者本人——"孤立的""单独的"研究之后，再回到或"支援"鲁迅研究；（4）研究回忆录文本——它们作为一种"叙事"、一种作品，自身具有独立的研究价值。有的回忆录本身即具有文学价值，如周作人、萧红的回忆录。

　　鲁迅回忆录文本研究，是鲁迅学应该开辟的一个垦荒领域。

四、鲁迅"文本之外"研究种种

　　鲁迅学除了文本研究之外，还有一个组成部分，这就是既具有独立研究价值，又有助于文本研究的"文本研究的'外部研究'"，或称"'文本之外'研究"。这也是文本的诗学研究——文学内部本质研究的外部研究。两者是结合的、互通的。鲁迅学的产生、发展阶段，这一部分的研究曾是基础性、前沿性研究，为鲁迅学创建和发展建立了可贵的前提条件。今后，这部分研究工作中的一些内容，可能会"萎缩"，甚至结束或接近结束，有的会分量减少或重要性减轻，但是，它的存在和发展仍然是必要的、必然的；它对于鲁迅学发展的意义仍然存在，而且会"生长或创造出其他性质和种类的意义来"。这些"外部研究"，方面很多，内容颇杂，它们各自具有自身的意义，而又有彼此渗透、互相沟通的意义。这一"外部研究"的内涵大体包括：鲁迅著作版本目录学研究（包括版本、选编、汇编、辑佚、考订、注释、文译白、译著系年等）；鲁迅笔名研究；鲁迅未完成的作品研究；鲁迅辑佚校勘、翻刻的书籍和为之撰写序跋的作品研究；鲁迅藏书研究；鲁迅研究资料的抢救、搜集、整理、汇编、出版；鲁迅年谱的编纂；等等。这些方面的资料和研究汇集成一个"资料库"，除了它本身构成一个研究领域，具有研究价值之外，对于鲁迅学整体研究也具有重要价值。今后，在这些方面还会有新的课题、新的宗旨、新的意义出现。

（一）鲁迅著作版本目录学研究

鲁迅著述、作品的版本目录学研究，是鲁迅学重要的研究方面，也是研究的前提。它既可研究鲁迅所处的时代背景、社会状况与文化语境，又可探究鲁迅文本本身的状况。鲁迅的著作可以进行如下分类：（1）按著作性质分，有学术著作、创作作品、翻译作品、辑录校勘著作等；（2）按出版时期分，有留学日本时期的著作和翻译，五四运动时期的著述、创作与翻译以及辑录校勘书籍，"五四"以后的著述、作品、译作，上海十年时期的著述、创作与译作等；（3）按出版的版本分，有辛亥革命前版、20世纪20年代版、30年代版、抗战版、解放区版、沦陷区版、国统区版、新中国成立后版、新时期（1979年后）版等，以及国外版（中文）、中国台湾版、外文版、少数民族文版、盲文版等；（4）按出版者（出版社）分，有日本翔鸾社、群益书社、商务印书馆、普及书局、文明书局、中华书局、新潮社、北新书局、未名社、合众书店、时代文化社、国民书店、青光书局、联华书局、同文书店、兴中书局、群众图书公司、文化生活出版社、三闲书屋、文求堂书店、天马书店、龙虎书店、文林书局、永生书店、莽原书屋、文业书局、未名书屋、仿古书店、大江书铺、水沫书店、良友图书印刷公司、朝花社、版画丛刊会、光华书店、新华书店、鲁迅先生纪念委员会、鲁迅全集出版社、人民文学出版社等；（5）按装订，有毛边本、光边本、精装本、平装本等；（6）按版次分，有初版本、再版本、重印本、翻译本等；（7）按编辑方式分，有单行本、文集、全集、选集、汇编、专题选本等；（8）按书的性质分，有收藏本、题赠本、原作印本（如《〈两地书〉·原信、手稿本等》）。此外，还可以按纸质分，按装帧设计分。

　　所有这些不同的版本，记录着鲁迅的生活、思想、著述、创作的发展历程。这种"生活、社会、时代"的印迹刻痕，都反映了又体现于鲁迅的生活与思想、工作与创作。这属于作品的"生产方式"与"存在方式"范畴。它不仅反映了社会状况、时代精神气质与风俗习惯，也反映了各个时期文坛、文化界、新闻出版界的状况，反映了时代、时期的"期待视野"和审美情趣，同时，更直接地反映了鲁迅的生活、思想、创作、科研等方面的状况。鲁迅的著述与创作，以何种方式生产、传播，它的命运（受欢迎、广为发行和被查禁、被删削等），以何种形态存在，等等，也反映了社会的、时代的、个人的、文化的种种状况。鲁迅与出版机构的关系，也反映了多种状况：如鲁迅早期的著译在商务印书馆、中华书局出版，但以后则未再同这两家中国近现代出版史、文化史上占重要地位的正统、主流出版社发生关系；他同北新书局的特殊关系，以及同北新书局老板李小峰之间的官司（鲁迅支持北新成长发展与受其盘剥等）；近年来（20世纪90年代以来）多家出版社出版各种类别的鲁迅选本、汇编本（如鲁迅杂文全编、鲁迅散文全编或小说全编，以及鲁迅学术随笔选编等）。所有这些，都是很可以研究的社会现象与文化现象。

　　鲁迅佚文、佚著发现与考释，自20世纪80年代以来，取得重大成果。《寸铁》《自言自语》［见《鲁迅全集》（1981年版）第8卷］的发现，对于研究鲁迅思想、艺术的发展，对于《野草》研究，均有重要意义。今后这仍是一个研究课题，未可封闭结束。鲁迅作品的注释和文言论文的翻译，特别是早期五篇论文的注释翻译，20世纪80年代以来成绩显著，今后仍可有新的解读、注释。鲁迅研究资料抢救、搜集、汇编，20世纪70—80年代取得了巨大成绩，对鲁迅研究帮助不小。

这方面可供研究的内容是很广泛的，但现在这种研究却只有一本文集《鲁迅著作版本丛谈》（唐弢等著，书目文献出版社1983年8月出版）和一本《鲁迅出版系年》（秦川编，黑龙江人民出版社1984年2月出版）。

鲁迅手稿影印书籍的研究，尤有意义。他的日记、书信和文章手稿均有影印本。这从创作心理学、书法和他的修改等方面，均可作深入研究。目前这方面的著作，只有唯一的一本，即《鲁迅手稿管窥》（朱正著，湖南人民出版社1987年出版）。

（二）鲁迅笔名研究

鲁迅用过的笔名，据现在的统计，有130多个，大部分用于杂文。他的笔名都有隐含的意义，反映着他的生活与思想，也反映着社会与文化的状态，因此具有深刻的思想、文化、社会、历史内涵，很有研究价值。这么多笔名，有的有隐喻义，有的有反讽义，有的有曲折的含义。

> 豫才先生所取笔名，皆有"深意"。《笔名表》中似应每个注出，否则将来的读者益当不易明了。大概他早年的笔名，含希望、鼓励、奋飞等意义；晚年则含深刻的讽刺意义为多。如早年唐俟之为"空待"义。晚年堕落文之为"堕落文人"义，丰之余之为"封建余孽"义，上二者乃浙江省党部所赐之谥。罗怃则取"罗无心"义，乃张若谷在《婆汉迷》说部中称豫才者。大部笔名的用义，我想先生大概总知道，不如点明以惠读者以存史料。[①]

一个笔名，就是一则故事、一个事件、一段心曲、一番隐情、一种机智、一次斗争，就是某个时期的社会情状之一窥，某一生活段落鲁迅心情的折射。如果把众多笔名按时序排列，然后把"意义"点化出来，更把背后的故事隐情揭示演绎，那么就是一篇"社会史"的侧记，就是鲁迅生活史的外传。

当然，这些笔名，还可以同它所涉及的人和事联系起来研究，如鲁迅与周作人及其日本妻子羽太信子，鲁迅与创造社及郭沫若，鲁迅与国

---

① 王世家. 鲁迅回忆录：上册 [M]. 北京：北京出版社，1999：331.

民党浙江省党部及许绍棣，鲁迅与张若谷，等等。

（三）鲁迅未完成著作研究

鲁迅有几部拟写而由于种种原因未能如愿写出的著作。其中有学术著作《中国文学史》《中国文字变迁史》，戏剧《杨贵妃》等。他之所以计划撰写这种著作，其宗旨、设想和见解，都是可以研究的。他之所以计划创作描写杨贵妃与唐明皇爱情的戏剧，其动因是什么，其艺术设计怎样，人物命运如何安排，等等，均可供研究。据鲁迅自己在书信、日记中的记载、谈话和他人的回忆，鲁迅所拟撰写的《中国文学史》著作，是很有特点、很有独到见解的。从他所拟的提纲中，可以看出端倪，可以展开研究。而他的学术论文《魏晋风度及文章与药及酒之关系》，学术报告《离骚与反离骚》，则已经是写出的篇章了，从中可以看出，那"史"是为他人所不可能写出的。至于文字变迁史，则至今仍无人写出。这些学术研究与著述计划制定及其未能实现，都从一个重要的方面反映了鲁迅的思想、人格与心性。有人是会由于这种学术计划与研究生涯而放弃战斗的生活的。这当然也不只是一种"职业"选择问题，甚至不只是一般的生活道路的选择问题，而是蕴含着对于社会、对于国家民族的极深的责任感，抱着牺牲自己的利益的一种人生大抉择，其中有着丰富的思想内涵，从而可供研究者探察，并由此帮助解读、诠释鲁迅的各种文本。

第十一章　对鲁迅的不同方法、类别研究

对鲁迅的不同方法、类别研究，是指对鲁迅在形态学、方法论和研究领域方面分门别类的研究，这是鲁迅学的重要组成部分。不过，它不是对"鲁迅的文本"的分门别类的研究。在这个研究中，统一的对象都是鲁迅的所有文本，但在研究领域上、在研究方法与形态上，是各不相同的。亦即从不同领域、形态、方法上，向鲁迅文本整体"进发"，展开研究，从而解读、诠释鲁迅。这种类别研究，大体上有四种：（1）传记、总体研究；（2）综合研究；（3）比较研究；（4）鲁迅与同时代人研究。由于鲁迅与同时代人研究范围广阔、内涵丰富，所以单列一章，另行论述，而在本章中只论及前三项内容。

一、传记、总体研究

顾名思义，鲁迅的总体研究是研究"鲁迅—鲁迅文本"总体。这种研究，对鲁迅的一切事迹和所有文本（不同形态的文本）均进行研究，以求在总体上认识、解读、诠释鲁迅，在总体上描绘鲁迅形象。

这样的研究，自然会为鲁迅学发展开辟广阔的领域，赋予它充实的社会、时代、历史、思想、文化内涵。

二、鲁迅传记：鲁迅的传记性总体研究

鲁迅的传记性研究，在鲁迅学中占有一个重要的地位，这方面的成果也颇为丰硕，尤其20世纪80年代以来更为突出。这些鲁迅传记，除了中国学者、作家撰写的之外，还有数部外国研究者的作品。据张梦阳先生统计，鲁迅传记，至20世纪90年代末，已经出版了27种。其中，

全传23种，只写了半部的4种，未定稿1种。有5位作者，写过两种；两人合作的1种：总计是23人写出了27种鲁迅传记。①这种以"传记研究"形态出现的研究工作和研究成果的突显，表明了人们对于整体解读鲁迅和表现鲁迅的需求，也表明了鲁迅的意义与价值具有这种研究所需要的思想、文学、文化的丰富资源。这在中国现代作家中是罕见的，甚至是唯一的。

在鲁迅生前，就有两位外国作者撰写了鲁迅传记，并且经过鲁迅审定。一部是美国友人、著名记者埃德加·斯诺所写的《鲁迅——白话大师》，发表于1935年1月的美国《亚洲》杂志。1936年，在伦敦出版的斯诺编译的中国短篇小说集《活的中国》，将此文第八段以后的文字收入，改题为《鲁迅评传》。这应该说是第一部鲁迅传记了。另一部是日本学者、鲁迅的及门弟子增田涉所写，发表在日本《改造》杂志1932年4月特别号上的《鲁迅传》（1936年《台湾文学》发表了梁成译的中文本）。这两部传记篇幅都很短小，但因其出版于鲁迅生前、且经鲁迅过目，而具有特殊意义。如前者提出了"鲁迅不是一个真正的无产阶级作家"的观点，对阿Q分析的颇精警；后者记录了鲁迅当时的真实谈话，都可作为了解鲁迅当时的内心活动和所处环境的参考。②

鲁迅的传记，就其学术质量、篇幅规模和文化影响来说，第一部应该不完全算是传记，却具有浓厚传记性质的书，是欧阳凡海著的《鲁迅的书》（桂林文献出版社1942年出版）。作者的本意不在写传记（他说："我大胆的把普通传记的一些常见的形式置之脑后了。"），但事实上他写成功了一部传记——不过因为全书止于1927年鲁迅的生活，在反映鲁迅生平的意义上来说，它只是半部传记。作者说，他首先是研读了鲁迅全部作品在内的"全部材料"；所写的史实，鲁迅著作占大部分，"使他的生活、性格、社会关系等与他的思想、著作、文学活动等交织成一个不能分离的可以直觉的主体的形象。"而且试图"从鲁迅先生所处的社会及国际环境中来说明他的个人历史"。书中，对于鲁迅同时代的一些文学社团、流派也有涉及。这样，这部书在研究领域上已经关涉丹纳所论的"三个总体"的内涵，而可以算作是一部传记性总体研究的著作。从《鲁迅的书》这个书名可以看出，它的重点是"三个总

彭定安文集 9
鲁迅学导论

---

①② 张梦阳. 鲁迅传记写作的历史回顾 [J]. 鲁迅研究月刊, 2000 (3): 60-65.

体"中的"作家的作品总体"这个"分支"。

王士菁的《鲁迅传》(上海新知书店1948年1月出版),是第一部中国学者自撰的完整的鲁迅传记。它把鲁迅生平同中国现代社会发展的史实、事件结合起来,大量引用鲁迅著作中的叙述,来"叙述"鲁迅生平(以至导致了"引文过多"的缺点),对于其时的文学社团、流派、作家群的活动亦有涉及,所以也是一部包含"三个总体"在内的总体研究。它全面、系统、较完备地记叙了鲁迅的生平事迹、思想、工作、创作与生活。

新中国成立后出版的鲁迅传记,有朱正撰写的《鲁迅传略》(人民文学出版社1956年出版)。此书篇幅不长,但叙事平实严谨,简练地叙述和评议了鲁迅的生平、思想与著作,有些地方显示了独到的眼光,如对阿Q典型形象的精辟分析等。1956年,曹聚仁的《鲁迅评传》在香港问世(香港世界出版社出版)。作者以"鲁迅生前友人"的特殊身份和特殊的学术、文化与私人的独特视角,以自由式、随笔体的叙述评议方式,对鲁迅的生平、思想、性格特征和鲁迅的主要著作以及自己与鲁迅的交往,进行了总体性的记述和评论。这部评传最重要的一点就是"把鲁迅写成一个'人',而不是写成一个'神'"。

20世纪80年代前,发行较广、影响较大的要数王士菁的新著《鲁迅传》(中国青年出版社1959年10月出版)。它比作者写的老本《鲁迅传》篇幅缩减,更为精练,引文也大为减少,叙事与评论大都妥恰精到、通俗易懂。当然,受到当时时代氛围和文化语境的影响,在观点和评论上有一些不够恰当的地方。

在20世纪40年代和70年代,还出版了两种具有特殊意旨和含义的鲁迅传记。1942年7月,郑学稼的《鲁迅正传》在江西胜利出版社出版。作者是一个以自己"单独地一贯地反布尔什维克主义"而"自豪"的人。《鲁迅正传》之作,意旨在于反共,研究、学术、文化之严肃、求实、审美等目的与文化追求,皆非所欲得。1976年4月,上海人民出版社出版了石一歌的《鲁迅传(上)》。这半部传记,突出当时甚嚣尘上的阶级、阶级斗争、路线斗争,离开了鲁迅的本真面目和"一位文学家、思想家的文化蕴藉与个性趣味"(张梦阳)。这是对鲁迅有意的误读和歪曲的诠释。

1981年以后,"鲁迅传"这种以传记形式出现的总体研究连续出版，表现了总体研究的发展。这种发展，表现出研究意识、研究规模和研究范式的历史性转折。它标志着研究者改变了原先的侧重于解释鲁迅作品意义和歌颂赞扬圣人鲁迅的研究状况，而增强了研究意识，冲破了思想束缚，能够以开放的态度来研究鲁迅，探讨他的思想、创作发展历程及其深层的社会、时代、历史的原因；能够比较全面地看待鲁迅、研究鲁迅；比较地可以不仅仅是仰视而且能够以后人对前人的反思与总结历史现象的态度来诠释鲁迅。因此，这些传记性总体研究，能够更充分、更扎实、更全面、更辩证以至更客观地，在"三个总体"的规范和规模上来解读、诠释、评论鲁迅了。[1]这不仅是鲁迅总体研究上的成果和发展，而且是鲁迅学的成果和发展。它不仅体现了总体研究的成就，而且带动了鲁迅总体研究，推动了鲁迅学发展。

综上所述，从20世纪30年代到90年代，每个年代都有鲁迅传记问世，并各自打上了深刻的社会的、时代的和文化的烙印。这既说明鲁迅研究（自然也是鲁迅自身）同时代需要、民族问题、人民命运的深切关系和对这一切的深刻作用，又反映了每一个时代、年代人们从时代的、民族的、社会的需要出发，总是力图从总体上去把握、解读、诠释鲁迅，去塑造一个总体的鲁迅形象以"服务当前"。这既反映了鲁迅研究的需要，更反映了时代的、民族的需要，也证明了鲁迅传记研究的意义与价值。

前已述及，韦勒克和沃伦在所著《文学理论》中称，"传记是一种古老的文学类型"，它"从作者的个性和生平方面来解释作品，是一种最古老和最有基础的文学研究方法"[2]。他们对所说的关于传记的三种观点，虽然只肯定第一种观点与其所谈"'文学研究'直接相关"，但在鲁迅研究范围中，我们却不妨把三种观点都视为"相关"。这三种观点

---

① 这些先后出版的传记有：曾庆瑞，《鲁迅评传》（1981年5月，四川人民出版社）；吴中杰，《鲁迅传略》（1981年6月，上海文艺出版社）；林志浩，《鲁迅传》（1981年8月，北京出版社）；林非、刘再复，《鲁迅传》（1981年12月，中国社会科学出版社）；彭定安，《鲁迅评传》（1982年7月，湖南人民出版社）；朱正，《鲁迅传略》（1982年9月，人民文学出版社）；陈漱渝，《民族魂——鲁迅的一生》（1983年7月，浙江文艺出版社）；林贤治，《人间鲁迅》（花城出版社，1989年1月）；彭定安，《走向鲁迅世界》（1992年，辽宁教育出版社）；等等。

② 韦勒克，沃伦. 文学理论 [M]. 刘象愚，邢培明，陈圣生，等译. 北京：生活·读书·新知三联书店，1984：68.

是：（1）传记解释和阐明诗歌的创作过程；（2）传记研究重心在于注意人的个性方面的问题；（3）传记是创作心理学的材料。这样三种观点所列举的研究方面，其内涵并未超出前述丹纳的"三个总体"，但是在专题领域却深入了，重点凸显了。事实上，前述1981年以来出版的诸种鲁迅传记和传记性总体研究，已经涉足这三个方面，而且各有重点、各有千秋，在总体上提供了从既统一又有区别的不同视角对鲁迅的总体研究、总体评价和总体形象描绘。这三个方面中，对作品创作过程的解释较多；对鲁迅个性方面（包括个性特征、个性发展变迁历史、社会背景等）的研究，比较突出；而对创作心理的研究，也已经涉及并作了探讨。这体现了鲁迅总体研究的发展、深入与提高。

丹纳所论"三个总体"和韦勒克、沃伦所说"三种观点"，其分别的意义和两者综合的意义，正是鲁迅综合研究继续发展的指导线索。循着这个线索，继续拓宽研究领域，深入进行研究，鲁迅学的"传记、总体研究"就能发展与提高。这也是鲁迅学建设的一个重要方面。

三、总体研究

总体研究是十分重要的。然而几十年来，鲁迅学中总体研究的成果，除了传记形态的总体性研究之外，"纯"总体研究却很少，少得同鲁迅的成就，同鲁迅学的发展状况不相称。也许问题在于，研究者对于总体把握鲁迅文本这一庞大的巨"文化系统"感到困难，学力和胆识限制了他们去作总体性研究（事实上未必真是如此，而是客观环境、主流话语限制"震慑"了他们），以及研究本身过于政治化，尔后更出现神化等这些原因，是可以作出近乎合理的解释。总之，大体上算是总体研究的，只有寥寥可数的几本专著，如李长之的《鲁迅批判》（北新书局1936年出版）、平心的《人民文豪鲁迅》（上海长风书店1941年出版）、何干之的《鲁迅思想研究》（生活·读书·新知三联书店1950年出版）等。如果按照前述"三个总体"和"三个方面"（"三种观念"）来要求，它们一方面对于鲁迅的成长道路、生活思想和作品（特别是文学创作以及鲁迅的精神、风格和艺术特色）有着比较全面的论述，但又都是有缺陷的。研究工作显得比较突出，成绩也比较突出的方面是：有一定的总体研究的规模和成就，对于鲁迅思想成长的道路，它同中国近现代社会发展和人民革命运动进展的密切关系，以及对鲁迅的思想个性和艺术个性的分析，达到了相当的广度和深度，对鲁迅研究有着重要的、不可忽视的贡献。但是，除了一些误读和妄评之外，除了有些观点、分析、评价随着时间的推移、社会与文化的发展而被发展了或扬弃了之外，其弱点是对作品的研究不够，特别是审美研究更差，对作家的鲁迅、对其成长的过程和创作心理方面的研究更是不够。这不能不说是在总体研究上的严重缺陷。这当然是有客观上的局限的，如对鲁迅认识的历史发展过程只进展到这个程度，对文学观念上的原本的"政治化、道德倾向过重"和时代、社会精神（"民族的批评气质"）的限定，以及对审美研究、文学本质上的研究的传统缺失与现实发展水平有限，等等。在这种情况下，这些著作能达到其自身的水平，已是难能可贵了；其成果对于鲁迅学是一种划时期的贡献，至今仍是公认的鲁迅学史上的珍品。

总之，总体研究是一个有待发展的研究领域。随着学术文化的发展，随着鲁迅学的发展，特别是随着鲁迅研究队伍的发展和新一代研究力量的成长，这一研究领域的水平将会得到发展与提高。

四、"大综合、巨系统"研究

随着科学的四大部类——自然科学、技术科学、社会科学、人文科学——的整体的和综合的发展，尤其随着文学研究向综合性发展，以及文学研究的"延伸性""交叉性"发展，如文本人类学、文学人类学、文学研究与文化参与等的发展，鲁迅研究也自然和必然地发展其综合性研究。鲁迅不仅作为伟大革命家，而尤其是作为伟大作家和文化大师的这一重要方面的凸显并为人们所重视，而且为研究者所重视，对鲁迅的大的综合性研究也会有大的推动。中国日益走向世界和世界日益走向中国，也会推动中国文化大师鲁迅的综合性研究。

这样一种综合性研究，将是一种不完全同于原有综合研究的，大综合、巨系统性的综合研究。一方面，鲁迅将合理地、合乎其自身实际地被纳入中国的和世界的广阔世界、文化球体之内，在同它们广泛、深入的联系中进行考察与研究。另一方面，中国与世界的社会、政治、经济、哲学、美学、文化、教育、科技、文学、艺术等的研究，会聚成一个巨大的研究体系和潮流，并灌注各种理论、观念、思想、方法和研究成果于鲁迅研究之中，作为思想文化资源，推动它的研究工作，开辟新的研究领域，供给新的理论、方法和支援意识。这自然是一种大综合、巨系统的研究。

对于文化大师鲁迅的百科全书式的思想、作品的研究，将会融汇其关涉的各种学科于一炉，进行整体的、体系性的、网络的综合研究。这无论从研究对象的鲁迅文本本身来说，还是从各有关学科来说，即从主体、客体两方面来说，或者从两者的综合状况来说，也都是一种大综合、巨系统的研究。

对鲁迅的所有作品，也可以作为一个文本体系进行综合研究，使之互相贯通、彼此关联、互证互明；同时，对各类作品，如小说、杂文、散文、散文诗等，也可以进行"分支""分类"的综合研究。这种研究，还可以将作品整体纳入前述丹纳所提的"三个总体"和韦勒克、沃伦所提的"三个观念"的体系、网络之中，纳入同时代同类作品的网络之中来进行研究。这也会形成一种大综合、巨系统研究。

还有一种"理论的大综合"研究，即同时应用多种文学理论、文学批评原则，以至多种美学理论于鲁迅研究之中；这种多学科、多理论的大综合又"聚焦"于鲁迅——或者"聚焦"于鲁迅文化文本的整体，或者分别"聚焦"于鲁迅的各种文本，展开综合的、各类文体的综合研究。这也成为一种理论与实践结合的大综合、巨系统的研究。

最后，新的鲁迅研究队伍和其他相关学科研究队伍的形成，以及他们新的知识结构、理论装备与文化意识，也将促成鲁迅研究中大综合、巨系统研究的出现和发展。

鲁迅学中的这种研究，在过去是比较缺乏的。今后，将会在这方面取得长足的发展，充实、提高鲁迅学；并在总体研究的框架中来研究鲁迅文本的"分体""支体"，或者说，在总体研究中包含着"分体研究"。这是主流与支流、总体与部分的关系。

传记研究是总体研究的一种主要的形式，但它又是以"传"的形式出现的研究，所以具有双重的研究意义；而其他总体研究，则是以研究著作的形态出现的，不完全同于传记性总体研究。传记作品和研究专著，是鲁迅总体研究的两个组成部分、两种形态。

丹纳在《艺术哲学》中论述艺术品的本质时指出，艺术品所属的总体有三个方面：第一，每一位艺术家的具体作品，都属于他的全部作品的总体。第二，艺术家本身和他的全部作品，隶属于一个更广大的艺术家总体，一个"同时同地的艺术宗派或艺术家家族"（我们还可以引申说，隶属于一个时代、一个民族的文学艺术以至文化的总体——引用者）。他是这颗艺术大树上的一枝。如果是一位伟大的艺术家，那么他就是"其中最高的一根枝条，只是这个艺术家庭中最显赫的一个代表"。第三，每一位艺术家和他所属的艺术家家族，又统属于一个"更广大的总体之内，就是在它周围而趣味和他一致的社会"。①

　　鲁迅的总体研究，就包含这样三个方面。他的作品是一个总体。他的作品的每一种类（如散文、小说、散文诗等）、每一篇，都属于这个"作品总体"。鲁迅属于"五四"新文化运动、文学革命运动发起者这个群体，是当时思想界、文化界众多灿烂群星中的一员；他属于中国现代文学、进步文学集团这个文学流派、文学艺术家家族，属于这个总体（20世纪20年代）；属于经历过"五四"后的分化出现的革命文学——左翼文学——阵营的作家、艺术家家族（20世纪30年代）。他是这两个先统一后分化的中国现代文学艺术家家族的杰出代表，是其中"最高的一根枝条"。鲁迅也属于中国现代社会这个大总体。

　　对这里所列出的三个方面"总体"的研究和将鲁迅的成长、发展及其全部文本纳入这三个"总体"来进行研究，就是"鲁迅总体研究"的总体内涵。这个内涵是极为广泛丰富深刻的。除了"鲁迅文本的总体"之外，"五四"及其以后十几年的中国几代作家、艺术家家族，特别是其中同鲁迅有过亲密交往甚至是为鲁迅所扶植培养的文学流派社团的作家群，如未名社、莽原社、沉钟社、朝华社、左翼作家联盟等，都是很重要又有丰富内涵的研究对象。他们同鲁迅的交往、互相影响以及鲁迅为他们所做的工作与他们对鲁迅所产生的影响，更是很可研究、值得研究，对于鲁迅研究具有重要意义的。

　　"鲁迅"与"时代、社会"，两方面分别的研究和两者结合起来的研究，也是非常重要的研究领域。特别是对于鲁迅这位始终站在时代前列和社会斗争前沿的伟大作家来说，更是如此。按照丹纳所说的家族、环境与时代是决定艺术品和作家性质的决定因素的理论观念，这里正包含

---

①　丹纳. 艺术哲学 [M]. 傅雷，译. 北京：人民文学出版社，1963：4-6.

着决定性因素的两个方面。其中，关于环境和时代，更可具体化到其"人格化"的，即人群性的表现，也是社会、时代特征，在当时群众思想、感情和审美趣味、审美选择上的表现，以及后者对前者的具体体现机制、形态与"决定性实现手段"。丹纳认为，艺术家是代表群众的，因此，"在生活的一切重要方面，艺术家与观众完全相像。"他指出："最大的艺术家是赋有群众的才能、意识、情感而达到高度的人。"所以，要了解一位艺术家的趣味与才能，"就应当到群众的思想感情和风俗习惯中去探求"；"必须正确地设想他们所属的时代的精神和风俗概况。这是艺术品最后的解释，也是决定一切的基本原因。"①要了解鲁迅，要寻求鲁迅文本的"最后的解释"，就必须研究中国现代群众思想感情和风俗习惯在20世纪之初到30年代的表现，就必须研究那个时代的"时代精神和风俗概况"。鲁迅小说的产生、之所以"写这些和这样写"，鲁迅之所以创作《野草》这样的散文诗，特别是之所以创造了杂文这个文学的特别样式，以及"这样地来写这样的杂文"，都同当时生活的一切重要方面，同当时群众的思想感情与风俗习惯，同他们当时的生活欲求、精神渴望和审美理想、审美趣味紧密相连，是这一切的反映、反应与反馈，是满足这种时代、群众需求又养育这种代表和推动时代、社会、历史前进的"时代、群众需求"的。鲁迅杂文的受众虽然比较广泛，但仍然没有能够进入广大的普通工农群众之中。然而，鲁迅杂文的受众，以至文学界、批评界，必然会直接或间接地反映群众的愿望、情趣和需求。

五、比较研究

比较，是学术研究的一个基本方法。这里指的还不是比较文学意义上的研究（这方面的研究我们将在后面专门论述），而是指一般的比较研究。为了同比较文学的研究相区分，这里的比较研究主要是指同国内作家、作品的比较研究。通过比较研究，能够更好地、更深入地认识研究对象的本质和特征，更好地给予解读、诠释。

鲁迅的比较研究，首先是鲁迅同中国古代、近代和现代的作家、思

① 丹纳. 艺术哲学 [M]. 傅雷，译. 北京：人民文学出版社，1963：7.

想家、文人、学者的比较。在很早的时候，在鲁迅研究刚刚兴起时，就有研究者拿鲁迅同屈原比较，寻觅鲁迅所受屈子与《离骚》的影响（许寿裳、郭沫若）；以后，又先后有鲁迅与嵇康，与严复、章太炎等的比较研究。这时候的比较研究，其领域一般限于"影响研究"的范畴。

全面的比较研究，是在鲁迅与其同时代人之间进行的。鲁迅与周作人、陈独秀、李大钊、胡适、郭沫若、茅盾等的比较研究甚为发展，有专门的论著出版，有的还进行了三个人的"循环比较"研究。

当把作为作家的鲁迅同中国现代作家进行比较研究时，一般均突破了影响研究的范围，更多的是平行研究，以至主题学研究。如鲁迅的小说、散文与同时代作家或同时代作品的比较研究，它们在反映生活的深度、把握历史的眼力、反映现实的角度和艺术特征等方面的不同。

同类作品的比较研究，也受到注意。鲁迅的历史小说《故事新编》是独具特色的。郭沫若、茅盾也创作过历史小说。他们的作品同《故事新编》有何异同，叙事范型、典型创造、艺术气质有何不同，都是研究的课题。

鲁迅著作的不同体裁之间的比较研究，也是一种有意义的研究。比如，鲁迅的小说和杂文之间，有一种思想认识上、主题学上的"亲缘"关系，可以互相参证比照，这对两种文体作品的研究都是有益的。鲁迅的《野草》同杂文之间，也同样可以进行一种参照考校的研究。这对于生发、解读两种作品的意义——"原意"，都有有益的作用。鲁迅书信对于小说、杂文、散文诗以及古体诗的解读的参照作用，也是很明显的比较几种文本的不同的思想与表述，是一种有益的研究。总之，各种体裁作品之间的互通性、参证比照作用，可供研究者解读文本时参考。

这种"内部比较研究"，有两种形态：一种是专门的比较研究成果；一种是在一般研究中运用了比较研究的方法，又运用其研究成果于一般的研究之中。比较研究成果，以后者居多。

比较研究与其他研究方法并不矛盾，而是并行不悖。它是使其他形式、方法的研究和一般研究取得成果的有效方法。它既有独立的研究价值，又有辅助其他研究的作用。

第十二章　鲁迅与同时代人研究

鲁迅作为一位伟大作家，一位文化大师，出现在现代中国，不是一个偶然的现象，也不是一个孤立的现象。丹纳所说的种族、环境、时代三个决定性因素和"三个总体"中的"作家自身作品"之外的另两个总体，即"作家艺术家群"和"社会公众"群体，在鲁迅的成长、发展上，都是有所体现的。这里，每一项都包含着他同他的同时代人的关系在内。"一个人的发展取决于和他直接或间接进行交往的其他一切人的发展……单个人的历史决不能脱离他以前的或同时代的个人的历史，而是由这种历史决定的。"①这些历史的和现实的"个人"，也同样不是偶然的、孤立的现象，他们同样受到前述"三个决定性因素"和"三个总体"中后两个"总体"的影响。这样，种族（这还可以"具体化"为家族、家庭、个人气质）、环境、时代、历史种种因素，都会通过"同时代人"这个"人的中介"，来施行和实现它们的重大影响和决定性作用。因此，对于鲁迅和他的同时代人的研究，就不仅仅是一种"人际交往研究"，而是具有更广大、丰富、深厚的社会内涵和历史意义。这种客观力量的作用，不是一般性的，而是决定性的。也就是说，这是不可忽视的、必不可少的研究内容、研究领域。"独来独往的鲁迅"式的研究和"孤立现象的鲁迅"式的研究，都不可能认识一个真正的鲁迅，也不可能真切地解读和诠释鲁迅文本。

一、"时代、时期、代、运动"研究

"鲁迅和他的同时代人"是一个恰当的切入口，从这里可以具体、

---

① 马克思，恩格斯. 马克思恩格斯全集：第3卷 [M]. 中共中央马克思恩格斯列宁斯大林著作编译局，译. 北京：人民出版社，1979：515.

深入、个体化、私人化、人格化地研究鲁迅的成长，以及这种成长过程同种族、环境、时代、社会、历史的关系。

时期、代，以及"运动"，是紧密相联，具有沟通关系的。在文学的、文化的一个时期内，活动着一代人或者几代人，他们在思想上艺术上趋向统一，并有了自己有形或无形的纲领，就形成一个文学艺术上的流派，造成一种"文学运动"。流派的和"运动"的核心，一般是由思想、艺术和地位大体相同的作家群形成的。在这种"时期→代→运动"的发展行进中，有时是一批同代人（同时代作家参加），有时是几代人同时参加（几代人活动于同一个时期，即同"代"中）。这里，还存在一种"非同代人的同代性"和"同代人的非同代性"①的情况。这是一个值得注目和深入研究的课题。鲁迅战斗而动荡的一生，经历了中国近代和现代历史的和民主革命历史的几个重大时期，经历了许多政治的和文学、文化的运动。同其中的几代人相处，同学、共事、同战斗或互相争论、斗争，或先合后分或先分后合，民族的、阶级的以至党派的斗争，思想派别的、文学流派的、艺术见解的相同与纷争，恩怨情仇、悲欢离合、理论斗争、笔墨纷争，不一而足。并且，鲁迅总是站在时代潮流的斗争的、运动的、流派的最前列，高擎着旗帜，带领队伍前进；他的思想艺术总是走在现代前沿，跟踪世界大潮。因此，"非同代人的同代性"和"同代人的非同代性"，在他身上均有发生。这样，"鲁迅和他的同时代人"这个课题、这个领域，就包括中国近代和现代历史上重大的时期和运动，同具有"非同代性的同代人"和"同代人的非同代性"的各种同时代人相关涉。这是一个非常广泛丰富的研究领域。

首先，"时代→时期→代→运动"，就有非常丰富和非常重要的研究意义。这是研究鲁迅的大前提。这项研究过去是有很大成绩的，尤其20世纪80年代以来，成绩更为突出。但是，不仅在"旧规范"的框架内，这种研究还可发展，而且由于社会的发展、学术文化的变迁，还会产生新的认知，并在此基础上形成新的研究观点和新的研究框架。因此在此范围内的研究会有新的、大的发展。从19世纪末叶到20世纪30年代，中国经历了社会制度和思想文化的巨大变化，发生了许多重大的历

---

① 　乌尔利希·韦斯坦因. 比较文学与文学理论 [M]. 刘象愚，译. 沈阳：辽宁人民出版社，1987：87–88.

史事件，标志着时代、时期、代的变化和运动的接续绵延地发生与嬗变。这一切都在鲁迅和他的同时代人身上发生重大的影响，留下深刻的刻痕；也严重地影响了和决定了他们之间友与敌、爱与恨交织关系的嬗变。戊戌变法、辛亥革命、五四运动、国共合作领导的大革命、两党分裂后的白色恐怖，文化领域的文学、文化革命，革命文学的产生、发展，左翼文学运动和左翼文学、文化的发展，贯穿在整个时代的中国与帝国主义的矛盾斗争，特别是同日本帝国主义之间侵略与反侵略的斗争，等等。这些时代、时期的风浪与历史内涵，都深刻地烙印于鲁迅和他的同时代人的身上，影响他们的思想与行为，也影响他们之间的关系。

在这样一个历史时期，这样一个时代，中国的时代主题与历史母题，始终是追求民族解放、人民幸福和实现国家现代化这样两个"二而一、一而二"的紧密结合在一起的课题。在文化上，则是不断创获文化的现代性和创造现代文化以推动和保证现代化的实现。这些，都辐射于鲁迅，并成为鲁迅学中研究鲁迅生平、思想以至创作的根本指导思想。这促成了鲁迅学的建立和发展。鲁迅学在此基础上建立了自己的理论框架。

20世纪80年代以来，特别是在90年代，这方面的研究大大发展了，也发生了重大的变化。其基本标志就是逐渐消除了在这个领域中的"左"的思想影响，过于政治化和因"为政治服务"而影响甚至歪曲历史面貌的做法逐步得到纠正。对一些重大历史事件，特别是历史人物，有了更符合历史真实因而也就更公允的评价。对处于中间地位的思想文化与文学流派及其代表人物的研究也更全面深入和更符合历史本来面目了。这一切，都辐射于鲁迅研究，推动了鲁迅学的发展，逐步地引起鲁迅研究指导思想、研究方法与研究框架的嬗变。这在有关五四运动、"五四"以来诸文学社团流派、20世纪30年代左翼文学运动与革命文学、文化运动中的"中间派"的研究等方面，都有了重大变化。在对重要历史人物、文化名人的研究与评价上，如对陈独秀、胡适、周作人、林语堂，以至章士钊、陈西滢、徐志摩、梁实秋等人，对瞿秋白、冯雪峰、周扬、高长虹等人的研究与评价，也有了重大变化的表现。

在这个历史时期内，历经文学、文化运动与变迁的几代人活跃在舞台上，掀起过从文学革命到革命文学的一次又一次"运动"，形成过众多的文学社团与文学流派。他们同鲁迅都发生过种种关系，产生过这样那样的纷争与纠葛。现在，对于这些"运动"、"社团"、人物，都出现了新的资料、新的认知、新的评价，因此也辐射到鲁迅研究中来，推动了鲁迅学的发展。

这样，"鲁迅和他的同时代人"这个研究课题，在"时代、时期、代"这一内涵方面，不但在"传统"的意义上具有重要的研究价值，而且在"新兴"的研究框架中也更有了重要的研究价值。其研究领域、研究主题也大大地拓展了、增加了。

二、"鲁迅和同时代人关系"研究

据统计，在《鲁迅日记》中记载的与鲁迅交往的人，一共有1950人之多。这些人涉及许多历史时期、许多文学运动、文化活动以及许多历史事件和众多的社会活动，也涉及从辛亥革命到五四运动、到20世纪30年代的几代人，还有众多外国人。这些人关涉文学、艺术、文化、新闻、出版、教育、政治、军事等界别，其中有中国现代许多著名的政治家、思想家、作家、艺术家。涉及鲁迅从幼年、童年和青少年时期，南京求学时期，留学日本时期，辛亥革命时期，五四运动时期，"五四"后至1926年在北京时期，厦门、广州时期（1926—1927年），上海时期（1928—1936年）。每个时期都有一批同时代人与之交往、共事，共同从事教育、创作和文化活动。这些人同鲁迅的关系各有不同。有的是"非同代性的同时代人"，有的是"同代人却具有非同代性"。他们之中，许多人是各个时期、各个"代"和"运动"中的弄潮儿、前驱者和头面人物。鲁迅同他们的交往也有多种情况：有的是亲人，有的是挚友，有的是道义兄弟之交，有的是战友同道，有的是学生而兼战友，有的是师长，有的是学生；有的友谊终生不渝，有的先友后"敌"，有的先"敌"后友；有的是一个时期、一个阶段的同事、朋友、战友，有的则是某个时期的论争对象；如此等等。

所有这些，都从鲁迅与这些同时代人的关系中，折射或反映出时代的面貌与鲁迅的生活状况、思想风貌、创作情态、心理活动等。而对这些情况的研究，都有利于解读、诠释鲁迅文本，因此成为鲁迅学的重要组成部分。

在研究"时代、时期、代、运动"的基础上，研究还必须进入"核心"，即同时代人与鲁迅的关系。前面说到，鲁迅同他们有不同情况、不同性质和不同友谊层次的关系。由于他们是不同职业、不同社会阶层、具有不同社会地位的人，所以鲁迅同他们关系的性质和深浅，就表现和蕴含了一种社会、时代、历史、文化内涵，其中也就映射出鲁迅的思想、文化、心理等，是可以帮助解读、诠释鲁迅的。仅以"五四"以来文学社团为例来说，鲁迅先后同文学研究会，同新潮社、春光社、旭社、未名社、莽原社、狂飚社、沉钟社、朝华社、创造社、太阳社等的关系，就广泛而深刻地反映了鲁迅的各个方面的状况。有一些关键的人物，鲁迅同他们的关系，既反映出他各自的、各个方面的状况，又反映了他们作为文化名人，同鲁迅的重要关系以及这种关系中所反映的重大事件。如章太炎、蔡元培、许寿裳、周作人、许广平、钱玄同、章士钊、陈独秀、胡适、陈西滢、瞿秋白、郭沫若、郁达夫、林语堂、茅盾、冯雪峰、胡风、萧军、萧红等，从鲁迅与他们的交往中，都反映出这种具有多方面意义的状况。

鲁迅在不同时期，从这些或亲属或师或友或敌手的身上，接受各种影响，从他们那里获得知识、思想、力量、支持与帮助，或者是从反面来的推动力。这些人的成长，也推动和帮助了鲁迅的成长。鲁迅是和他的同时代人一起成长的。但是，鲁迅又总是一面从他们那里获得力量，表现为他是一个伟大的吸取者；另一方面，他又总是突破和超越他的同时代人，像采百花而酿成蜜的蜜蜂一样，吸取人类思想文化的精华和一切可取的有用营养，包括同时代人的一切可取之处，而酿造了自己独特的思想、文化、文学之蜜，给予中国和世界，表现为伟大的给予者。鲁迅之伟大，这是重要表现之一。鲁迅的突破与超越，表现为突破师长、同辈、朋友，以至青年人等的局限，在接受他们的影响的同时，又突破了他们：他不因他们的局限而拒绝他们的"给予"、影响，又不被他们的局限所拘囿，因此总是超越了他的同时代人。他无疑受到"五四"时期中国思想文化领空上的灿烂群星，如李大钊、陈独秀、胡适以至钱玄同、刘半农等人的影响。他明确地写到过金心异（钱玄同）如何推动他提笔走上新文化运动的舞台，他也明确地表白自己的创作是"听将令"的，是为了使前驱者不惮于前进，他的"呐喊"是为了驱逐前行者们的寂寞。这都是"五四"文化健将们给予他的重要的影响。而且，更重要的是，他跟这些健将们一同成长。这个群体在"运动"中成长了，他们共同组成这个"时代文化躯干"的大树。他们的成长，帮助、支持、扶植了鲁迅的成长。但是，鲁迅又突破和超越了他们，成为这棵"大树"的"最高的一枝"。因此，"要了解那位大师，仍然需要把这些有才能的作家集中在他周围，因为他只是其中最高的一根枝条，只是这个艺术家庭中最显赫的一个代表。"①把鲁迅的同时代人，特别是其中的代表人物、与鲁迅有着重要关系的人物"集中"在他的周围，来研究鲁迅，看他接受的影响，又寻觅他突破与超越的所在：这就是"鲁迅与同时代人"研究的内涵和方法之一。

三、"鲁迅的同时代人"研究

这种研究，不局限于直接研究鲁迅与他们的关系（"关系"研究），而是对他们的"单独"研究，对其自身的研究。这包含三个方面的课题：（1）"'鲁迅视角的'同时代人研究"，即鲁迅研究者从鲁迅视角或鲁迅研究视角对他的某个同时代人或某群同时代人（包括文学、文化流派社团）的研究；（2）鲁迅与他的同时代人的比较研究；（3）单独对鲁迅同时代人的研究——鲁迅同时代人的"人物研究"，并不涉及鲁迅或仅从"事主"自身的角度涉及鲁迅。所有这三个方面的研究，都是对鲁迅研究的支援，是鲁迅学的可贵的、有用的学术资源。

鲁迅视角的"鲁迅与同时代人"研究，对于解读、诠释鲁迅，提供了一个新视角、新领域。它是"离开"鲁迅，然后再切入和贴近、"回到"鲁迅。这样既有从"同时代人"视角的鲁迅解读，又有"同时代人与鲁迅的关系"这一视角的鲁迅解读。20世纪70年代以前，由于"左"的、"一边倒"的研究意识、框架和"禁忌"，这一课题的开展不仅有很大局限，而且研究的视角也是偏颇的、不科学的、不符合历史实际的。在鲁迅与萧伯纳在宋庆龄住宅前的合影中，原有的林语堂在照片发表时竟被抹去，这一事实已足够说明那时候开展"鲁迅与同时代人"研究的范围之狭隘与眼界之偏颇了。80年代以后，情况有了根本性的变化，许多文化名人被解禁了，对他们的评价也公允了，研究者能够历

---

① 丹纳. 艺术哲学 [M]. 傅雷, 译. 北京：人民文学出版社，1963：5-6.

史地来看待历史事件、历史纷争与纠葛以及历史人物了。对周作人、胡适、林语堂、梁实秋等，都能够比较客观地来研究了。

鲁迅与同时代人的比较研究的情况，亦如上述。20世纪80年代以来，尤其是90年代，研究的格局大大扩展，成果显著。这种研究也有两个大的方面：一是"鲁迅视角的比较研究"；二是无主体视角的、"中性的"比较研究。由于20世纪20—30年代许多活跃于文化界和文学艺术界的名人得到"解放"，他们的著作和有关资料大批出现和出版，使这种比较研究得以较好地开展。如胡适研究"开禁"后，胡适著作、胡适书信日记、胡适传记以及胡适研究著作大批出版，给胡适与鲁迅的比较研究以充分的条件。其他如周作人、林语堂、梁实秋、陈西滢等人的情况，也是如此。

鲁迅的同时代人研究，虽然是"界外研究"，是鲁迅学之外的研究，但是，对于鲁迅的这些同时代人的研究成果，直接和间接地支援了鲁迅研究。它对于认识那个时代的本质与气质，对于掌握鲁迅和他们的关系，都很有用处。近年来，这些文化名人、作家、艺术家的研究工作开展得很好，成果很多，对于鲁迅学发展也有很大帮助。

由于这些人都是活跃于中国现代文化界的精英人物，他们的活动和业绩构成了中国现代文化史的重要组成部分，因此，对他们的研究，以及对鲁迅与他们的关系的研究，都汇集成为中国现代文化史的研究成果。从这个意义上说，鲁迅学也是中国现代国学和中国现代文化学术最根本的、基础性的学问。

四、鲁迅与同时代人的"专题研究"

鲁迅与同时代人研究，还可以因不同的情况、不同的关系和为了不同的主题，而确立专题，来进行特殊的研究。如鲁迅与师长（如寿镜吾、章太炎、蔡元培等），鲁迅与学生（包括各个时期在校受课的学生、校外的及门弟子和各青年文学社团中向鲁迅执弟子礼的学生等），鲁迅和他的敌手、论敌（如章士钊、陈西滢、顾颉刚、成仿吾、钱杏村、梁实秋等），鲁迅和共产党人（如吴奚如、瞿秋白、冯雪峰、白莽、柔石等），鲁迅和几位女性（如母亲、朱安、许广平、许羡苏、俞芬、羽太信子等），以及鲁迅和"五四"文化名人（如胡适、陈独秀、李大钊、钱玄同、刘半农等），鲁迅和"创造社诸君子"（如郭沫若、郁达夫等），鲁迅和创造社后期"小伙计"（如潘汉年等），如此等等，这一类主题可以列出很多。而且，随着研究领域的扩大、研究视野的拓宽、研究工作的深入，这类主题还会不断更新、不断增加、不断扩大。这是"鲁迅和同时代人"研究的一个重要方面。它对于鲁迅学的发展具有重要意义。

第十三章　鲁迅比较文化研究

鲁迅比较文化研究，实际上就是"鲁迅与世界文学、世界文化"研究。这是鲁迅学中的一个重大的学术板块。

鲁迅是中国的，也是世界的。从在南京求学时起，他就接受了西方文化的影响；以后，在日本留学七年，又广泛地研习了西方文化，并写出了中国最早的比较文学、比较文化论文。他在青年时代就走向世界了，不过是作为一个接受者走向世界的。"五四"时期，他一出现在中国新文坛，就引起了东邻日本文学界的注目；以后不久，作品又被译为俄文，又向北走向了俄罗斯；再以后，为欧美许多国家所注意。他可谓中国现代作家走向世界的第一人。他为亚洲、欧洲、美洲的众多国家所接受。这时，他不仅是一个接受者，而且作为一个给予者、输出者，走向世界。他代表中国，实现了他提出的"打出中国去"的愿望。

在鲁迅学的发展史中，"鲁迅与世界文学、世界文化"研究，即鲁迅的比较文学、比较文化研究，是比较受到重视，因而取得了许多重要成果的。可以说，鲁迅一登上文坛，就受到国外的注意，有了重要的评价，产生了这种研究的滥觞。不过，中经停滞，至20世纪70年代中期以后，特别是80—90年代，才得到了大发展。其大体经历是：（1）滥觞期（1919—1949年）；（2）停滞期（1949—1976年）；（3）发展期（1976—1989年）；（4）深化期（1989—1998年）。[①]

一、鲁迅与世界文学、文化的学术视域

"鲁迅与世界文学、世界文化"这一研究领域，是一个十分广阔的

---

① 王吉鹏，李春林. 鲁迅世界性的探寻：鲁迅与外国文化比较研究史［M］. 沈阳：辽宁人民出版社，1999：1.

学术视域。它主要包含两个方面、四种内涵：（1）鲁迅世界中的世界文学、世界文化；（2）世界文学、世界文化中的鲁迅。加以分解，这两个方面共有四种内涵：①鲁迅对于世界文学、世界文化的接受研究；②鲁迅与世界文学的比较研究；③鲁迅与世界文化的比较研究；④鲁迅比较文学的论著与理论、实践研究。再加以细分，可以有18个子项目：鲁迅翻译实践；鲁迅翻译理论；鲁迅与世界文学、世界文化总体；鲁迅与世界文艺思潮流派；鲁迅与世界文学、文化名人；鲁迅与外国国别文学关系；鲁迅比较文学论著；鲁迅比较文学理论；鲁迅作品影响研究；鲁迅作品的平行研究；鲁迅作品的主题学研究；鲁迅作品（一种或数种）的文学理论研究（阐发研究）；数种文学史研究（鲁迅：与外国文学史，与国别文学史，与外国文学思潮流派，等等）；鲁迅翻译研究；世界文学、文化对鲁迅的接受；文学形态学、文体学研究（鲁迅散文诗、杂文，以至小说，与外国同类或类同形态作品比较研究）；鲁迅"世界性'时代、时期、代、运动'"研究；鲁迅各种艺术形态的互相阐发研究。

这些子项目，自然是一个极为广泛、丰富深刻的研究领域，有无数研究题目等待开发、研究。鲁迅学在这方面的研究是有成绩的，成果很丰富，但是局限性也很大，眼界仍不够广阔，研究思路也不很开阔，视野比较偏狭，理论深度也还不够。上述四个领域里的子项目研究内容，未涉及者仍然很多。鲁迅学的发展，有待于在这方面更加努力，开辟路径，取得更多成果。

二、鲁迅对世界文学、文化的接受

从接受学角度看，对于鲁迅的比较文学、比较文化研究，主要是研究鲁迅作为接受者对于世界文学、世界文化的学习与接受，以及在他的思想、艺术思维、创作心理和艺术世界里，在"鲁迅文化文本"中的世界文学、世界文化。这又表现在三个方面：（1）研究鲁迅所接受的世界文学、世界文化和鲁迅思想与文本中所体现的世界文学、世界文化；（2）研究比较文学学者鲁迅的比较文学、比较文化理论与实践；（3）对于鲁迅作品、鲁迅文本进行比较文学、比较文化的研究。

鲁迅作为伟大作家和中国第一代比较文学家，对于世界文学、世界文化的接受，是广泛、宽容、及时、超前的，也是深邃的。他不是一般地、单纯地接受，而是怀着明确的救国救民的目的，抱着"求新声于异邦"以"别立新宗"的宗旨，去外国文化中寻找新的思想、新的精神、新的文化，以改造中国国民性，重建中国文化。他实行的正是他自己提倡的"拿来主义"的方针和原则：宗旨宏大深远、毫无自私目的，有眼光、有辨别、有选择、有过滤、有改造。他的接受，实际上是代表本民族，对外来文化的"民族的接受"。在19世纪末至20世纪初，中国有大批留学生在海外寻求外国文化新源，以改革传统文化。其中有"东路军"和"西路军"两支锐进的青年文化新军奋战在海外。一支在欧美留学，直接接触和学习西方文化；一支在日本，通过日本这座地理桥、文化桥，向西方学习，同时学习经过日本"学习——改造——接受"过的"日本式西方文化"。鲁迅可以说是"东路军"中一位杰出的代表。他受惠于又继承了严复、梁启超等老一辈的"近代接受"——既受惠于和继承了他们的"近代接受"的思想文化成果（如梁启超对于小说的新观念、关于国民性的论述，严复的进化论思想，等等），又受惠于和继承了他们的开放态度和科学方法。但鲁迅又越过了先辈们的既有成就与时代樊篱，开了中国"民族现代接受"的先河。他打破了"体用之争"的框架，从"别立新宗"的立足点出发，广采博取，而又从不全盘接受；他站立在中外文化交流的坐标上，以外国文化为参照系，以中国的改革、革命，即追求民族解放、人民幸福的社会实践为校正系，实行过滤、选择和改造，使外来的思想文化适合己用，使本土的文化新宗对外不落后于世界潮流，对内不失民族固有之血脉。他对于日本明治维新及维新后的"'中国传统文化'和'日本接受与改塑后的西方文化'相结合的'日本式中西文化融合'的日本现代文化"，对于西方传统文化中的科学、文学传统，对于20世纪世界新思潮的接受，对于尼采、波德莱尔、弗洛伊德、安特莱夫、果戈理、厨川白村、普列汉诺夫等的接受，都无不如此。他取其精华，取我所需，有选择、去偏颇、剔"无用"（于我无用），有"合理的误读"，有改造、有添加、有变形，然后化而用之——形态、手法、技巧、某些思想成分、形象因素是外来的，但精神、气质、神韵却是中国的、民族的。这是因为，他不仅站在中国现代变革现实行动和变革了的现实的"民族实践"基础之上，而且用以反映、表现、创造这种"民族实践"中的现实生活与人物典型。他的小说创作，他的散文诗《野草》，以至他的杂文，都表现了这一特点。而他的翻译，则更是直接地表现了这一民族接受的特点与优点。

"鲁迅的接受"——"中国民族的现代接受"，应是鲁迅比较文学、比较文化研究的第一课题。这一课题的主要学术视域是：（1）鲁迅的接受视界、期待视野与接受屏幕；（2）鲁迅的总体接受框架；（3）鲁迅的接受范型；（4）"鲁迅的接受"分期。

鲁迅的接受视界，是立足于中国现实的（由此又回到中国历史和悠久文化、优秀传统）；是面向世界的、全方位式的；是注意于当代思潮之主流的；是涉及科学（自然科学与人文社会科学）、哲学、美学、历史、文学、艺术等多元学科的；是民族命运之改变与兴盛的"民族式、民族性"接受，而不是"个体的、私人的、求职保业"的个人接受。因此，鲁迅的总体接受框架是：以对中国传统文化总体血脉持肯定态度，而以彻底否定作为统治术的那种儒家文化为主体和代表的文化传统为基点，以学习西方获得成功的日本为中介（"文化桥"），既直接学习"'脱亚入欧'后的西化与中化结合的日本文化"，又通过日本"桥"，学习西方文化，既索求民族旧源之精华、血脉，又寻觅外国文化之新源新泉。鲁迅这一总体接受框架，初步形成于留学日本时期，以后不断发展、充实、提高，形成一个完整的思想文化接受体系，并为他终生坚持不懈，奉行不渝。而这一框架，正代表了中国的民族接受，成为中国现代民族接受框架的基础与核心。

鲁迅的接受范型，既决定于社会的、时代的、民族的需求，又取决于符合这一大前提的他个人的心性情趣。鲁迅的个性特征是"艺术心性战士身"。他的接受方式与路径是由文学入门，进而艺术、科学、美学、哲学，以至整体思潮、整个思想文化体系。如此循序而进，而后又整合统一为一个思想文化总体，从而接受之，并成为一个思想文化总体存于自身的知识结构、思维结构之中。而且，在其中，是诸学科结为一体的，既有牛顿又有莎士比亚，既有法布尔又有贝多芬。其范型自然是"文学→艺术→美学→科学→哲学→思想文化总体"。

"鲁迅的接受"，分期大体如下：南京求学时期；日本留学时期；五四运动时期；20世纪20年代北京时期与厦门、广州时期；"上海十年"时期。

以上各端，几个主要研究领域，都是可以展开研究的广泛领域。这不仅是对于鲁迅的接受的研究，而且是对于中国的"民族的现代接受"的研究。

三、鲁迅的比较文学研究

鲁迅与世界文学、世界文化的具体比较研究，涉及的方面极为广阔。这是鲁迅作为伟大作家和文化大师的自身情况所决定的。他不仅自己广泛地走向世界，向世界艺苑文坛广泛地"拿来"；而且，他作为一个"给予者"，也为世界所广泛接受。现在的比较研究中主要涉及他的"接受"这一面，而不突出他的"被接受"的一面；而且，即使是前者，也只是就国内的比较而言。然而，即使如此，具体的比较研究也是既范围广泛又内容丰厚的。

首先是鲁迅与世界文学、世界文化的总体比较研究。这涉及鲁迅介绍外国文学、文化的成绩与鲁迅在世界文学中的地位；鲁迅与外国文学的整体关系；涉及鲁迅与西方文学思潮流派，与欧洲文学、日本文学、俄国和苏联文学等的关系；涉及鲁迅对外国文学、外国文化接受、介绍的实践、理论与作用；涉及鲁迅思想、创作、艺术思维、创作心理以至整个艺术世界中的外国文学、外国文化等。这也是一个非常广泛的研究领域。近些年来，这方面的研究突飞猛进地发展，取得许多成果。这对于鲁迅学的发展建设，起到了很好的作用。

在鲁迅与各国文学、文化和各文学思潮流派的研究方面，领域是很广泛的，涉的主题也很多。它包括这样一些研究：属于影响研究方面的有，鲁迅与俄罗斯文学、文化，鲁迅与东欧、北欧文学、文化，鲁迅与德语国家文学、文化，鲁迅与西欧、南欧文学、文化，鲁迅与日本文学、文化。涉及这些国家的作家有：普希金、莱蒙托夫、果戈理、契诃夫、屠格涅夫、托尔斯泰、陀思妥耶夫斯基、安特莱夫、迦尔洵、阿尔志跋绥夫、舍斯托夫、勃洛克、爱罗先珂、普列汉诺夫、托洛茨基、卢那察尔斯基（俄），密茨凯维支、显克微支（波兰），裴多菲（匈），易卜生（挪威），尼采、施缔纳（德），弗洛伊德（奥），拜伦、雪莱（英），波德莱尔、雨果（法），但丁（意大利），塞万提斯（西班牙），夏目漱石、森鸥外、芥川龙之介、菊池宽、武者小路实笃、有岛武郎、志贺直哉、厨川白村、鹤见祐辅（日），马克·吐温（美），等等。在平行研究方面，有鲁迅与乔伊斯、鲁迅与卡夫卡、鲁迅与存在主义文学、鲁迅与布莱希特、鲁迅与黑塞、鲁迅与亨利希·曼、鲁迅与海明威、鲁迅与舍伍德·安德森、鲁迅与泰戈尔、鲁迅与普列姆昌德、鲁迅与纪伯伦、鲁迅与石川琢木、鲁迅与国木田独步、鲁迅与艾·巴·辛格、鲁迅与高尔基、鲁迅与现代派美术①等。

这样一个研究范围，是相当广泛的，内涵是丰富的。应该说，鲁迅学中这方面的研究，已经涉及了这样广泛的方面，已经构成了学科结构中的一个重要的、有分量的学术板块；但是，同样应该说，所涉及的这样广泛方面的研究，与其对象的广泛性相比，其"广泛度"仍然是不够的——还有未曾涉及的方面；已经涉及的方面仍不够广泛。比如，在多项比较研究中，偏重于俄苏文学和日本文学，而失之于欧美文学；比较研究中的平行研究比较弱，阐发研究更为不够，文学形态学——文体学的比较研究也不多。事实上，鲁迅杂文与英国小品文（essay）、与日本随笔的异同比较、平行比较，都是很可研究的；鲁迅的杂文，特别是《野草》，同《查拉图斯特拉如是说》《恶之花》等的比较研究，也是很有必要做的。主题学研究，也是一项有意义、有内涵、有必要的研究。"死亡"主题（鲁迅小说中多写不正常的死亡与丧葬）、"复仇"主题（鲁迅的《铸剑》《女吊》《复仇》和杂文、"遗嘱"中关于复仇的论说等），也都可以拿来同西方、日本文学中的相同主题进行平行研究和主题学研究。在比较文学研究中，"时代、时期、代、运动"是一项重要内容，它要"把那些在不停展开与不断流动的事件（韦勒克称之为'无方向的流'）中产生的、看起来混乱的现象编成系列"，划分时代、时期，划分作家、流派的"代"，进行"代际"分析，并理清"运动"起伏更替，然后将这些内涵同比较主体（比如鲁迅）结合起来，探求他如何被动地受到影响，主动地接受，并"内化"形成自身的结构，最后表现、潜隐在自己的作品之中。还有，在各种艺术的阐发研究中，探索外国各种艺术流派对鲁迅文学创作、艺术思维、创作心理的影响，如比亚兹莱、麦绥莱勒、珂勒惠支等之为鲁迅所接受，如此等等。所有上述各个领域，都是至今研究不够，今后大可发展的。

---

① 王吉鹏，李春林. 鲁迅世界性的探寻：鲁迅与外国文化比较研究史 [M]. 沈阳：辽宁人民出版社，1999：2-8.

从以上简略的列举中我们可以看到，这方面的研究，是何等宽广而深刻。中国比较文学学科的发展，鲁迅正是一个最"全备"的研究对象。鲁迅学在这方面的发展，不仅可以拓展鲁迅学的研究领域，充实和丰富鲁迅学自身，而且对于中国比较文学的发展，也具有重要的意义。两者是互相结合的。

四、"鲁迅的比较文学理论与实践"研究

鲁迅是我国比较文学的辟路者和最早的创建者，是我国第一代比较文学家。他的《文化偏至论》《摩罗诗力说》等论文，是我国最早也是最好的比较文学研究文献。它们立足点高、眼界广阔，高屋建瓴、气势恢宏，宏观及于整个欧西文明历史，特别是20世纪新思潮；中观及于欧亚主要国家；微观及于具体的作家、作品。以后，鲁迅每有所译，或短篇小说、或长篇巨著，均写有长短不一的题记、前言、序跋等文，都是比较文学的优秀文章。鲁迅为译者写序跋，也都具有比较文学的性质。此外，还有更多涉及外国作家作品或文学思潮流派的言论，亦属比较文学之文章。这些，都是鲁迅的比较文学实践。鲁迅在这方面的思想和工作、理论和实践，需要钩稽考较，加以综合研究。

鲁迅的比较文学实践，运用比较方法与比较文学研究原理，为文学史和文学批评以至翻译开辟了新路；比较文学理论、眼光和方法，加深与提高了鲁迅文学创作、文艺理论批评的境界，也推动了中国的比较文学研究活动和文学理论批评工作。在比较文学理论建树方面，鲁迅阐明了文学的世界性，把一国的文学发展纳入世界文学范畴来考虑和规划；并且由此引进了比较文学研究的理论与思想；鲁迅的比较研究都是立足于本民族的需要，以本土文学、文化为立足点来进行比较；鲁迅还论证了各国文学互相影响的世界文学发展趋势。①

所有这些内容，几乎每一项都可以展开广泛的研究。鲁迅学在这一具体领域里，也是可以大有作为的。

---

① 中国鲁迅研究会，《鲁迅研究》编辑部. 鲁迅研究：8 [M]. 北京：中国社会科学出版社，1983：1.

五、鲁迅：文学史、比较研究

　　比较文学是文学史的一支。但比较文学作为文学研究的内涵之一，其"母体"——文学研究，又包含文学史、文学批评、理论与诗学诸内容；在这个意义上，文学史又是比较文学的内涵之一。总之，文学史之间是"血肉相连"的。因此，比较文学、比较文化的研究，应当与文学史研究相联系、相结合。在此，鲁迅学同文学史研究又互相沟通。一方面，是鲁迅学中的比较文学、比较文化研究，进入了中国现代文学、现代文化研究史的范畴，它充实着中国现代文学、现代文化史；另一方面，中国现代文学、现代文化史研究，"进入""支援"了鲁迅学研究。这是鲁迅学同文学史的基本内涵。同时，比较文学、比较文化的研究，也将世界文学、世界文化史研究引入了鲁迅学研究，也使鲁迅学研究同世界文学、世界文化史的研究结缘——这方面的成果可以用来支援、充实、深化鲁迅研究。比如世界文学中对于歌德、尼采、波德莱尔、果戈理、卡夫卡等的研究，都可以对鲁迅研究起到促进的作用。

第十四章　鲁迅读者–接受世界（国内）研究

鲁迅作为一位伟大作家，作为一个被接受客体，他本人，他的一切文本，都有一个接受世界。这个"接受世界"，主要的是中国现代社会，是中国在苦难中生活、挣扎、抗争、奋斗的人民，是中国现代知识界。当然，这个"接受世界"并不是单纯的、被动的、无所作为的接受体。它是一个复杂的、变动的、主动的接受主体。并且，在接受过程中，它既完成作品文本的"含义"体现，又实现自己的主动创造。因此，鲁迅学必须全面、认真、具体地研究这个客体世界——接受世界，才能完满地解读、诠释鲁迅。

一、鲁迅的接受世界研究

丹纳在《艺术哲学》中论述艺术的本质时所指出的艺术从属于三个"总体"中，第三个总体"社会"是一个更广泛、更复杂、拥有更多群众和多种文化的总体。特别是，这个"社会"包含着"群众"这个集体。在艺术家的声音之中，还有"群众的复杂而无穷无尽的歌声，像一大片低沉的嗡嗡声一样，在艺术家四周齐声合唱"。而且，"只因为有了这一片和声，艺术家才成其为伟大"[①]。在论述艺术品的产生时，又指出：每个时代的精神气候——包括风俗习惯与时代精神，会影响到作家、艺术家发展成长的方向和道路，助长他某种才能的生长而压抑另一种才能。"必须有某种精神气候，某种才干才能发展；否则就流产。""群众思想和社会风气的压力，给艺术家定下一条发展的路，不是压制艺术家，就是逼他改弦易辙。"[②]"群众"——接受者，就是"社会"

---

① 丹纳. 艺术哲学 [M]. 傅雷，译. 北京：人民文学出版社，1963：6.

② 丹纳. 艺术哲学 [M]. 傅雷，译. 北京：人民文学出版社，1981：35.

"时代"这个接受世界的人格表现。"'社会总体'——'时代精神'→'接受群众'",形成了一个接受世界,它们共同决定着作家成长的道路。在这个意义上,鲁迅的发展成长,尤其他的杂文创作,正是这样一个接受世界所培育和推动的。正是中国的五四运动和文学革命、新文化运动,中国现代人民革命和民族斗争的"精神气候"和这种"精神气候"的人格体现的广大群众,正是他们的气质和需求,推动、帮助、养育鲁迅发展了他的特殊的艺术才能,使他的艺术才能向着这种特殊方面去发展。

当然,这丝毫不削弱鲁迅自身的创作才能和他的个性特征。相反,倒是证明鲁迅的创作才能和个性特征既适应了时代、社会、群众的需求,适应了接受世界的需求,又反映和代表了这种时代、社会、群众的需求,反映和代表了这种接受世界的需求;并且,是创造性地适应了这种社会、群众需求,又创造性地发挥了自己的才能。这正是鲁迅的成就所在,正是鲁迅之成为鲁迅的所在。

鲁迅在这种情况下,创造了他的全部文本的"含义"。这是他的文本被接受的基础和依据。但是,他的全部文本并不是"止于此义",其"意义"不是固定的、不变的、一元的、封闭的,而是流动的、变化的、多元的、开放的。接受世界正是通过其内涵与特质,统摄于"精神气候"和"时代需求"的"吸取、过滤、改造、创造"这样一系列"读者的工作",在"含义"的基础上创获了"意义"。

正如我们在前面已经论述过的,在 20 世纪 20 年代、30 年代以至50—70 年代、80—90 年代,中国接受世界,就是通过这样一种机制和"方式",在鲁迅文本的"含义"基础上,创获了不同时代、不同时期的鲁迅文本的"意义"。

每一个不同的历史时期,随着民族斗争与阶级斗争形势、社会发展变化、时代精神气质的不同,接受世界一面按照需求提取、认识、理解、诠释鲁迅文本的一部分"含义",一面又按照自身的气质、特征、要求创获不同的"意义"。

20 世纪 90 年代,又一次兴起了重读鲁迅热。人们重温鲁迅的社会批评与文明批评,重温鲁迅精神与鲁迅人格,重评 80 年代已有评价的鲁迅的对立方林语堂、梁实秋及至周作人,重新认识鲁迅后期杂文的思想意义与文化价值,等等。这都反映了 90 年代的社会状况、时代精神和社会心态，反映了接受世界精神气候的变化。这又一次证明了鲁迅文本自身的价值含量和接受世界在"意义"创获上的作用。

鲁迅学在研究鲁迅文本时自然都要联系时代、社会来解读、诠释，也就是联系鲁迅的接受世界来进行研究。但这是"鲁迅→接受→接受世界"，是从研究鲁迅而涉及他的接受世界，而很少以"鲁迅的接受世界"为单独研究对象来进行研究，即进行"接受世界→接受→鲁迅"式的研究。从接受学视角对鲁迅的接受世界进行专门的研究，是鲁迅学的重要组成部分，因此是今后建设、发展鲁迅学的重要方面。

鲁迅的接受世界是不断变化的，而它的变化又影响到"鲁迅意义"的解读、诠释，影响到阅读、接受世界从鲁迅文本的"含义"进到"意义"的"工作"、意义的形成以至"视界融合"等内涵。所以，研究鲁迅的接受世界是必不可少的工作。

二、文化圈层与接受层次

接受世界，是分为各种不同圈层的。接受群体由于不同的文化教养、不同的艺术修养、不同的审美情趣，而分为不同的文化圈层。不同文化圈层的人群，具有各自的"前知识结构"，各自的海德格尔所说的"三前"，因此也就有不同的期待视野与接受屏幕。一般地，可以分为高、中、低三个文化圈层。高文化圈层是具有高文化层次的人们，他们是文学艺术界、文化界、教育界、科学界以至政治界等的精英人物，具有高的接受力。他们是少数人，但却是接受世界的顶端与导引力量。中文化圈层的人数较多，在中国，他们是具有中等或中等以上文化程度的城市居民、职员、教员、大中学校学生、青年知识分子等，他们是接受世界的主体与中坚。低文化圈层是广大的工农群众，绝大多数文化程度较低。但他们是接受世界的广大而深厚的基础。这三个文化圈层是有区别的，但却不是隔绝的。低文化圈层的要求、愿望、心理，会渗透、反映、注入中文化圈层，融合而为时代的精神气候、社会的共同要求。这些又势必影响高文化圈层的接受——他们作为民族的文化精英，必然要吸收和反映中、低文化圈层的精神、气质、愿望、心理，集中并提高他们的要求；反过来，又用系统化、条理化、理论化了的广大群众的文化要求，来引导、帮助、教育整个接受世界的接受活动。

中华民族对于鲁迅的接受，典型地反映了这种接受世界中三个接受圈层相区别又相沟通和推动的接受活动与过程。能够直接接受鲁迅文本的读者，主要在高、中文化圈层，尤其是高文化圈层。这一点，鲁迅本人早已明确地认识到了。他的心中，是存在着这个广大众多的"隐在读者"的。他的杂文的内涵，所涉及的事物、人事、现象、问题、心理，绝大多数是这个圈层中的，或为他们所关心的，包括国家、民族、社会、时代中的重大问题。因此，广大接受者就在这个圈层中。可以说，鲁迅的杂文文本之所以为高文化圈层所接受和注目，除了这个圈层本身的需求与爱好之外，也还受到来自中文化圈层的推动与"培育"。鲁迅的这种接受状况，是他的同时代的许多作家、文人、学者所不及的。他比他们具有更高得多的群众性。他是广大人民的代言人，是民族的思考者，是民族斗士。他以他的杂文和其他言行，反映了广大群众的苦难、愿望和心声。他代表他们发言、抗争、奋斗。鲁迅精神、鲁迅人格，尤其深入地进入高、中、低三个文化圈层，成为全民族的精神象征，全民族的楷模。

鲁迅在世时，他的作品作为一种共时性接受，社会公众——主要是前面所说的高、中文化圈层的读者，间接的则是低文化圈层的广大读者，是怀着一种自己的喜怒哀乐得到抒发，自己的愿望得到表达，自己的心声得到传播的喜悦的、契合的心情来接受的。这是一种最佳接受状态，是一种"视界融合"状态。鲁迅逝世后，一代又一代读者对鲁迅的接受，除了这种因时期不同而有了不同的内涵、不同的契合状态之外，还有历时性接受中各个不同时代、不同时期的人们，由不同的社会关系、社会情状所决定的"精神气候"和"兴味"，并在它们决定性的影响下，产生对"鲁迅文本"的"含义"的理解、把握和解释；又在此基础上，产生他们自身在"文本含义"基础上"加工制成"的"意义"。这就是鲁迅文本不同时期的不同诠释产生的原因，也是鲁迅接受史的基本轨迹。

研究这一"轨迹"，研究接受世界不同时期的不同接受公众，不同时期的不同社会、公众期待视野与接受屏幕，不仅是对鲁迅文本研究的有意义的开拓，而且对于鲁迅学的发展轨迹，也是重要的研究。在这种研究中，我们会加深对鲁迅文本的理解，作出更符合鲁迅，也更符合历史的解读和诠释。

从鲁迅被接受的角度来研究接受世界和从接受世界的角度来研究鲁迅之被接受，能收获两方面的成果：一方面了解鲁迅，一方面了解不同时代的不同社会状况和精神气候。另外，高文化圈层同时也是研究性接受的圈层。鲁迅研究的力量都在这一文化层中。鲁迅研究，实质上也是一面集中反映了中低文化圈层的接受、理解、愿望等，一面又以提高了的理论化成果反过来影响中低文化圈层的接受。

三、"鲁迅文本"：生产与接受的动力学

接受美学的独创性，并不在于具有一整套新的观念，而在于提出了一个新的思路和思考方向，一个具有独特思维重心的理论框架，这就是把读者引入审美的范畴，并赋予决定性的作用与地位，将读者同作者、作品视为一个整体，一起纳入作品"生产与接受"的动力学过程之中。接受美学是一门非教条的、民主的科学。这一点的主要表现就是把接受公众纳入文学艺术作品生产和接受的动力学过程。读者的作用，远不止于消极地接受，而在于很大程度上参与了"写作"；作家在创作过程中从事"生产"，而在"生产"的完成阶段——完全实现阶段，也就是接受阶段，所进行的接受活动，却完全是"读者自己的事"，"'在某种意义上'，艺术作品'在阅读人的意识里'才告完成"①。在接受过程中，一方面是文学艺术作品的审美特性在发挥作用，另一方面，则是接受者的变化不定的情况所决定的。从生产的角度说，文学作品是作家创作出来的；但从接受的角度说，一部文学作品的"艺术完整性的开发"，却要依靠接受者"以创造精神参与工作"。"在某种意义上讲，就是把作品继续创作下去，加以补充，进一步深化，以使自己从自身的经验和认识不断建立起对作品的新关系。"这样，"艺术作品与读者兴味之间的交互作用决定着文学的效果"。"兴味本身是由社会因素和个人因素培养出来的，同时，社会因素在重要性上又是超过只在变化时起作用的个人因素的，因为兴味是'人的社会环境的一种精神表现，是他的阶级需要的一种思想反射'。"②

---

① 刘小枫. 接受美学译文集 [M]. 北京：生活·读书·新知三联书店，1989：89.

② 同①：90.

作家以"作品"投入社会，由公众参与创造性工作，让作品与读者兴味之间互相作用，来创造"意义"，这样一种生产动力学过程，在鲁迅文本的接受过程中，表现得特别明显和突出。这也是鲁迅作品自身特点所决定的。他的作品的社会性、时代性、历史性、思想性与艺术性，使得其文本总是随着时代的变更、社会的前进、文化的发展而具有现时的、共时性的内涵，不是变得虚空而苍白；他的文本的艺术蕴含、审美素质，又使得文本具有深厚的被接受底蕴，具有了超时代性，为后世的人们所欣赏。在作品被接受的过程中，一面是"社会、个人"的创造性的接受，一面则是作品文本意义、审美势能的释放。"一种意义势能的逐步释放。这一势能是隐藏在作品之中，在作品的各个历史接受阶段上转换为动能做功的。"[1]鲁迅的作品在历史的接受过程（接受史）中，由于两方面的原因而具有巨大的、深厚的、不竭的蕴含和势能，形成长久的动力发生过程。（1）他的作品的深沉丰厚的社会势能，使每一个时代的"社会、个人"接受者，均能同他们所处时代的社会状况结合起来，从"历史"看到"现代"，又从"现代"（现实）看到"过去"（历史）；（2）他的作品的审美势能，又具有深沉丰厚的美学素质、美学内涵，使得后世的读者在"社会、思想、道德"欣赏的同时，还得到审美的愉悦，审美的培育。这样，"作家、作品、公众（接受）"三者融为一体，共同将潜在的势能发掘出来，转换为动能做功。鲁迅作品的文本的这两个方面的"矿藏"远远超出中国现代作家的任何一个人，而具有远大、深沉、悠久的接受动力学资源。

鲁迅学史上，从这一接受的动力学视角的研究还是很不够的，可以说还未曾有过认真的研究。而真正开辟这方面的研究，就会使对鲁迅文本的解读、诠释深入一步。深入的开发与挖掘，表现在两个方面：第一，对于鲁迅文本自身潜在的社会、思想、文化、审美势能，能够作出更深的发掘，取得更深的认识成果；第二，对"社会、个人"的接受，及其在接受过程中所进行的创造性的工作，也能够更深地发掘，取得新成果。也就是说，从接受主体（社会、公众）和接受客体（鲁迅文本）两个方面尤其是两者结合的方面来深入发掘。这两方面的深入，将会是一个新的视角、新的领域，从此可以看到鲁迅文本的新的意义。

---

① 刘小枫. 接受美学译文集 [M]. 北京：生活·读书·新知三联书店，1989：99.

四、鲁迅文本与鲁迅学：在接受美学的视野中

文本在接受美学的视野中，一面是一个主体，一个具有"含义"和"召唤结构"的主体；一面又是一个客体，一个被补充、发展、创造的客体。皮亚杰发生认识论的认识公式"S→R"和"S（A）R"，可以移用为接受过程的表述。前者标示着主体与客体的交互作用；后者则以（A）表示刺激向某个反应格局的同化，而"同化"才是引起反应的根源。因此，皮亚杰指出："认识既不是起因于一个有自我意识的主体，也不是起因于业已形成的（从主体的角度来看）、会把自己烙印在主体之上的客体；认识起因于主客体之间的相互作用，这种作用发生在主体和客体之间的中途，因而同时既包含着主体又包含着客体……""认识既不能看作是在主体内部结构中预先决定了的——它们起因于有效的和不断的建构；也不能看作是客体的预先存在着的特性中预先决定了的。"①以上这些论述，完全适用于对鲁迅文本的接受和鲁迅学研究。在接受美学的视野中，接受者接受"鲁迅文本"，解读、诠释"鲁迅文本"，就是这样："鲁迅文本"（S）与接受者（R）是相互作用的；对鲁迅文本的理解、解读与诠释（"认识"），鲁迅学的所有研究结论、成果（"认识"），既不是起因于"一个有自我意识的主体"（认识主体）——接受公众，也不是起因于"会把自己烙印在主体之上的客体"——"鲁迅文本"（认识对象）；既不能看作是客体（鲁迅文本）内部结构预先决定的，也不能看作是在主体（接受公众）预先存在着的特性中预先决定了的。对鲁迅的"认识"，是两者相互作用的结果，是不断地建构的结果。从这样的命题和这样的理论框架出发，来看待鲁迅文本和鲁迅学，就不仅是"面对鲁迅文本"，不仅是研究一个具有自我意识的主体，而且要研究会把自己烙印在主体（鲁迅文本）之上的客体（接受公众和他们所生存于其中的社会），而且更要研究两者相互的作用（S→R），要研究中介（A），要研究由于相互作用而产生的建构过程。这种研究，始终没有离开"鲁迅文本"这个中心项；但是，却并不局限于它，而是把它放在接受世界之中，并探究它在这个世界中"生存"时的主体的、

---

① 皮亚杰. 发生认识论原理 [M]. 王宪钿，等译. 北京：商务印书馆，1985：16，21.

"主观的"、主动的作用和客体的、客观的、被动的接受，研究它所接受的"刺激"和"烙印"，以及它所作出的反映、反应与反馈。这样，就更扩大了鲁迅研究的领域，赋予它以更广大、丰厚、深邃的内容，更使研究符合历史、社会的实际和鲁迅文本的实际。而鲁迅学在这个视野中，也更扩大、加厚、加深了自己的内涵，能够更科学地解读、诠释鲁迅，更科学地认识、评价每个不同时代的不同的鲁迅解读、诠释。鲁迅文本只有一个，但是解读、诠释却可以而且应该多样。这不是因为文本自身无固定含义，而是因为客体的营造——"工作"，使"含义"产生不同的"意义"——它不能离开"含义"，但又具有超越"含义"的"意义"。

在接受美学的视野中，并不丝毫忽视"含义"的基础作用——它是认识的依据，而是很重视作品中的"创作潜能"，重视作品"含义"的导向作用和"自主意识"，以及这一切的多元多义性。尤其像鲁迅文本这样具有深厚民族性、深刻思想性和高度艺术性的文本，更是如此。作品作为英伽登所说的"体现某种精神性意向"的一种文本，它的语言的多义性、隐喻性、象征性，它的"未定点"，它的"空筐结构"，都使它能够具有广阔的天地，供"客体"——"接受者"——来驰骋其想象与创造。从这个立足点，从接受者视角，来研究鲁迅文本的这种"可接受性、可'创造'性"，是能够获得更新更多的认识和解读的。

另一方面，从接受世界来看，它的社会环境、文化语境、公众心理、传统习惯与观念等，也可以从"文本"的视角加以探究，即探究它对于一个特殊文本——比如鲁迅文本，具有怎样的作用——作用的向性、功能、能量与性质及其可能有的结果，等等。

所有上述两个方面的研究，都可以是鲁迅研究的新领域、新思路、新角度，也可以使鲁迅学有一个新的发展。在鲁迅学已有的成果中，这方面的收获还不是很丰硕，可以和应该进行的研究仍然很多。

第十五章　鲁迅国外接受世界研究

鲁迅是中国的，也是世界的。他从走上文坛开始，就在一定程度上走向世界了，而以后，直到他逝世以后的几十年中，他从亚洲走向欧美，从东方走向西方，为世界主要国家和地区的人们所接受，而且产生了颇有成就、形成气候的国外鲁迅研究。鲁迅研究已经成为世界性文化现象，国外鲁迅研究不仅把鲁迅作为一个单独的研究对象进行研究，解读、诠释他的文本，提炼出他的小说诗学、散文诗学等属于鲁迅学范畴的成果，而且从鲁迅文本中体察、总结和提炼出中国艺术精神、中国文化品性。由于艺术观念、审美理论、批评原则以至方法论的不同，国外鲁迅研究对鲁迅文本的解读、诠释，具有许多特点、许多新的创获，为中国鲁迅研究所没有。因此，国外鲁迅研究成果，是鲁迅学的重要部分、重要补充。这是鲁迅学的一个非常重要的方面。它的主要内容、主要方面，也是主要意义有三个方面：（1）国外鲁迅研究对鲁迅文本的解读、诠释，其主要研究领域和主要命题、范畴；对鲁迅形象的总体描绘。（2）国外鲁迅研究中所反映出的西方和东方其他文化系统中的文化背景、审美原则与审美理想，以及艺术、文学理论批评原则、范畴；其对我们的鲁迅研究、鲁迅学的构成与发展的意义。（3）鲁迅在国外的被接受，所反映出的鲁迅文本和鲁迅本人的特征，他的文本和思想、人格中所蕴藏的现代性、来自西方文化体系的因素，以及其中蕴含的中国文化传统因素的"改革与转换传统"和"西方可接受性"。

一、鲁迅文本的新开掘：异域文化的接受

国外鲁迅研究，是对鲁迅的异域、异民族的跨文化接受。它不大接受"鲁迅的本土接受"的影响，而是独立思想、文化、艺术、审美的解

读与诠释。而且，常常发生"逆本土接受"式的接受与研究，甚至对"鲁迅的本土接受"采取批评的态度。然而，另一方面，鲁迅的本土接受，却逐渐地接受了国外接受与研究的启发与影响，吸取它的可取的思想的、艺术的与方法论上的成果；或者受到它的不同解读、诠释的刺激与启发，而逆向地思考，开启了新视角的研究。两种不同接受的区别，最根本的是文学观念、艺术气质和审美理想的不同。而这种不同，又是受到丹纳所说的种族、环境、时代三个决定因素的决定性影响的；是受制于社会状态、历史传统与时代精神的。总体上，就是国外鲁迅接受与研究，承受历史、时代、社会、文化的决定性影响，而外在表现形态则是文学观念、艺术气质与审美理想。

国外的鲁迅接受，首先是对鲁迅作品的翻译。据统计，有30多个国家用50多种语言文字翻译出版了鲁迅作品，其中欧洲语言25种，苏联各民族语言21种，还有亚洲其他国家、地区的语言文学的译本。[①]所译主要是鲁迅文学创作，其中多数为小说，以及散文、散文诗。只有日本等少数国家翻译了鲁迅的学术著作。在各国的翻译中，选择什么和如何翻译，"传译"中的文化，是很可研究的课题。它对于丰富鲁迅研究的整体也是有用处的。

"文学翻译的创造性与叛逆性""媒介者的创造性叛逆""接受者与接受环境的创造性叛逆""翻译中文化意象的失落与歪曲""翻译中不同文化的误解与误释"[②]等这样一些命题，在鲁迅的国外翻译中，是很可研究的。

国外的鲁迅翻译，有全集、选集和单篇作品翻译几种。选集之编选，很可看出不同的眼光与选择；单篇之选择，也反映了一种文学观点、艺术见解。所有这些，也是很可研究的。鲁迅所论述过的"选家的眼光"，在这里正可以用来分析、研究外国学者、翻译家，对他和他的文学文本，如何进行选取与"淘汰"。在这里，同样是选家的"眼光"，也受制于和反映了民族的、公众的心态与需求。这也是可供进行"鲁迅在世界之中"的研究的。

国外鲁迅研究，对于"内部研究"更为重视，"外部研究"则比较

① 陈漱. 国外鲁迅研究状况 [J]. 批评家，1986（3）：18-28.
② 谢天振. 译介学 [M]. 上海：上海外语教育出版社，1999.

薄弱，这同国内的接受与研究正好大异其趣。在外部研究方面，也不是如同国内研究那样，侧重于政治、革命、党派、文化运动等的求索与求解，使用中国主流文化的学术、文化框架，使用中国有关近代和现代社会变化、革命历程的既有叙述范型。他们侧重的是鲁迅创作与文本同一般社会、文化情状之关系的探索。一个是"社会、政治、革命"角度的求解；一个则是"社会、文化、人类"式的求解。应该说，后者包容了前者，但前者比后者具体、切实。当然，就其包容性之广大来说，后者又更具有普遍性。国外对鲁迅的接受，是一种"社会斗士、革命家、艺术巨匠、文化大师"的接受，但更侧重于把鲁迅作为伟大作家来接受，因此也更侧重于他的小说研究，此外是散文诗与散文研究，而对他的杂文则持有不同的看法，甚至评价甚低。所有这些表明：国外的鲁迅接受、诠释，是对国内接受的一种很有益的补充，而且"他山之石，可以攻玉"，借此我们还可受到启发，开启新的研究领域、研究思路与研究方法。

鲁迅虽然一登上文坛就受到日本方面的注意，1925年又有苏联汉学家王希礼的中肯评价；次年又有罗曼·罗兰首次作出的较长的评价；但是，长期以来，主要的介绍、接受，还仅仅是对鲁迅的经历、事业、创作和著作的一般性记述和评价，真正的研究还是不多的。直到20世纪后半叶即60年代以后，特别是70—90年代，情况发生了很大变化，研究者逐渐多起来，研究成果不断涌现。其中，高质量的、有学术见解的、中肯的论述，能给人以启迪，引发深思。虽然这些成果多数还未译成中文，奉献给本国的读者，但是，仅从已经零星译载的文章来看，尤其是从乐黛云选编的两部国外鲁迅研究论著①来看，国外鲁迅研究成果是十分值得重视的，是鲁迅学不可或缺的组成部分。

特别值得重视的，是在这些国外研究成果中，体现出东方其他国家和西方国家与中国、与东方不同的文化背景，以及他们所持的文学观念、艺术气质和审美理想。

在跨文化传通与接受中，民族对民族的接受、一种文化对另一种文

---

① 这两部书分别是：乐黛云编《国外鲁迅研究论集（1960—1981）》，北京大学出版社，1981年版，内收美、日、苏、捷、荷、澳、加拿大等国学者所撰论文19篇；乐黛云编《当代英语世界鲁迅研究》，江西人民出版社，1993年版，内收美、英、澳、以（色列）等国学者论文16篇。

化的接受，首先都是通过文化使者、精英人物来实现的，而他们便都是本民族文化的代表和代言人。他们伸来的进行选择的"手"上，拿着本民族的文学观念、艺术气质和审美理想统合组成的"卡尺"与"过滤器"。这里，选择的机制与结果，总是相似原理在起作用：太相异则不识不见不喜不爱，从而"视而不见""见而不喜不取"，或者明确地拒斥之；太似，如己，"彼此彼此，于我何益哉？"亦不屑取。只有相似者，才能接通"电源"；才能既相似，有亲近感，又相异，有启发，故可有所取益，乃采摘之、引进之、吸收之，予以接受。这是跨文化传通与接受的通理共识。国外对鲁迅的接受便是如此。他的作品的思想与艺术上的现代性，他的文本内涵的以现代视点、现代观念对中国现实生活的写照，对中国人现代魂灵的描绘，他的文本的艺术世界中的现代性，都表现出同西方和异域文化的相似点、相似块，而成为"沟通"介质。而他的文学文本所映照的中国社会与国民性的充分的中国内涵、中国精神气质、中国民族神韵，则又是与异域文化相异的，因而是"相吸"的，能够被接受的。这就是艺术作品、艺术典型的共性与个性的结合。

实质上，民族精英的接受与诠释，就是民族的接受与诠释的一部分和整体的集中反映。因为，不仅精英人物的期待视野与接受意识是民族的代表，而且，他们的诠释，也是以本民族广大公众的知识结构与期待视野为圭臬，为"潜隐读者"而进行的。所以，他们的接受与诠释，便不能不成为一种民族的接受；因民族的需求而接受，以民族的需求为指针、为标准而接受；在接受与诠释中，贯彻着民族的文学观念、艺术气质与审美理想。这样，接受与诠释就成为一种两个民族之间的文化传通与交流。在这种文化传通、交流的结晶——外国的鲁迅接受、诠释中，就具有各国文化的结晶。而它作为鲁迅学的成果和内涵，就有了双重的学术文化意义：对鲁迅文本的解读、诠释；外国文学、艺术、美学、文化的传播。这两个方面，都会灌注其学术文化之泉于鲁迅学中，而增加其文化蕴含，并浸润其他鲁迅研究领域。

二、各国对鲁迅的具体接受与诠释

世界各国各民族对鲁迅的接受、诠释，有共同性又有区别，可做几个区域性划分：日本，东方诸国（印度、巴基斯坦、朝鲜、越南等），东南亚，苏联，东欧，西欧，美国等。此外，要特别提到一支强劲的鲁迅研究力量，就是外籍华人，主要是美籍华人学者。他们的鲁迅研究很有特色，也有深度。其重要特点是：既不同于国内的鲁迅研究，又不同于西方其他的鲁迅研究。他们熟悉西方文艺理论与批评方法，同时又有中国文化根底。所以，他们对于西方同行和中国同行均具有优势的一面。按照他们各自秉承的政治背景与目的，以及所持的不同的文化学术流派的理论观点与方法，其研究状况和论旨，大致形成几个流派："反共研究流派""布拉格学派""自由主义研究流派"。"反共派"的代表人物是美国的夏济安、夏志清兄弟。他们在攻击和否定鲁迅的同时，对鲁迅小说技巧也进行了颇有见地的分析。"布拉格学派"由捷克汉学家雅罗斯拉夫·普实克博士和他的学生们组成（包括欧洲其他一些国家的学者）。"自由主义研究流派"中，有李欧梵、林毓生、葛浩文、威廉·莱尔、帕特利克·哈南等学者及德国学者沃尔夫冈·库宾教授等。就所持的不同批评理论与方法来分，他们又有社会学派和文学批评派之别。①
在这些研究中，关于鲁迅的"文学与革命——从摩罗到马克思"（[美]哈雷特·密尔斯）、"鲁迅的复杂意识"、"鲁迅的全面反传统"、"关于知识分子鲁迅的思考"（[美]林毓生）、"鲁迅作品的黑暗面"（[美]夏济安）、"鲁迅小说创作的中断"（[澳]梅贝尔·李）、"一个中国高尔基的形成——1936—1949年的鲁迅"（[美]D.霍尔姆）、"鲁迅与文学保护者形象"（[美]葛浩文）、"鲁迅与胡风的批评遗产"（[美]西奥多·D.休特斯）等题旨与论述，都表达了一种独特的研究视角、思路和方法，是对鲁迅的"另一种解读"，可供我们参考。却是鲁迅学的组成因素，其结论本身与"整体成果形态"也都是富有启发意义和可以进一步探讨的。其中对鲁迅作品的具体分析论述，尤其值得注意，它们充实了鲁迅学的内涵，拓宽了鲁迅文本研究的视野，开辟了鲁迅研究的领域。美国帕特利克·哈南关于鲁迅小说技巧的研究，美国威廉·莱尔的鲁迅是"故事的建筑师、语言的巧匠"的研究，美国李欧梵关于鲁迅小说的现代技巧、鲁迅与现代派文艺的关系等的论述，以及关于《野草》的专题研究（"《野草》：希望与绝望之间的绝境"），关于鲁迅小说的研究（"孤

---

① 王吉鹏，李春林. 鲁迅世界性的探寻：鲁迅与外国文化比较研究史 [M]. 沈阳：辽宁人民出版社，1999：286-287.

独者与大众"），英国D.波拉德的鲁迅杂文研究，等等，都是比较引起注意，在中国鲁迅学界受到重视的。

在比较文学研究方面，国外学者的研究，不仅拿来与鲁迅进行比较的作家具有特点（有的是拿本国作家作比较，如日本，条件有利；而且，主题也颇有特点。其成果可观，其方法亦可供参考。日本学者山田敬三、北冈正子的影响研究，美国学者微娜·舒衡哲的平行研究，日本学者藤井省三的影响/平行研究，澳大利亚学者马波·李的综合比较研究（"从庄子到尼采：评鲁迅的个人主义"）等，都是较为引人注意的。还有运用各种西方文艺批评理论来研究鲁迅的，成绩亦甚可观。如美籍华人学者李欧梵对鲁迅的心理学分析法的研究；日本学者伊藤虎丸的哲学分析法研究，加拿大学者维林吉诺娃的结构主义哲学研究，徐士文的文学语言学研究①，等等，也都是富有启发意义，其本身亦可研究的，因而是组成鲁迅学的有用"成分"。

在所有以上各种研究中，由于文化传统、文化背景的不同，文学、美学的观念与所持理论的不同，社会状况、政治背景的不同，无论是一般接受，还是研究性接受，误读、误释的情况都是存在的。其中包含合理的误读、误释，创造性的或叛逆性的误读、误释，有意而友好的或怀着恶意的误读、误释，等等。但是，不管何种情形，都是一种解读、一种诠释，其中都或者照见了鲁迅文本的一部、一角或整体形象之一种，又照见解读、诠释者的先在知识结构，政治、思想、文化背景，以及文学、美学理论观点。它们都是可供研究的材料。而他们"为何"与"怎样"误读与误释本身，也是很可研究的。因为这一切都发生在对鲁迅的解读之中，所以，探究这一切，也是从"侧面"对鲁迅的探究。

因此，国外鲁迅研究，在直接的意义上，就具有双重的研究价值：（1）它们对鲁迅所作的"解读、诠释文本"自身的价值。这是对鲁迅文本的一种解读、诠释，可以补充、帮助、启示国内的鲁迅研究。（2）这种研究的意识、思想、理论、方法本身，也可供研究。

① 王吉鹏，李春林. 鲁迅世界性的探寻：鲁迅与外国文化比较研究史 [M]. 沈阳：辽宁人民出版社，1999：287.

三、"国外鲁迅接受/研究"之接受/研究

国外鲁迅接受/研究，是一个民族对另一个民族的"民族文化文本"的接受/研究。这种跨文化传通与跨文化接受，具有广泛深邃的文化意义；而这种接受/研究，对于国内鲁迅研究更有参考、补充意义。因此，这种研究对于鲁迅学，就具有"广义""狭义"的双重意义，是值得研究的。对国外鲁迅接受/研究的接受/研究，就该是鲁迅研究的一个重要领域。这是一个特殊的领域，一个带有异域他邦文化、文学、艺术、美学芳香的学术园区，特别是带有世界文化两大基本板块（东方与西方文化）的另一板块——西方文化板块——的芳香。它的存在对于鲁迅学的构成与发展，具有重要意义。这是鲁迅研究世界性的重要表现。

世界各大洲、东西方、各个国家和民族的鲁迅研究，各有其不同的文化背景与文化语境，各有其理论与方法，因此，其"鲁迅解读"与"鲁迅形象"也是各不相同、各有千秋的。许多外国学者试图描绘鲁迅的整体形象，他们都有一个自己心目中和笔下的"鲁迅"。在日本，有"竹内鲁迅"（竹内好笔下的鲁迅）、"丸山鲁迅"（丸山升笔下的鲁迅）、"伊藤鲁迅"（伊藤虎丸笔下的鲁迅）；在其他国家，也可以说有"林毓生鲁迅""李欧梵鲁迅""夏志清鲁迅""普实克鲁迅"等。在这些"鲁迅形象描绘"中，"××鲁迅"、"描绘者"和"'鲁迅文本'及其关系"，都是可以研究的内涵，并可凭此丰富鲁迅学。

在诸多国家的研究中，日本的鲁迅研究最具特色。由于鲁迅与日本的重要关系和日本对鲁迅的特别关注，日本的鲁迅研究带有一种"文化情缘""文化亲缘"性质。在国外鲁迅研究中，对鲁迅最早作出反映、最早出现鲁迅传记、最早出版鲁迅全集外文版、研究鲁迅的著作最多和鲁迅研究者最多的，都是日本。鲁迅在日本已经进入公众的接受层面。鲁迅学家一代接一代，其成果越来越丰富。苏联、东欧由于20世纪50年代以来意识形态一致，对鲁迅的研究比较重视，不过成果不是很突出。但捷克由于普实克的存在，其研究有鹤立鸡群之势。美国的鲁迅研究是欧美鲁迅研究的重镇，其研究思路、理论、方法多元化，见解新颖，思想研究与韦勒克所说"文学内部本质"性研究成果引人注目。法国和德国的鲁迅作品翻译、编集、出版，由于鲁阿夫人与库宾教授的不

懈努力，成绩显著。如此等等，都是很可以做国外鲁迅接受/研究之接受/研究的。

在国外，还出现了"'国外鲁迅接受/研究'之研究"。以色列伊琳·艾勃的《欧美对鲁迅的接受——普及与学术研究的动机》①便是突出的一例。对于这种研究，进行中国的再研究，也是一个可注意的研究领域。

当然，更可研究的是，中国对"国外鲁迅接受/研究"之接受/研究。中国鲁迅学界以及现代文学界、比较文学界和翻译界等，对于国外鲁迅研究成果的翻译，20世纪80年代以来，已经引起注意，并陆续移译了重要论著。同时，对于世界各国鲁迅研究的各个方面的综合研究、评价，对于各个国家分别的鲁迅研究的历史发展与现状、成绩与问题的梳理、评价与研究，也受到重视，并取得了可喜的成果。对鲁迅的世界性探寻——鲁迅与外国文学、文化比较研究史的梳理与研究，也有了研究成果②。这些，都是一种对国外鲁迅接受/研究的接受/研究，对于充实鲁迅学，对于打开鲁迅学界的研究视野、启发研究思路、创立新的研究方法、开辟新的研究领域，都起到了很有益的作用。随着我国对外开放的扩大，学术、文化交流的深化，文化现代化进程的加速，新的研究人才的成长，以及中国学人的"走出去"与"拿来"，这方面的研究肯定会更进一步加强。它将推动鲁迅学的发展。

鲁迅是世界的。鲁迅已经走向世界，走进"世界文化丛林"。同时，世界也在走向、走进"鲁迅—鲁迅文本"，不断加强、加深对它的认识和解读。国外鲁迅接受/研究将会更为发展，中国对国外鲁迅接受/研究的接受/研究将会更进一步发展，为建设和发展鲁迅学充实力量，增加学术、文化内涵。

---

① 伊琳·艾勃. 欧美对鲁迅的接受：普及与学术研究的冬季 [M]// 乐黛云. 当代英语世界鲁迅研究. 南昌：江西人民出版社，1993:410.

② 在这方面，戈宝权、刘柏青、吕元明、陈漱渝、张杰、程麻等先生的论著，以及王吉鹏、李春林的专著《鲁迅世界性的探寻：鲁迅与外国文化比较研究史》，都有重要贡献。

第十六章　鲁迅研究之研究：鲁迅学研究

每个学科的建设与发展，都必然会在一定阶段产生对自身的研究，即对"研究"之研究。这是学科建设必经的阶段、必有的内涵。它是学科建设自觉性的表现，是学科的自我总结、自我反思。鲁迅研究之研究——鲁迅学的学科研究（鲁迅学研究），在学科形成的过程中，已经逐渐产生，并有一定的成果；不过，只是零章断片，也没有自觉地进行这方面的研究。20世纪80年代以后，逐渐地有不少鲁迅研究者，注意及此，并且进行了学科规划、理论构想、研究实践与历史发展等方面的研究。这形成了鲁迅学学科建设有计划推进的态势，也在不同程度上，对鲁迅研究和鲁迅学建设进行了史实梳理与历史总结、理论探讨与研究规划，对研究工作和学科建设起到了推动、规划与指导作用。

理论探讨和建设是一门学科建设与成立的主要方面。一门学科的诞生，在事实（实践）的基础上，会产生理论结晶和理论的发展。"实践层次→理论层次"，是学科建设、发展史的必经途径。鲁迅学的发展正是经过了这样的发展过程的。关于这个学科的基本宗旨与特征，它的研究领域、主要的研究"构件"（项目）、特殊的研究方法等，都需要在实践（材料）的基础上给予理论的总结，并形成理论形态，固定下来，成为学科建立的骨架。鲁迅研究的长久的、大量的、众多的研究实践和研究成果，都蕴藏着程度不同的理论"粒子"，或在具体的研究成果中显示了抽象的理论、方法。有些论著对这些进行了提炼和概括，形成了理论层面的成果。

一、鲁迅学科的理论探讨

20世纪80年代初，鲁迅学的明确提出，曾引起一定的讨论，这可以说是鲁迅学学科建设最初的规划和理性探讨①，以后，又陆续有了一些专门讨论鲁迅学学科理论的论著出现。并且，有的著作以鲁迅学的名称命名②。但总体说来，鲁迅学的学科理论建设方面是薄弱的，自觉性不够，成果也不多。鲁迅学需要一个明确而切实的"理论建设"阶段。今后，在鲁迅学的建设、发展中，提高理论探讨、理论总结是迫切而重要的任务。

二、鲁迅学史研究

一门学科成熟的标志，是它的自身历史以符号形态的出现，即不仅有事实上的历史（史实），而且有了历史的记载和著作，使它能以"历史"形态存身于世。

相比之下，鲁迅学史的研究，较之理论探讨，成绩更为突出。早在1986年，就有陈金淦的《鲁迅研究的历史与现状》一书问世。以后，又出版了袁良骏的《鲁迅研究史（上卷）》和《当代鲁迅研究史》，梳理了几十年来鲁迅研究发生、发展、成长建设的历史，进行了分期与重点评述，评论了主要的鲁迅研究论著，阐述了重要的历史与理论问题。这是目前仅有的两部鲁迅学史的专著。1994年，王富仁的《中国鲁迅研究的历史与现状》在《鲁迅研究月刊》上连载。这篇长篇史论，深入地研讨了鲁迅研究的历史，论述了它发展演变的规律，并重点评述了重点论著，勾勒了几个学术流派的思想理论面貌与是非。此外，还有专史性质的著作问世。如张梦阳的《鲁迅杂文研究六十年》（浙江文艺出版社1986年10月出版）等。此外还有研究者在关于某种、某篇作品的研究总结中，在评议论述中，结合进行了历史的梳理。如关于《野草》，关于鲁迅的小说，关于《阿Q正传》的研究中，叙述和总结了此项研究的历史。

这项工作当然还要进行，也还在进行。历史的反思，总是越来越深刻的，而且总是同现实的需要结合得很紧密。学科历史的追溯和总结，总是蕴含着现实的精神气候、社会心态和本学科当前的问题。让历史回

---

① 见辽宁社会科学院文学研究所主编《鲁迅学刊》创刊号第2期。

② 王锡荣. 鲁迅学发微 [M]. 上海：百家出版社，1994.

答当前的问题，在历史中寄托当代文化精灵，任何历史都是当代史。鲁迅学史也是如此。因此，追溯鲁迅学几十年历史发展线索，梳理它发展的起伏跌宕的过程，寻觅它的轨迹，总结它的经验教训，是鲁迅学继续发展的重要前提。

三、鲁迅学文献目录研究

鲁迅研究论著，经过几十年的累积，已经有相当大的数量。这是鲁迅学实践、资料层次和理论层次的主要资源载体，也是今后鲁迅研究的学术资源。凡从事鲁迅研究和教学工作者，都需要了解它的全貌和发展状况，选读重要的论著。鲁迅研究文献目录的研究，已经是实际研究工作的需要；也是鲁迅学发展与建设的需要。其中，特别是文献资料的收集、整理与出版，对于研究工作开展有十分重要的意义。

这项工作，一直为中国社会科学院文学研究所鲁迅研究室所重视。早在20世纪70年代末80年代初，在许多重大历史问题尚未解决时，便选编了有关文献资料，内部出版，使广大研究工作者得以读到许多不易得的历史文献。以后，又选编出版了《六十年来鲁迅研究论文选》（中国社会科学出版社1982年9月出版）。再后，更费数年之功，选编出版了大型文献集《1913—1983鲁迅研究学术论著资料汇编》（中国文联出版公司1989年出版），成为鲁迅研究资料汇编首次集大成者。

这部资料汇编还有一个特点：每分册前均有一个时期或一个专题的研究状况概述，综述一个历史时期或某个专题的研究状况与发展态势，评述重点论著及其主要论点，评论主要得失，等等，实际上是一篇篇有分量的史论。

著录论著更为详备的则是鲁迅研究论著目录。它虽无重点论著的全文，但是各种论著著录全备，专著则附有内容概述和详细目录。规模最大，内容也最全备的是《鲁迅研究书录》（书目文献出版社1986年出版）。

四、鲁迅学家谱系

鲁迅学的发展，依靠鲁迅的同时代人、战友、友人、学生等老一辈作家、艺术家、学者的共同努力，奠定了基础以后，评论者、研究者绵延不断，写下不少论著，逐渐建设了鲁迅学大厦。这些先行者、前辈学人留下了大批鲁迅研究论著。不少学人和论著成为鲁迅学的奠基人与奠基之作。他们是鲁迅学史上里程碑式人物，其著作则是里程碑的著述。其中，有两部分是最宝贵的：一是珍贵的回忆录；二是基本的开创性的鲁迅研究论著。研究这些鲁迅学家，研究他们的著述，是鲁迅学建设的重要方面。总体的研究，分类、分题、分人的研究，都可以收到多方面的学术效果。鲁迅学以后的发展与建设，也少不了不断的历史反思。反思的重要内涵之一，就是对于一代又一代赓续承接的鲁迅学家及他们的著述进行不断的、时有新意的研究。

鲁迅研究的队伍，不仅能够"代有才人出"地延绵不断，而且不断扩大。新的学人不仅接替前辈的学术薪火，而且能够随着时代前进、社会发展、文化转型，而不断以新的学术文化的知识结构，超过前人，发展研究工作，推进鲁迅学的发展。

文化进化论主要代表人物、人类学家 M.米德曾提出人类文化进化的"三个阶梯说"：第一阶梯——前谕文化期，资深老一辈，是天然为人师表者；第二阶梯——同谕文化期，老一辈、新一辈共同活跃在舞台上，互补互学，各有所长、各有千秋；第三阶梯——后谕文化期，随着社会、时代、学术文化的发展，出现新学人的新知识、新学问、新理论，加上历史的文化积淀的功能，后浪推前浪，有人走到前面去，登上新的台阶。鲁迅学队伍的发展，从起始阶段到20世纪40年代末，从20世纪50年代到70年代末，从20世纪80年代到90年代，跌宕起伏，前后衔接，基本上适合"前谕文化"→"同谕文化"→"后谕文化"三个递进阶段的论说。在"前谕文化"阶段，老一辈学人艰苦创业，不仅留下宝贵的学术财富，作为后人之思想文化资源，而且在思想认识、学术文化以至学风人品上，培养了后一代学人，为鲁迅学的发展奠定了巩固的基础。当然，由于"天然的"学术文化发展规律，更由于中国从20世纪30年代到40年代，以至从50年代到70年代思想文化发展的特殊状况，前行者也在研究意识、研究思路和研究方法上，在学术视野、学术规范以至话语上，"合理"地影响、规约甚至束缚了后一代。20世纪80年代，思想解放的思潮与社会、文化条件，解放了这"中间一代"的"精神生产力"。他们既继承了前代师长的学术成就与风范，又有所突破，有如米德所说，"同谕文化"期的年轻一辈，与师长辈携手共同创学术文化之业，为80年代鲁迅学的繁荣发展，两辈人共同作出了贡献。作为80年代中期潜隐力量、90年代崛起的新一代鲁迅学家，类似"后谕文化期"的新生代学人，既师承了前代人的学术衣钵（有的年轻学人，就是直接受业于老一代和"中生代"学者的硕士和博士），又在基本的研究宗旨、思路与方法，学术规范与话语等方面改变了，也是超越了前人，为鲁迅学开辟了新生面、建造了新格局。研究这样一个鲁迅学家的谱系，自可总结、反思鲁迅学的发展历程，推动鲁迅学的发展与建设。

结束语

作为导论，本书就鲁迅学的方方面面，进行了基础性的概说与论述。这种简略的介绍和评论，自然是在既有的学术资源的基础上，进行抽象、概括和提炼，加以系统化、条理化、理论化。它是广泛、长久的社会、文化、学术实践的反映与结晶，它的"源"与"本"，均是鲁迅研究的实践和它的成果——鲁迅学论著。没有这种实践本身和它的成果，导论是无源之水、无本之木，不仅是空论，而且无从论起。不过，也由于仅仅是一种导论，所以，虽然所论有"源"，却于其"源"无更多、更具体的涉及，并未对历来的研究成果进行具体的论述、评介——这应是鲁迅学史的工作。

本书首先对鲁迅学之学术特质、核心与地位进行了论述，也讨论了鲁迅学的总体构造、构造"部件"以及各分部之大体状貌，特别是讨论了鲁迅学的特殊内涵，已有的成就与不足。所有这些，皆为本书之"导"，亦为今后认识鲁迅学、建设鲁迅学之"导"：即所论不是"结论"，而是"导论"，不是奠定鲁迅学之"玉"，而是规划、引导继续讨论之"砖"。

本书立论所重，只是罗列鲁迅学的理论架构和对各个构造部分的大体内涵的陈述，即规划、描述鲁迅学的一个学术构造谱系与画图。它昭示人们以鲁迅学的各个方面，大体地、约略地提示其各不相同但相互协调统一、处于一个学术共同体之中的内涵。这个"内涵"是广泛的、丰富的、深厚的、繁复的，涉及中国的历史、传统、现代，中国的政治、经济、思想、文化；涉及世界的思想、文化、学术、文学、艺术；涉及中国的文学、艺术、美学、哲学、科学、历史、教育；涉及艺术创造与学术研究；等等。这样众多的系统，构成了一个巨系统，呈立体交叉型，又聚焦于"鲁迅"。因此，方面虽众多繁复，但研究的视角与归宿、研究的起点与终止，都在"鲁迅"，是一种"鲁迅：→……鲁迅"的研究路径与"序列"。它的"放开"与"收拢"，都在"鲁迅"。这样，鲁迅学便具有了广泛的"吸收功能"与"辐射功能"。一方面，它在研究的进程中，可以广泛地吸收政治、经济、文化、历史、科学、美学、文学、艺术等广泛学科的"学术营养"，运用其研究成果与思想、文学、学术资源；可以广泛地、直接地吸收中国现代文化、中国现代文学、中国现代文化史、中国现代文学史、中国当代文学理论、中国现代革命史等众多学科"现成的"研究成果，加以运用，"培育"自身的研究。另一方面，它又可以将自身的研究成果输送于以上各个方面的学科。仅以"五四"运动和胡适为例。对此二者的研究的每一步进展、所得出的新结论，都可以帮助、支持、推进鲁迅研究的进展；而鲁迅研究的新进展，也自然地可以对这两项研究发挥同样的作用。这种状况，表明了鲁迅学的特点，也是优点。作为鲁迅学导论，本书大体构筑了这样一个理论框架，希望能对今后的研究起到一种"研究路引"的作用。

本书也对鲁迅学构造的其他分部进行了分部类、分条块的列举与论述。这里有众多的学术板块、众多的学术枝条。所论皆板块、枝条的"空框"与"支架"，而不是其内涵。之所以如此，意在"导"而不在"论"，即略举"框"与"架"，既勾画图示，略举内涵以证其存在与概貌，更在于点明学术空间，导引研究之行进，以为鲁迅学今后研究之参考。当然，更为重要和根本的原因，是本书作者之学力才力不逮，难于达到这个学术要求。

鲁迅学不仅是一个"汇容百川"的大河，而且是一个开放体系。就是说，它不仅是被动地容纳外来的学术文化的源头活水，而且主动吸收，特别是还会给予反映、反应与反馈。不仅受惠于他者，而且授惠于他者。认识鲁迅、解读鲁迅，就是认识中国、解读中国，认识和解读中国的历史、现代、社会、文化、思想、学术、文学、艺术等，就是认识和解读中国人、中国的民族灵魂。鲁迅学作为这种"认识、解读"体系的结晶，自然成为一个开放的巨系统。它的开放性，既表现在透过"鲁迅世界"对于上述一切的认识与解读，更表现在通过"鲁迅视界"对于上述一切的认识与解读。"鲁迅视界"，是一个世界性、中国式的，广阔、深邃的，具有深沉历史感、时代敏锐性、认识穿透力的视角、视野、视域与视力。

鲁迅学也是一个永恒的动态体系。它的恒动性，来自社会、历史、文化的恒动性，来自文本的召唤结构，来自鲁迅文本特殊的内蕴与能指、所指。这是鲁迅本身与鲁迅文本所独具的魅力与功能，为其他同时代作家、艺术家、学者、文化人所不具有或不可比。

鲁迅学的这样两个特性，决定了它具有永恒的生机和发展机制。它不会停滞，也不会终结，就像中国的诸子百家之学不会停滞与终结，而只会随社会进步、时代前进而"苟日新，日日新"一样。

不过，随着时间的推进，历史长河的淘洗，鲁迅和鲁迅学都将日益增进其经典性，而日渐经典化。在这过程中，逐渐增多其学术文化的稳定以至固定部分，而有一少部分"浮动"，接受时间的考验和学术文化大波之淘洗，积淀其部分基质，向稳定、固定部分过渡。自然，经典性部分以至整体的"经典性"，也会在历史长河中发生演变，但其基质不变。

鲁迅学作为中国学术文化中的一门显学，在21世纪中，将会随着社会的转型和文化的发展，随着中国文化现代性的增长和中国现代文化的发展，随着中国国民性的蜕变、中国人新的情感世界与理性世界的诞生，随着世界社会、文化的发展变化，人类文化的转型，也随着中国和世界文学艺术性质、特征、功能的发展，而不断发展、不断蜕变、不断提高。这将给鲁迅学的发展带来新的契机、新的动力和新的灵感，从而成为一门更丰富深厚、更具学术文化内涵的学科。

鲁迅学20世纪版，已经成型。鲁迅学以它既成的形态，为中国文学艺术的发展，为中国文化现代化以至中国的现代化，为中国文学、文化的创获现代性，为中国民族性格的由传统向现代转换，奉献力量与智慧，作出重要的贡献。

然而，鲁迅学仍在发展，正在发展。

1999年8月21日写毕

2021年3月24日最后一遍修订